RECHERCHES
HISTORIQUES
ET GÉOGRAPHIQUES
SUR LE NOUVEAU-MONDE.

. . . . . Venient annis
Sæcula feris, quibus Oceanus
Vincula rerum laxat, & ingens
Pateat tellus, Typhifque novos
Detegat orbes, nec fit terris ultima Thule.

Seneca, in Medea.

RECHERCHES
HISTORIQUES
ET GÉOGRAPHIQUES
SUR
LE NOUVEAU-MONDE.

Par Jean-Benoît SCHERER, *Penſionnaire du Roi;*
Employé aux affaires étrangeres ; Membre de pluſieurs
Académies & Sociétés littéraires ; ci-devant Juriſcon-
ſulte du College Impérial de Juſtice à Saint-Péterſbourg,
pour les affaires de la Livonie, d'Eſthonie & de Finlande.

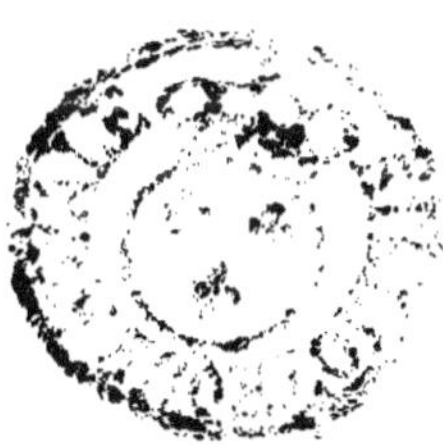

A PARIS,
Chez BRUNET, Libraire, rue des Écrivains.

M. DCC. LXXVII.

A MONSIEUR
ALEXANDRE-CONRAD
GERARD,

Conseiller-Secrétaire du Roi , Syndic
de la ville de Strasbourg , premier
Commis des affaires étrangeres ,
Seigneur d'Enfweiler & autres lieux.

MONSIEUR,

EN vous offrant cet Ouvrage , je remplis tout-à-la-fois les devoirs de la justice
& ceux de la reconnoissance : vous y avez
toujours pris le plus grand intérêt ; & vous
avez même permis que M. votre Neveu en
revît le style.

Jaloux de votre suffrage , Monsieur ,
je serai flatté que vous jettiez les yeux sur

a 3

ces Recherches, & qu'elles aient l'avantage de vous plaire.

Que je serai glorieux si je vous en parois plus digne de cette amitié & de ces bontés dont vous m'avez toujours honoré, & qui m'ont attaché pour la vie à une personne qui ne se plaît qu'à faire des heureux !

Pénétré, attendri de vos bontés, l'expression me manque pour peindre ma reconnoissance & mes vœux ; & je ne puis que vous demander la continuation d'une amitié si précieuse, & que je mérite par les sentimens avec lesquels je serai jusqu'au tombeau,

MONSIEUR,

Votre très-humble & très-obéissant serviteur,
SCHERER.

PRÉFACE.

LA découverte de l'Amérique a donné lieu à deux grandes queſtions : ſi les Anciens connurent cette moitié de notre globe, & quelle fut l'origine de ſes habitans. On s'attacha d'autant plus à les réſoudre, qu'on en eſpéroit de grandes lumieres ſur le commerce & ſur la conſtitution des anciennes nations ; mais ce qu'on a écrit juſques à préſent ſur ce ſujet eſt ſi inſuffiſant, que je n'ai pas héſité à mettre ſous les yeux du Public ce que des recherches pénibles m'ont fait découvrir pour la ſolution de ces objets. J'oſe me flatter qu'en faveur des lumieres qui en font la ſuite, & de mon ardeur pour découvrir la vérité, on uſera d'indulgence au ſujet des défauts que je n'aurai pu éviter, & ſur-tout en écrivant dans une langue qui n'eſt pas ma langue maternelle.

Quant au plan & à la méthode que

j'ai fuivis dans la compofition de cet Ouvrage, mon premier foin a été de raffembler tous les témoignages que les plus anciens Géographes nous ont tranf-mis. En rapprochant ce qui nous refte de ces différens ouvrages, on eft tenté de croire que les Anciens ont connu l'Amérique ; mais ce font plutôt des probabilités que des démonftrations. L'infuffifance de ces fecours & les idées fingulieres que les Anciens fe font formées de la terre, ont donc été un double motif pour ne pas m'abandonner entiérement à leur conduite ; & après en avoir donné des exemples, j'ai cru être en droit d'en tirer ces conféquences : que les découvertes géographiques, ainfi que la connoiffance de l'origine des peuples, peuvent fe perdre , & qu'après un efpace de plufieurs fiecles elles peuvent être retirées de l'oubli où elles étoient plongées.

L'infuffifance de ces mêmes témoignages m'a conduit à embraſſer une autre méthode pour découvrir l'origine des Américains. J'ai fait ces trois ſuppoſitions :

Que les Américains ſont des Autochtones, ou des habitans originaires, qui ont été de tout temps en poſſeſſion de l'Amérique ;

Ou des Colonies qui y ont été tranſplantées des autres parties du monde ;

Ou des peuples qui ont eux-mêmes fait paſſer des Colonies dans l'Ancien-Monde.

Après avoir conſtaté l'improbabilité de la premiere & de la troiſieme, j'embraſſe la ſeconde ſuppoſition, & je rapporte tout ce qui peut contribuer à la prouver. Pour ne pas m'égarer dans une route auſſi difficile, j'ai recours, 1°. à la langue ; mais comme par malheur tout ce que nous avons dans ce genre ne conſiſte que dans des prieres remplies de termes myſtiques, & autres nouvellement fabriqués, pour exprimer dans leur langue des idées qui leur étoient inconnues , je me vois obligé d'adreſſer à ceux qui ſont en état de le faire, la priere de nous donner un alphabet avec quelques centaines de mots originaires des langues des peuples américains , pour les comparer à ceux des peuples du continent de l'Aſie dont j'ai donné pluſieurs vocabulaires.

En ſecond lieu , je rapproche toutes leurs coutumes , je les compare à celles de l'Ancien-Monde , & je prouve particulierement la conformité qui ſe trouve entre celles des Péruviens & des Chinois, des Américains en général , & des Africains orientaux. Après avoir mis en évidence la conformité qui ſe trouve à cet égard entre ces différens peuples, je jette un coup d'œil ſur le commerce qui s'exerçoit dans l'Antiquité la plus reculée, & j'en tire une troiſieme preuve en faveur de mon opinion.

Enfin j'emploie ce que me fourniſsent sur cet objet les nouvelles découvertes faites par les Russes, de Kamtschatka en Amérique, & principalement ce que nous a transmis le fameux M. *Steller*, Membre de l'Académie des Sciences de Saint-Péterbourg, qui a eu part à ces découvertes; ce qui donne lieu de croire que l'Amérique a été surtout peuplée par les nations de l'Asie limitrophes de l'Océan. La relation de ce Savant m'a mis en état d'indiquer, 1°. d'où vient cette quantité de sapins & de meleZes que la mer du Nord & la mer Glaciale jettent vers les bords de l'Islande, &c. Elle m'a mis à portée de faire voir en second lieu que la mer Glaciale diminue, & de quelle maniere cette diminution s'opere; & troisiemement, que le défaut de métaux dans ces pays éloignés du nord, n'est qu'un préjugé que nous avons adopté sans fondement.

Après avoir rapporté tout ce qui pouvoit rendre probable mon opinion fur l'origine & l'antiquité de la population de l'Amérique , j'ai cru qu'il n'étoit pas étranger à mon fujet de parler de la dif-femblance qu'il y a entre les habitans des différentes parties de la terre , de même que de l'origine & de la généra-tion des animaux qui fe trouvent en Amérique.

Enfin j'examine l'opinion de **M.** *de P.* fur l'origine des Chinois , & je fais voir que cet Auteur n'a rien moins que puifé dans les vraies fources.

Tel eft en peu de mots le plan de tout l'Ouvrage : fon enfemble intéreffera fans doute la curiofité du Public , & lui paroîtra digne d'approbation.

tant de fois que bon lui femblera, & de le faire vendre & débiter par tout notre Royaume pendant le temps de trois années confécutives, à compter du jour de la date des Préfentes. Faifons défenfes à tous Imprimeurs, Libraires, & autres perfonnes, de quelque qualité & condition qu'elles foient, d'en introduire d'impreffion étrangere dans aucun lieu de notre obéiffance ; à la charge que ces Préfentes feront enregiftrées tout au long fur le regiftre de la Communauté des Imprimeurs & Libraires de Paris, dans trois mois de la date d'icelles ; que l'impreffion dudit Ouvrage fera faite dans notre Royaume, & non ailleurs, en bon papier & beaux caracteres ; que l'Impétrant fe conformera en tout aux Réglemens de la Librairie, & notamment à celui du 10 Avril 1725, à peine de déchéance de la préfente Permiffion ; qu'avant de l'expofer en vente, le manufcrit qui aura fervi de copie à l'impreffion dudit Ouvrage, fera remis dans le même état où l'Approbation y aura été donnée, ès mains de notre très-cher & féal Chevalier, Garde des Sceaux de France, le Sieur HUE DE MIROMESNIL ; qu'il en fera enfuite remis deux Exemplaires dans notre Bibliotheque publique, un dans celle de notre Château du Louvre, un dans celle de notre très-cher & féal Chevalier, Chancelier de France, le Sieur DE MAUPEOU, & un dans celle dudit Sieur HUE DE MIROMESNIL ; le tout à peine de nullité des Préfentes. Du contenu defquelles vous mandons & enjoignons de faire jouir ledit Expofant & fes ayans caufe, pleinement & paifiblement, fans fouffrir qu'il leur soit fait aucun trouble ou empêchement. Voulons qu'à la copie des Préfentes, qui fera imprimée tout au long au commencement ou à la fin dudit Ouvrage, foi foit ajoutée comme à l'original. Commandons au premier notre Huiffier ou Sergent fur ce requis, de faire pour l'exécution d'icelles, tous Actes requis & néceffaires, fans demander autre permiffion, & nonobftant clameur de Haro, Charte Normande, & Lettres à ce contraires; CAR tel eft notre plaifir. Donné à Paris le onzieme jour du mois de Juin, l'an de grace mil fept cent foixante-dix fept, & de notre Regne le quatrieme. Par le Roi en fon Confeil. LE BEGUE.

Regiftré fur le Regiftre XX de la Chambre Royale & Syndicale des Libraires & Imprimeurs de Paris, N°. 827, fol. 375, conformément au Réglement de 1723, qui fait défenfes, article IV, à toutes perfonnes, de quelque qualité & condition qu'elles foient, autres que les Libraires & Imprimeurs, de vendre, débiter, faire afficher aucuns Livres, pour les vendre en leurs noms, foit qu'ils s'en difent les Auteurs, ou autrement; & à la charge de fournir à la fufdite Chambre huit exemplaires prefcrits par l'article CVIII du même Réglement.

A Paris, ce 21 Juin 1777.

LAMBERT, Adjoint.

Nous fouffignés, *Scherer*, Penfionnaire du Roi, demeurant ordinairement à Verfailles, & Pierre-Prudence *Brunet*, Libraire à Paris, fommes convenus de ce qui fuit: favoir, moi

Scherer, de donner à mondit fieur *Brunet* tous mes Ouvrages & privileges d'iceux, pour être imprimés, & aux prix & aux conditions defquels nous conviendrons ; & moi *Brunet*, de recevoir de mondit fieur *Scherer* tous fes Ouvrages & privileges d'iceux, à la charge de les faire imprimer, & de les lui payer le prix que nous arrêterons entre nous ; au moyen de quoi, moi *Scherer* ne pourrai prendre d'engagement avec d'autre Libraire ; & nous convenons de fixer ce prix après l'impreffion de la feconde feuille. Fait double entre nous à Verfailles, ce 28 Juin 1775.

Jean-Benoît SCHERER.

Pierre-Prudence BRUNET.

Regiftré la préfente Ceffion fur le Regiftre XX. de la Chambre Royale & Syndicale des Libraires & Imprimeurs de Paris, N°. 552, conformément aux anciens Réglemens, confirmés par celui du 28 Fév. 1723. A Paris, ce 21 Juin 1777.

LAMBERT, Adjoint.

RECHERCHES

CARTE dressée et levée en allant de la ville de Jakutsk jusqu'au port d'Ohotsk en remontant les rivieres de Lena, Aldan, de Maya, de Judoma, et Urak jusqu'à la mer d'Ochotsk.

MOPE
LA MER PENSCHIN
ПЕНЗИН
СЕОЕ

RECHERCHES

HISTORIQUES,

ET GÉOGRAPHIQUES

SUR LE NOUVEAU-MONDE.

CHAPITRE PREMIER.

Fragmens géographiques sur la connoissance que les Anciens avoient du Nouveau-Monde.

PARMI les Arpedonaptes, qui passoient chez les Égyptiens pour les gens les plus savans, il y avoit une classe uniquement destinée à étendre les connoissances de la Géographie. Ces Savans connoissoient déjà l'usage des cartes géographiques, dont les Mingreliens firent usage long-temps après; mais leur science en ce genre étoit sans doute

A

très-bornée : il eſt aiſé de s'en appercevoir, quand on conſidere qu'ils regardoient, comme la carte de l'univers entier, des cartes particulieres qui ne repréſentoient que le plan des conquêtes de leur fameux Roi Seſoſtris.

Quoique leurs Prêtres n'euſſent pas fait de grands progrès dans la Coſmographie, ils avoient cependant quelques connoiſſances ſecretes & approfondies du globe terreſtre : ce ſont eux en effet qui ont parlé les premiers de la grande Iſle Atlantique. Les Prêtres de Saïs ne donnerent pas ſeulement à Solon des notions ſur ſa poſition ; ils ajouterent qu'indépendamment de cette Iſle, il s'en trouvoit d'autres dans la mer Atlantique, & qu'au-delà étoit une terre ferme à l'occident de l'Afrique. Ces Iſles ne peuvent avoir été que la Jamaïque, Cuba, Hiſpaniola, &c. , & la Terre-ferme qui eſt au-delà, que l'Amérique ; car il feroit impoſſible d'en faire l'application à aucun autre pays.

Les Iſles Fortunées, autrement appellées les Canaries, étoient connues des Anciens du temps d'*Homere* & d'*Heſiode* ; il ſuffit de lire ℣. 169, 172, *oper. & dies*. Il y avoit dans ces Iſles un temple dédié à Saturne, dont parle *Pindare*, *Olymp. od. II.* ℣. 127, &c.

Solon, ce fameux Légiſlateur des Athéniens,

compofa un Poëme fur l'Ifle Atlantique, après avoir puifé fes recherches à cet égard dans les ouvrages des Prêtres de Saïs.

Platon lui-même, en nous donnant des relations fur cet objet, ne fit que copier les écrits de *Solon*; nous lui avons cependant l'obligation d'avoir décrit particuliérement la pofition de cette Ifle : il dit qu'elle étoit fituée hors du détroit de Gibraltar, & que c'étoit par ce même détroit que les peuples qui habitoient l'Efpagne pouvoient y arriver en peu de jours. Suivant le rapport du même Hiftorien, elle étoit plus grande que la Lybie & l'Afie ; fa puiffance étoit telle, qu'elle tenoit fous fes loix toutes les Provinces adjacentes jufqu'à l'Egypte, & toute la partie de l'Europe qui s'étend jufqu'à la mer Tyrrhénienne ; il rapporte enfin que cette malheureufe Ifle fut fubmergée par un déluge, & détruite par un tremblement de terre qui dura vingt-quatre heures.

Diodore de Sicile parle également d'une grande Ifle vers laquelle les Phéniciens, qui faifoient voile le long de la côte orientale de la mer Atlantique, firent naufrage dans une tempête : il ajoute que les Tyrrhéniens, qui formoient alors une puiffance maritime formidable, voulurent y envoyer une Colonie ; mais que les Carthaginois qui avoient intérêt de fe conferver une retraite dans cet endroit, s'y opposerent constamment.

Ariftote , de Mirabil. p. 1157 , dit que les Carthaginois trouverent au-delà des Colonnes d'Hercule une Isle abandonnée , parsemée de forêts & de rivieres poissonneuses, & où croissoient différentes sortes de fruits ; mais que cette Isle étoit à plusieurs journées de distance de leur pays ; que les Carthaginois alloient souvent visiter cette Isle à cause de sa fertilité & de la richesse du terroir , & qu'ils y avoient formé des établisse-mens ; mais que le Sénat , pour empêcher que personne n'entreprît de partager les avantages qu'espéroient en retirer les Carthaginois, fit dé-fense , sous peine de la vie , à qui que ce fût, de s'y transporter.

Si *Platon* seul eût parlé de la grande Isle Atlan-tique, on pourroit regarder ce qu'il nous en dit comme des contes inventés dans l'effervescence d'un enthousiafme poétique, ou comme des allé-gories ; mais puisque Solon & les Prêtres Égyp-tiens se font rencontrés dans les rapports qu'ils nous ont faits de cette Isle , nous devons sans doute y ajouter foi ; car pour ce qui regarde *Diodore de Sicile*, ses récits, à en juger par le simple titre de son Livre , ne font que des histoires fabuleuses, qu'il avoue lui-même n'être qu'une compilation faite fur des rapports vagues & peu fûrs ; en sorte que l'Isle contre laquelle il dit que le vaisseau a échoué, pourroit aussi-bien être prise pour l'une des Canaries, que pour l'Irlande ou la Grande-Bretagne. Les Prêtres Égyptiens, Platon & Solon méritent donc seuls notre confiance sur cet objet, d'autant plus que les Géographes & les Historiens les plus expérimentés de l'Antiquité conviennent qu'au-delà de l'Isle Atlantique existoit une très-grande terre qui ne pouvoit être que l'Amérique. C'est ainsi qu'*Elien*, *lib. III..var. hist.* 18, dit, d'après Théopompe, » qu'au-delà de notre hémis- » phere, il existe un continent d'une grandeur » immense & presqu'infinie ». *Plutarque*, *lib. de facie in orbe Lunæ*, confirme la même chose en disant « qu'au-delà des Isles Atlantiques » on trouve un grand continent ». *S. Jérôme, sur le chap. II de l'Epître aux Ephés.*, demande » s'il existe des temps pour d'autres mondes que » celui-ci, pour ceux au sujet desquels Clément » s'est exprimé ainsi dans son Epître : Existe-t-il » un Océan & d'autres mondes au-delà de celui- » ci, ou notre monde est-il unique » ?

Pline, dans son *Histoire naturelle*, l. 4, p. 481, tom. I, semble être de même avis, en rapportant que les Phéniciens, ayant fait un voyage dans ces Isles, en revinrent chargés de tant de richesses & d'argent, que n'ayant point de place pour les mettre dans leurs vaisseaux, ils furent obligés de faire faire en argent massif leurs ancres & tout ce qui étoit composé autrefois de fer.

Ces Navigateurs cachoient avec le plus grand soin la route qu'il falloit tenir pour se rendre à ces Isles ; & ils étoient jaloux de leur secret au point de faire échouer leurs propres vaisseaux, & de les abandonner sur le sable, plutôt que d'en indiquer le chemin aux vaisseaux étrangers.

Strabon, liv. III. p. 265, après avoir dit que les Phéniciens faisoient souvent voile de Cadix aux Isles Cassiterides, & qu'ils cachoient soigneusement leur route, ajoute qu'un jour un vaisseau phénicien s'étant apperçu qu'un bâtiment romain le suivoit d'assez près pour observer sa marche, & profiter des informations qu'il en pourroit tirer, il se laissa lui-même engraver, afin que le bâtiment romain échouât sur le sable ; & en effet les deux vaisseaux périrent ; mais les Phéniciens eurent le bonheur de se sauver par d'autres voies, & furent dédommagés, pour s'être aussi bien conduits, de la valeur de la cargaison qu'ils avoient été obligés de sacrifier ; & ce dédommagement fut pris sur le trésor public de la Patrie. C'est par de pareilles récompenses, décernées au vrai mérite & à l'amour de la patrie, que les anciennes Républiques parvinrent au point de grandeur qui nous les fait admirer.

On fera fans doute bien aife de voir ici les paffages les plus remarquables des anciens Géographes, relatifs à cette Partie du monde, que nous appellons aujourd'hui le Nouveau.

Les Anciens ont parlé beaucoup des Ifles Caffiterides & des Ifles Hefperides. *Strabon*, l. 3, dit des Caffiterides : « Les Ifles Caffiterides font au » nombre de dix, & peu éloignées les unes des » autres : elles font vers le nord....... Une eft » déferte ; les autres font habitées par des hommes » de couleur brune. Les Phéniciens feuls y com- » merçoient autrefois ; ils s'embarquoient dans » cette vue à Cadix ». Ces Ifles Caffiterides font les mêmes fuivant *Denys d'Alexandrie*, ℣. 564, que l'on appelloit auffi les Ifles Hefperides.

Pline, l. 6, ch. 31, rapporte ceci au fujet de ces Ifles : « On dit qu'au-delà des Gorgades, on » trouve les deux Ifles Hefperides ; & que Statius » Sebofus étant parti des premieres de ces Ifles, » il arriva à ces dernieres après quarante jours de » navigation ». *Diodore de Sicile*, l. 5, ch. 4, dit : « On affure que les Amazones demeurent dans » l'Ifle Hefperus, à laquelle on donna ce nom, » parce qu'elle eft fituée au couchant ». En confrontant ces paffages avec *Pline*, l. 5, ch. 5 ; *Solin*, ch. 37 ; *Apollodore*, l. 2 ; *Euripide in Hyp-*

polyt. coron. & in Herc. fur.; *Hygin*, l. 2, *Poet. aftron.*, on verra qu'il faut entendre par-là les Indes occidentales. A ces témoignages ajoutons-en un plus frappant encore, celui de *Pline*, l. 5, ch. 1, où il dit : « On traverfe la contrée des
» Autoles pour arriver au mont d'Afrique, appellé
» d'après la Fable, Atlas. On affure qu'il s'éleve
» au ciel du milieu des fables ; qu'il eft efcarpé &
» affreux du côté où il s'étend, jufqu'au rivage de
» l'Océan auquel il donna fon nom, tandis qu'il
» eft couvert de forêts, & rempli de fources &
» de fontaines du côté où il regarde l'Afrique,
» en forte qu'il produit naturellement des fruits
» en abondance ; qu'on n'apperçoit jamais pen-
» dant le jour aucun de fes habitans ; que tout n'y
» refpire que l'horreur de la folitude, en forte
» qu'on y eft faifi d'une frayeur religieufe, fur-
» tout lorfqu'on parvient au-deffus des nuages ;
» & que la nuit il eft refplendiffant de mille feux ;
» tandis que l'air retentit du chant lafcif d'Egipan
» & des Satyres, qui fe réjouiffent au fon des flûtes,
» des trompettes, des tambours & des cymbales ».

La defcription que ce même Auteur ajoute au fujet des arbres de coton & de plufieurs autres fimples, s'accorde avec celles des Indes occidentales ; les inftrumens même dont il eft queftion dans ce paffage, viennent originairement & doivent leur invention aux Phéniciens. Ce font eux, fuivant le témoignage de *Julius Pollux*, l. 4, c. 10, qui ont inventé les flûtes : « *Eft quædam*, dit-il, *tibi Gingras lugubrem & » flebilem vocem fundens, Phœniffa quidem juxta » inventionem* ». La defcription exacte de ce Pays, qui convient en tout avec les productions de l'Amérique, & la reffemblance des inftrumens dont on y faifoit ufage, qui vinrent originairement des Phéniciens, prouvent, à ce qui me paroît, que les Phéniciens doivent avoir eu connoiffance de l'Amérique.

Diodore de Sicile nous fournit une autre preuve que les Anciens connurent les Indes occidentales : ce paffage eft d'autant plus remarquable, que fon contenu eft confirmé par *Strabon* & par *Pline*. Cet Hiftorien s'exprime ainfi, *liv. 6, ch. 7* : « A » plufieurs journées de diftance de la Lybie, on » trouve dans l'Océan une Ifle très-étendue & » très-fertile, parfemée de montagnes & de cam» pagnes agréables, & arrofée par des fleuves que » les vaiffeaux peuvent remonter. Cette Ifle ayant » été fans doute féparée du refte de l'univers dans » des temps très-reculés, & étant demeurée in» connue, fut découverte finguliérement. Des » Phéniciens qui navigeoient dans l'Océan au» delà de la Lybie, furent pouffés fur cette Ifle

» par des vents violens qui soufflerent pendant
» plufieurs jours ; ces voyageurs s'affurerent de
» fa nature & du bonheur dont jouiffoient fes
» habitans , & ils en inftruifirent leurs contem-
» porains ». Ce témoignage confidéré en foi-
même , & comparé avec la maniere dont les
Efpagnols découvrirent pour la feconde fois
l'Amérique , nous fait voir clairement que ces
deux peuples , les Phéniciens & les Efpagnols,
arriverent aux Indes occidentales par la même
voie , par le même paffage , par le même hazard :
on n'a pour s'en convaincre qu'à lire *Mariana*,
de rebus Hifp., l. 26 : « Un vaiffeau , dit-il, étant
» allé pour fon commerce fur les côtes d'Afrique ,
» fut porté par les vents vers des terres incon-
» nues où il aborda. La plupart des paffagers &
» des matelots étant morts de faim , le Capi-
» taine (*), avec trois ou quatre de fes compagnons
» de voyage , aborda à l'Ifle de Madere , qui ap-

(*) Ce Capitaine de vaiffeau , le premier qui après les
Phéniciens a été en Amérique , feroit entiérement demeuré
en oubli , fi Aldrete , *in popularibus Hifpaniarum hiflo-
riis* , n'avoit pas rétabli fa mémoire : « Il eft certain ,
» dit-il , que Chriftophle Colomb eut la premiere con-
» noiffance du Nouveau-Monde par Alphonfe Sanchez de
» Huelva, homme de mer, natif de cette même ville de Huel-
» va, qui, ayant effuyé une grande tempête fur l'Océan, &c.

» partenoit déjà aux Portugais, plus semblable
» à un mort qu'à un vivant. Christophle Colomb,
» Génois, se trouva alors dans cette Isle; car il
» avoit épousé une Portugaise. C'étoit un homme
» d'un génie rare, hardi & très-expérimenté dans
» l'art de la navigation, ce qui étoit un grand
» point. Il reçut chez lui ce Capitaine, qui mou-
» rut bientôt de fatigue, & qui laissa à Colomb
» le journal de ses voyages ». Ce même rapport
se trouve confirmé par *Joseph à Costa*, l. 1, ch.
19, & par *Garcilasso de la Vega*, *in suis Commen-*
tariis, l. 1, ch. 3.

Si un pareil événement fit découvrir aux Espagnols les Indes occidentales, si nous voyons cet
exemple en quelque façon sous nos yeux, si personne ne peut le contester, pourquoi serions-nous
assez obstinés pour mettre en doute un pareil
événement rapporté par des Géographes véridi-
ques, & arrivé aux premiers peuples de l'Univers,
& pour ne pas croire que le même hasard les
conduisît & leur fit connoître un pays aussi
éloigné.

George Hornius auroit donc eu raison d'assurer
dans son livre sur l'origine des nations de l'Amérique, que l'Atlantique a fait partie de l'Amérique : il en seroit de même de *Jonas Bircherodius*,
qui fit un ouvrage auquel il donna le nom de

Traité sur le Monde appellé mal-à-propos nouveau. (De Orbe novo non novo).

Le nom de l'Isle Atlantique est lui-même un mot égyptien & phénicien. *Atlas* fut chez eux l'inventeur de l'Astronomie, *Diodore de Sicile*, *III*, 5 ; ce qui fit dire à *Virgile*, Æn. I, 741, en parlant de l'Astronomie, « ce qu'enseigna le » très-grand Atlas »: & *Tʒetʒes*, Chil. XII, v. 136: « On dit que le premier Atlas fut un Astrologue » contemporain d'Osiris, de Noé, de Bacchus & » de l'Hercule Egyptien, qui en apprit l'Astro- » nomie ». Il ne seroit donc pas étonnant que les Phéniciens, qui se servoient toujours dans leurs courses maritimes de la connoissance des astres dont ils étoient redevables à Atlas, eussent par reconnoissance imposé son nom à cette grande Isle : par les principes astronomiques, Atlas leur tendoit les bras, & leur offroit ses richesses.

Il résulte clairement, à ce qu'il me paroît, de ces divers détails, que les Isles de la mer Atlantique, à l'occident de l'Afrique, étoient anciennement connues des Égyptiens, des Phéniciens & des Carthaginois ; mais comme l'on a tenu ces découvertes fort cachées, & que personne n'a osé y aller, d'après les défenses expresses portées par les loix de Carthage, l'on aura fait sans doute courir le bruit que toute cette Isle ou ce pays avoit été englouti fous les eaux de l'Océan ; ce qui dut produire néceffairement des défectuofités dans les cartes géographiques des Anciens, de même que dans le rapport des anciens Géographes fur ces objets ; car les uns n'ajoutoient point foi à ces récits obfcurs : les autres n'étant point en état d'approfondir cet objet, en parlerent auffi vaguement que fans preuves. En effet, dès qu'un peuple qui connoît feul quelque contrée de la terre en dérobe avec foin la connoiffance à tous les autres, on n'en parle qu'obfcurément. Comment eft-ce qu'un Géographe répandra quelques lumieres fur cet objet ? Telle étoit cependant la conduite des Phéniciens à l'égard de leurs découvertes. *Strabon*, l. 17, dit expreffément « que » les Carthaginois faifoient périr les étrangers qui » navigeoient en Sardaigne & aux Colonnes d'Her- » cule, & que c'eft par cette raifon qu'on re- » jettoit la plupart des chofes qu'on débitoit fur » des contrées occidentales ». Cette incertitude fut donc la caufe de la diverfe maniere dont on parle de ce pays, en difant tantôt avec *Herodote*, l. 4, que le voyage n'en étoit poffible qu'aux Dieux ; tantôt que ces terres étoient brûlées par la chaleur, ou glacées par le froid ; tantôt que les mers en étoient impraticables à caufe des bancs de fable dont elles étoient remplies. Cependant, en rapportant ces difficultés, les mêmes Géographes ajoutent toujours : « mais les Phéniciens connoif-» fent ces terres ».

L'attachement que l'on avoit pour le pays dans lequel on étoit né, fit que nos Ancêtres négligerent de fe procurer les cartes des peuples anciens, & que nous fommes fi peu inftruits des connoiffances que quelques peuples s'étoient procurées fur les différentes parties du monde.

Combien pourroit-on ajouter de réflexions qui démontreroient cette vérité ? mais comme ce n'eft pas là mon but, je me bornerai à une remarque qui femble être la fuite naturelle de ce que je viens de dire : c'eft qu'il ne feroit pas impoffible, & qu'il eft même probable que les anciennes découvertes géographiques fe font perdues, & qu'après une longue fuite de fiecles, l'on a fait ces mêmes découvertes de nouveau.

Quantité de preuves hiftoriques viennent à l'appui de cette préfomption : l'Hiftoire nous apprend, par exemple, que, fur la fin du Royaume d'Ifraël, l'Oracle ordonna au Prince de l'Ifle de Chera, d'envoyer une Colonie en Lybie ; mais celui-ci ne favoit comment exécuter cet ordre, ignorant dans quel coin de la terre ce Pays étoit fitué, quoique les Phéniciens l'euffent occupé 800 ans auparavant. Il fit heureufement la rencontre d'un certain Carobius, qui faifoit le négoce de draps teints en pourpre ; cet homme avoit été jetté autrefois par une tempête fur les côtes de la Lybie : il offrit donc fes fervices au Prince , & après avoir fait fa convention avec lui , il le conduifit à l'Ifle de Platea en Afrique.

Nous lifons également dans l'Hiftoire des Grecs qu'ils étoient perfuadés que la fin & l'extrémité de la terre fe trouvoient près du détroit de Gibraltar, que la mer y étoit impraticable , & que plus loin il n'y avoit qu'un chaos & une nuit perpétuelle. C'eft en conféquence de cette opinion populaire que leurs Poëtes, en faifant la defcription du coucher du foleil, difoient qu'il fe précipitoit chaque foir avec un grand bruit dans la mer près de Cadix & de l'Ebre. C'eft d'après la même idée que Lycophron affigne à l'aurore, comme le point où elle fe leve, l'Ifle de Crené.

Hérodote , dont les ouvrages nous prouvent qu'il étoit auffi bien inftruit de la Topographie des pays foumis à la domination des Perfans , qu'il l'étoit peu fur la fituation des pays qui fe trouvent hors de l'Afie ; *Herodote* , dis-je , nie abfolument, d'après les mêmes raifons que nous venons de rapporter, qu'il y ait une mer qui environne tout le globe terreftre ; il fe moque même de la confiance que les Géographes de fon temps avoient dans le témoignage des Phéniciens , quoiqu’il avoue lui-même qu’il connoiſſoit peu les frontieres de l’Europe , ainſi que les pays d’où l’on tiroit l’étain & l’ambre , c’eſt-à-dire , l’Angleterre & la Pruſſe.

Ariſtote , qui parut après l’Hiſtorien que nous venons de citer , ignoroit tellement la ſituation des différentes parties du monde , qu’il s’imaginoit que les terres ſituées aux environs du détroit de Gibraltar étoient contiguës aux Indes.

Lorſque les Macédoniens eurent conquis, ſous la conduite d’Alexandre, la Perſe , l’Egypte & une grande partie de l’Aſie , juſqu’au fleuve Indus, ils conçurent le projet de s’emparer du Tanaïs , en ſoumettant les Scythes qui habitoient ſes bords. Cette entrepriſe leur parut ſupérieure à toutes les victoires remportées ſur les Perſans ; mais ſi leurs armes victorieuſes mériterent l’admiration des Hiſtoriens, il n’en eſt pas de même de leurs con-noiſſances géographiques ; car lorſqu’ils furent arrivés aux montagnes de l’Inde , ils les prirent pour le mont Caucaſe des Scythes , & par conſé-quent le fleuve Jaxartes , que les Perſans appel-lent aujourd’hui Sihun , pour le Tanaïs. L’Hiſtoire nous fournit mille exemples de pareilles erreurs.

C’eſt ainſi qu’*Alexandre Beckoviz*, ſous Pierre I. chercha auprès de la mer Caſpienne l’embouchure

chure du fleuve *Daria*, ignorant que le mot *Daria* n'est qu'un nom appellatif, qui, chez les Chinois, forme la terminaison de chaque fleuve. Cette faute de géographie coûta cher à *Beckoviz* : il en fut la victime, ainsi que tout son équipage. Mais nous-mêmes, combien y a-t-il de temps que nous sommes en état d'affirmer que les Groënlandois & les Esquimaux sont originairement le même peuple ? Il n'y a que quelques années que nous savons avec certitude qu'il y a entre ces peuples un parfait accord pour le langage, les mœurs, la religion & les cérémonies, puisqu'ils s'appellent freres. Les Groënlandois se nomment entr'eux, comme les Esquimaux, *Innuit*, c'est-à-dire, hommes ou habitans. Afin de distinguer leur nation des autres, ils lui ont donné le nom de *Karalit* ou *Karlik*, & au pluriel, *Kalalit*, *Karait* ; or, dans l'Histoire généalogique des Tatares, écrite par Abul-Gasi-Bayadour-Chan, il est question de ce même peuple long-temps avant l'ere chrétienne.

A s'en rapporter au témoignage des Groënlandois & des Esquimaux eux-mêmes, on en acquiert une nouvelle preuve, puisqu'ils disent que leur premier fondateur s'est appellé *Kallak*, & que c'est de lui qu'ils s'appellent encore aujourd'hui *Kalalit*, *Karalit* ou *Karait*. Ces peuples, connus du temps d'Abul-Gasi, tomberent ensuite dans l'oubli ; & ce n'eft que depuis peu que nous favons que les Groënlandois , fortant de la terre de Labrador & du pays des Efquimaux , vinrent s'établir dans le Groënland , en traverfant, entre le 66ᵉ & le 69ᵉ degré de latitude feptentrionale, le détroit qui fépare l'Afie feptentrionale du nord de l'Amérique , & en faifant le tour du détroit de Davis ou de la baie de Baffin (1).

La preuve la plus convaincante qu'on puiffe donner de leur origine commune, eft celle qui fe tire de la conformité de leur langage. On verra par la table fuivante que celui des Efquimaux ne

____

(1) Suivant le rapport des Groënlandois de la baie de Difco , fous le 69ᵉ degré, le Groënland eft une Ifle ; ce que leur a fait conclure le grand courant qui vient du nord , & qui tient le milieu de la mer , dégagé de glaces : ils rapportent auffi qu'étant d'un côté du Golfe , ils ont parlé à des gens qui étoient de l'autre côté ; que leur langage étoit le même ; mais que les bêtes du pays différoient de celles du Groënland : ils ajoutent qu'il n'y a qu'un petit détroit qui fait la féparation du Groënland & de l'Amérique ; que ce détroit eft fi étroit , que ceux qui fe tiendroient fur les deux bords pourroient harponner le même poiffon ; que la Terre-Ferme vers le nord eft entiérement couverte de glaces , de forte qu'il n'y a que les Ifles qui foient découvertes ; & qu'on trouve dans ces Ifles des Rennes , des Oies , des Canards , &c. en fi grande quantité, qu'elles en font couvertes.

differe presque point de celui des Groënlandois.

FRANÇOIS.	ESQUIM.	GROENLAND.
La Renne.	Caribu.	Caribu.
L'Isle.	Kikertak.	Kekertak.
La Barriere.	Stuiktok.	Stuiktok.
Le Rendez-vous des Baleines.	Arbaktok.	Arbaktok.
Une place propre à jetter l'ancre.	Kisseksakut.	Kisseksakut.
Un Étranger.	Kablunæt.	Kablunæt.
Comment t'appelles-tu ?	Kena evlet ?	Kina ivlit ?
Deux.	Marguk.	Marlukou , Mardluk.
Le Péché Originel.	Tekelarpok.	Tikerarpok.
Une chose percée, un Fusil.	Auleisiut.	Putusiut.
Le grand esprit.	Torngarsuk.	Torngarsuk.
L'Air, l'Esprit, le Monde.	Silla.	Silla.
Il voit.	Tekkoa.	Tekkoa.
Le Tonnerre.	Kallek.	Kallek.
Des Harëngs.	Angmarset.	Angmarset.
La Mer.	Esaro.	Esaro.
Un Homme.	Angut.	Angut.

Se seroit-on jamais avisé de chercher dans les gorges du mont Caucase (1) les restes infortunés

---

(1) Telle est l'étymologie du mont Caucase : *Kouh* signifie en Persan une montagne, & *Cas* ou *Kesch* est un nom commun à plusieurs montagnes connues sous le nom de *Casius*; ainsi de ces deux noms se forme le nom de *Kouh-Kesch* ou Caucase. Cette étymologie répand du jour sur ce que dit Ptolomée, qui place les monts Caucasiens dans l'endroit où est l'*Hindou-Kesch*, c'est-à-dire, la

des Huſſites chaſſés de leur ancienne demeure, ſi les freres Moraves, qui ſe ſont établis depuis quelque temps près de Zarizin ou d'Aſtrachan, après y avoir bâti la ville de Sarepta, ne nous en euſ-ſent donné des témoignages irrévocables ? Croiroit-on que les Lapons, les Finlandois & les Hongrois ont été originairement le même peuple ? Cependant nous allons en donner une preuve des plus authentiques, par l'analogie frappante qui ſe trouve dans leur langue.

FRANÇOIS.	HONGROIS.	LAPON.	FINLANDOIS.
Branche.	Aagh.	Akſe.	Oxa.
En bas.	Ala.	Vuollen.	Alla.
Plus bas.	Alah.	Vuollehin.	Alamhi.
Face.	Artza, Ortza.	Arodea.	Ortza.
Aride.	Azzu.	Azzok.	Aſnet.
Sauter.	Beſzokolom.	Soſkelam.	Soſkelam.
Malade.	Beteg.	Buotſek.	Buotſek.
Planche.	Deſzka.	Tjæſkes.	Tjaskes.
Integre.	Eep.	Abb.	Abb.
Forêt.	Erdeii.	Orda-radde.	Orda-radde.
Ceinture.	Euw, ew.	Auwe.	Vyo.
Sur	Fel.	Pajel.	Pæcel.
Oreille.	Feüil.	Pelje.	Pelje.
Nuée.	Folhos.	Palwos.	Pilwes.

montagne d'où prend ſa ſource le célebre fleuve Indus. Voyez *Éclairciſſemens Géographiques ſur la Carte de l'Inde*, par M. d'Anville ; Strahlenberg, *partie du nord & du levant de l'Europe & de l'Aſie*, p. 327 ; M. Bayer, *Hiſtoria Regni Græcorum Bactriani*, p. 8.

FRANÇOIS.	HONGROIS.	LAPON.	FINLANDOIS.
Neige.	Fonni.	Podnet.	Ponoa.
Bain.	Fordo.	Parta.	Pirti.
Percer.	Furo.	Perits.	Puras.
Jetter.	Hagitom.	Haiketam.	Heiten.
Inclination.	Haylas.	Hallot.	Heilu.
Beau-pere	Ip.	Wuoppa.	Appi.
Manchon, Gant.	Kefztw.	Kifta.	Kinta.
Chacun.	Kiki.	Kaik.	Kaiki.
Pareffeux.	Laibat.	Laike.	Laifka.
Sauce.	Lew.	Lahma , Lama.	Liemi.
Gâteau.	Malom.	Mylla.	Mylly.
Terme.	Megye.	Mokke.	Mokka.
Départ.	Ment.	Mannet.	Mennyt.
Belle-fille.	Meny.	Mangie.	Miniæ.
Quoi.	Mit.	Maite.	Mitæ.
Mode.	Mod.	Muddo.	Muoto.
Belle-mere.	Napad.	Næpat.	Næpain.
Courage.	No.	Nau , Nou.	No.
Vomir.	Okaàni.	Vuokfot.	Oxentna.
Saleté.	Pot.	Puoskes.	Pafca.
Antique.	Regio.	Rakeje.	Rakeje.
Vîte.	Reuvid.	Rouves.	Rouwa.
Gale.	Senyedek.	Sanjitet.	Sanghats.
Nombreux.	Sok.	Suggai.	Sangæn.
Donc.	Tahat.	Tieti.	Tæhden.
Epaule.	Vaal.	Algo.	Olac.
Chercher.	Vadafzom.	Wuottam.	Wuotteftam.
Ou.	Vagi.	Waj.	Waj.
Corneille.	Varya.	Vuorats.	Varis.
Porter.	Vifzom.	Veftam.	Vettææn.
Verge.	Vefzfzo.	Biaflo.	Vilza.
Tache.	Zeplo.	Tchle.	Tæhle.

On peut encore affocier les Mæfo-Goths aux
Finlandois , aux Lapons & aux Hongrois; fans

parler des coutumes & des ufages communs à tous ces peuples, la conformité de leur langage fait connoître l'identité de leur origine.

FRANÇOIS.	FINLANDOIS.	MÆSO-GOTH.
Étroit.	Ængæn.	Aggvus.
Paille.	Æana.	Ahana.
Penfer.	Ahjan.	Agjan.
Unique.	Ainoa.	Ainoha.
Légat.	Airuns.	Aihruns.
Mere.	Aeitin.	Aitei.
Si ce n'eft.	Elle.	Alja.
Office.	Ammatti.	Ambahï.
Poutre.	Anfas.	Anz.
Avoir pitié.	Armo.	Arman.
Gratis.	Arvjo.	Arujo.
Vafte étendue.	Autio.	Authid.
Mérite.	Anfio.	Azneis.

Cette analogie fe trouve encore entre les peuples dont je viens de parler & les Iflandois.

FRANÇOIS.	FINLANDOIS.	ISLANDOIS.
Onde de la mer.	Alto.	Alda.
Mine de fer.	Bauta.	Raud.
Péril.	Hætæ.	Hæta.
Luxe.	Hecuma.	Hægoma.
Gofier.	Curcku.	Curcku.
Coutume.	Adun.	Æde.
Intelligence.	Æly, Ælyn.	Eljon.
En-pente.	Callas.	Hallas.
Borne.	Mæræ.	Mære.
Pain.	Leipæ.	Leif.
Noir.	Ruma.	Romur.
Epée.	Miecka.	Mækir.
Chaumiere.	Kota.	Kot.
Chemin bordé de haies.	Kuja.	Kui.

Ces exemples démontrent que les découvertes géographiques, aussi bien que l'origine des peuples entiers, peuvent se perdre, & se reproduire quelques siecles après.

Ce principe, une fois posé & reconnu, me servira dans la suite de fondement & de base, pour en déduire les faits & les opinions que l'Histoire semble autoriser.

CHAPITRE II.

De la conformité des Langues, 1°. entre les extrémités de l'Amérique & celles de l'Asie; 2°. entre les Peuples de l'Amérique & de l'Afrique.

LES connoissances géographiques des Anciens ne nous apprennent rien de précis sur la question dont il s'agit. Il faut donc recourir à la conformité des langages & à celle des coutumes. Si nous trouvons ces rapports entre l'Ancien & le Nouveau-Monde, on en pourra conclure que la population de ces deux hémispheres a une origine commune. Mais l'Ancien-Monde a-t-il peuplé le Nouveau, ou le Nouveau a-t-il peuplé l'Ancien? Telle est la question qu'il faut consulter.

Il ne peut s'élever que trois opinions pour savoir de quelle maniere s'est peuplée l'Amérique, & de quelle région vinrent ses habitans.

1°. Que les Américains sont des Autochtones, c'est-à-dire, des peuples nés dans leur pays, & qui n'y sont pas venus d'ailleurs.

2°. Qu'ils sont des Colonies qui s'y transportèrent des autres Parties du Monde.

3°. Que ce sont eux-mêmes qui on ifait passer des Colonies dans l'Ancien-Monde, & qui l'ont peuplé. A l'égard de la premiere & de la troisieme opinion, on pourroit se permettre quelques légers argumens en leur faveur, si la révélation ne s'accordoit avec une saine physique, pour élever contr'elles un mur indestructible. En vain les Philosophes de l'ancien Continent ont-ils essayé de soutenir l'éternité du monde ; leurs paradoxes sont retombés dans la nuit d'où ils avoient été tirés. En vain plusieurs peuples, & les Athéniens sur-tout, se sont épuisés en raisonnemens sur une origine sans génération ; les différentes opinions que le siecle actuel a vu naître sur ce sujet n'ont pas eu plus de succès, & n'ont pu ébranler l'autorité de l'Écriture-Sainte.

Quant à ce qui regarde la troisieme supposition, les Mexicains, dit-on, étoient dans la persuasion que les Rois d'Espagne étoient des descendans

de leur premier Souverain Quezalkoal, & que par
conféquent ils avoient été maîtres de l'Efpagne
plufieurs fiecles avant la découverte de l'Amérique. Mais cette prétention, lors même que les
Mexicains auroient été affez vains pour l'avoir,
eft trop oppofée aux faits pour être admife un
inftant. Les Mexicains étoient à cet égard dans les
mêmes préjugés que la plupart des peuples qui
s'imaginent que les autres nations leur doivent leurs
fciences & leurs connoiffances, & qu'ils font les
inventeurs de tout ce qu'on trouve chez les autres.
C'eft par un préjugé à-peu-près de la même efpece
que tant de Savans penfent que Pythagore fut le
premier qui dut aux Égyptiens la doctrine de la
Métempfycofe ; cependant nous favons, à n'en
pouvoir douter, que déjà avant la deftruction de
Troye, le philofophe Mochus foutint la doctrine
des atômes ou de la matiere premiere, qu'il avoit
puifée dans la même fource.

Sanchoniaton, Hiftorien célebre dans l'Antiquité, qui vécut après Mochus, nous donne une
grande idée de fon favoir par les précieux fragmens qu'il nous a laiffés, & qui nous ont été
confervés par les Grecs.

Phérécyde, le premier Philofophe grec, trouva
les principes de la fageffe dans la lecture des livres
phéniciens.

Dracon, Législateur des Athéniens, forma ses loix d'après les connoissances qu'il tira des Écrivains phéniciens.

Pythagore, ainsi que les autres Philosophes grecs, n'apprit pas les principes de la sagesse & de la morale dans sa patrie, mais chez les Phéniciens & chez les Indiens; c'est une erreur de dire qu'ils les ont transmis aux Indiens.

Si j'ai rapporté la premiere & la troisieme supposition, ce n'est pas parce que j'y trouve quelque vraisemblance ; mais pour faire voir qu'une opinion, quelque fausse qu'elle puisse être, trouva toujours un défenseur prêt à lui donner les couleurs de la vérité, & à la présenter sous un point de vue propre à séduire. Il ne me reste donc qu'à examiner la deuxieme proposition , savoir, que les Américains ont été transplantés des autres Parties du Monde dans leur Continent.

Jamais nation au monde, eût-elle habité sous le ciel le plus rude ou sur le sol le plus ingrat, ne quitta sa patrie de bon gré ; elle l'a toujours préférée à tout autre pays , au climat le plus serein , au sol le plus fertile. L'expérience nous fournit des traits si singuliers à cet égard , qu'en examinant mille fois ce je ne sais quoi qui nous attache au lieu de notre naissance, on est toujours obligé de convenir qu'il est impossible de donner une raison qui caractérise cet effet de la nature. Entre cette multitude de faits, je me contenterai d'en rapporter un seul : Les Esquimaux, quoique fort à plaindre dans leurs propres foyers, conservent le plus grand attachement pour leur patrie. L'on en a vu plusieurs, après avoir été faits prisonniers dans leur jeunesse par les Indiens méridionaux, & après avoir été transportés aux factories angloises, regretter encore leur pays natal, quoiqu'ils eussent vécu long-temps parmi les Anglois ; il est même arrivé qu'un de ces Esquimaux, qui s'étoit accoutumé au genre de vie des Anglois, se trouvant un jour présent lorsqu'un Anglois écorchoit un veau marin, se jetta sur l'huile qui en sortoit, & avala avec une avidité étonnante tout ce qu'il en put ramasser avec les mains, en s'écriant : Ah que je regrette mon pays natal, où je pouvois me rassasier de cette huile !

Les seules raisons pour lesquelles un peuple quittoit sa patrie étoient celles-ci :

1°. Lorsque la population s'augmentoit de façon que les moyens de subsistance venoient absolument à manquer, alors on choisissoit des Chefs pour conduire une partie de la nation dans des contrées plus heureuses & plus fertiles. Tels étoient les premiers peuples qui ont habité la terre ; se souciant peu de l'or & de l'argent, le luxe

& la délicateffe ne les avoient point gâtés ; ils vivoient du travail de leurs mains ; ils n'occupoient qu'autant de terrein qu'il leur en falloit pour fubvenir à leurs befoins. Auffi-tôt que leur fol étoit trop circonfcrit, ils cherchoient ailleurs des terres plus vaftes, & capables de leur fournir les premiers befoins de la vie. Pour s'en convaincre, on n'a qu'à voir l'exemple d'Abraham, lorfqu'il dit à Lot: » La terre eft devant nous ; fépare- » toi de moi ; fi tu vas à gauche, j'irai à droite ; » fi tu vas à droite, j'irai à gauche ».

2°. Le fecond motif qui pouvoit les obliger à quitter leur patrie, étoit l'efprit de conquête ou l'oppreffion qu'ils fouffroient chez eux : c'eft ainfi que Salmanaffar ayant emmené les Juifs en captivité, ceux-ci, après un voyage d'un an & demi, vinrent dans un pays inhabité, nommé *Arfareth*. *Arʒa* fignifie un *Cedre* dans la langue chaldéenne & arabe, & *Arfareth*, le *Pays des Cedres*. Les Mongoles donnent encore aujourd'hui le nom d'*Ars* à un arbre fingulier qui croît chez eux. Ce paffage peut faire foupçonner que ceux qui cherchent ailleurs, en Amérique par exemple, les Tribus juives qui fe font perdues, font dans l'erreur.

C'eft ainfi que les Daces, qui tiroient leur origine des Getes, abandonnèrent la Moldavie,

la Valachie & la Tranfilvanie, lorfqu'ils s'apper-
çurent que l'Empereur Trajan vouloit les réduire
fous la domination des Romains. De-là vient que
de nos jours on parle encore dans ces Provinces
un langage peu différent de la langue latine,
parce que les Romains, qui faifoient perdre aux
peuples vaincus les traces de leur origine, en les
enveloppant pour ainfi dire du nom romain, ex-
tirpoient auffi leur langue, en introduifant la leur.

Telles font les caufes qui ont pu engager des
peuples entiers à quitter leur patrie; car je n'entends pas parler ici de ces effains de brigands,
auxquels l'efprit de rapine a fouvent fait faire de
nombreufes émigrations.

Voyons préfentement comment & par quelles
nations l'Amérique a pu être peuplée avant la
découverte qui en a été faite dans le quinzieme
fiecle. Pour décider cette queftion, il ne fuffit pas
de poff12der une ou plufieurs langues de celles qui
fe parlent dans les différentes Parties du Monde;
il ne fuffit pas non plus de favoir en général que
les peuples de la terre different ou fe reffemblent
plus ou moins entr'eux par la forme de leurs vifages, par leur religion, par leurs mœurs, leurs
coutumes & leurs manieres de vivre : il faut encore les comparer fous tous ces points de vue.

Ce n'eft en effet que par une longue fuite de

comparaifons qu'on peut trouver la véritable clef de l'origine des peuples les moins connus. Que l'on confronte les mœurs & les ufages des peuples de l'ancien Continent avec ceux du nouveau, & fuivant leur analogie ou leur diffemblance, l'on pourra établir la poffibilité ou l'impoffibilité de leur extraction commune.

A l'égard des Langues, je ne prétends pas qu'un Hiftorien qui veut remonter à la fource de la premiere population d'un pays, foit obligé de favoir parfaitement tous les idiômes qui fe parlent dans les différentes Parties du Monde, ni toutes les Langues anciennes ; mais il n'eft pas douteux que, pour développer par exemple l'origine des Colonies qui s'établirent les premieres en Amérique, il feroit néceffaire de trouver un homme inftruit, en état de dreffer une table de comparaifon des Langues ufitées fur les côtes occidentales de l'Afrique, avec les différentes efpeces d'idiômes connus aux Antilles & au Bréfil. Il ne feroit pas impoffible d'en venir à bout à la longue, & de former peu-à-peu un recueil d'une centaine de mots tirés de toutes les Langues connues, tant en Afrique qu'en Amérique. M. de la Condamine croyoit que c'étoit le véritable moyen de conftater l'origine des Américains. Un tel vocabulaire feroit plus utile cent fois pour notre deffein que le *Pater noſter*, dont nous avons des traductions ſans nombre en Langues ſauvages, & que M. Chamberlayne, Compilateur anglois, s'eſt donné la peine de recueillir. Quelque pieux que puiſſe avoir été le motif des Traducteurs, il faut convenir que les Sauvages, n'ayant point de mots propres pour exprimer les termes de notre morale & ceux de notre métaphyſique, il étoit impoſſible de bien traduire cette priere.

Tout le monde conviendra d'ailleurs que lorſqu'il s'agit d'apprendre une Langue quelconque, l'on doit commencer, comme en toute autre choſe, par ce qu'il y a de plus aiſé; & ce n'eſt qu'après avoir applani pas-à-pas les petites difficultés, qu'on peut affranchir les grandes : il ſemble au contraire que, dans la collection de M. Chamberlayne, on ait voulu renverſer l'ordre naturel.

Remarquons encore que ſi dans un recueil de ſynonymes l'on trouvoit par hazard, entre une centaine de mots, quelques-uns qui euſſent une certaine analogie, tant pour la conſonnance que pour la ſignification, avec les mots d'une Langue étrangere, il faudroit bien ſe garder d'en conclure tout auſſi-tôt que les deux Langues ont enſemble un rapport immédiat & une conformité inconteſtable. Qui par exemple feroit aſſez inſenſé pour dire que la Langue latine & la groënlandoiſe ont entr'elles une très-grande affinité, parce que dans ce dernier jargon, le mot *ignach* signifie *feu*, comme en latin le mot *ignis?*

D'un autre côté, il faut s'abstenir du sentiment de ceux qui, malgré les rapports de l'identité qui se rencontrent dans plusieurs mots de différentes Langues, en méconnoissent la ressemblance, parce que certaines lettres se trouvent transposées ou remplacées par d'autres.

Toutes ces erreurs proviennent de ce qu'on ne prend pas assez garde à la prononciation, qui varie chez toutes les nations, dont les unes abregent les syllabes, tandis que les autres les allongent; & de ce qu'on néglige d'observer qu'il est peu de peuples qui n'aient dans leur alphabet des lettres qu'un autre n'a pas, & qu'il ne sauroit pas même prononcer.

En réfléchissant sur ces principes, on sentira pourquoi, en comparant deux Langues entr'elles, on trouve dans certains mots, qui ont réellement la même étymologie, des syllabes & une consonnance tout-à-fait changées : il peut arriver aussi, comme nous l'avons vu plus haut, par un effet contraire, mais qui n'a point du tout la même cause, que la rencontre fortuite des caracteres de l'alphabet dispose tellement les syllabes, qu'un mot soit approchant d'un autre dans une Langue

tout-à-fait

tout-à-fait étrangere, & de laquelle il ne dérive nullement, quoique ce soit un jeu de hasard infiniment rare.

Comme qu'il en soit, on n'est pas moins fondé à conclure que ce n'est que par une longue suite de comparaisons entre les mots qui semblent se correspondre dans plusieurs Langues, & qui paroissent synonymes, tant pour la signification, que pour l'étymologie, qu'on pourroit parvenir à fixer des principes invariables sur leur affinité : ainsi il faudroit ⸺ comme nous l'avons déjà dit, pour les pays qui avoisinent l'Amérique, & pour l'Amérique elle-même, composer une table polyglotte, où les racines de chaque mot seroient rassemblées, la transformation des lettres & la différence de la prononciation sommairement expliquées ; travail qui demanderoit beaucoup de soin & d'exactitude : mais aussi par ces coups de lumiere seroit-on en état de juger, & de l'analogie de plusieurs Langues que nous ne connoissons pas encore, & du rapport que seroient présumés avoir en conséquence les peuples qui les parlent.

Un tel vocabulaire applaniroit bien des difficultés, & serviroit à constater tout ce qui sera dit dans le cours de cet ouvrage sur l'origine des Américains ; car ce seroit peine perdue d'attendre la publication de leur histoire ou plutôt de leurs

C

traditions, vu qu'il n'y a pas d'apparence que les Indigenes aient pris foin de conferver la mémoire de ces événemens.

Cependant, en attendant une connoiffance plus parfaite des Langues de ces contrées, j'ai dit qu'il reftoit encore une voie pour connoître l'origine des peuples du Nouveau-Continent ; c'eft de comparer leurs manieres de vivre, leurs mœurs & leurs coutumes avec les coutumes & les mœurs des peuples de l'Ancien-Monde. C'eft ce que je vais faire à l'égard des Américains, en ajoutant à la fin de l'ouvrage les obfervations faites par les Savans & par les Marins que la Cour de Ruffie a employés pour faire des découvertes dans l'Amérique, en partant du Kamtfchatka.

CHAPITRE III.

Sur la conformité des Mœurs & des Coutumes des Peuples de l'Ancien-Monde, comparées avec celles du Nouveau-Monde.

DEUX Nations très-éloignées l'une de l'autre, peuvent sans doute se ressembler à plusieurs égards dans leurs manieres de vivre, sans néanmoins sortir de la même souche ; mais aussi-tôt qu'on trouve chez deux différens peuples dont on peut prouver la communication, une ressemblance frappante de coutumes fantasques, & quelquefois atroces & contraires à la nature , c'est une marque convaincante qu'ils les ont prises & empruntées les uns des autres ; ou bien il faudroit dire qu'ils les ont inventées eux-mêmes, chacun séparément, ce qui n'est pas possible. Jamais des gens sensés ne se persuaderont que des nations entieres aient pu imaginer d'elles-mêmes, sans se consulter , des usages bizarres, & cependant semblables ; au lieu qu'il n'est que trop ordinaire de voir des usages ridicules & même superstitieux s'accréditer & trouver des Sectateurs.

Combien pourroit-on trouver de coutumes

romanefques & extravagantes qui ont infenfible-ment pénétré , & fe font introduites par communication d'un peuple chez un autre : ce rapport même de fingularités entre deux nations prouve que l'une tient fes mœurs, fes ufages & fes coutumes de l'autre , avec laquelle elle eft cenfée avoir autrefois vécu fous une domination commune ou dans une étroite relation.

Il ne refte donc, pour découvrir l'origine des Américains, qu'à faire l'application des maximes qui viennent d'être établies , en choififfant pour objet de comparaifon les coutumes de l'Ancien-Continent les plus fingulieres & les plus remarquables.

I.

Doctrine d'un bon & d'un mauvais principe.

Le dogme de deux principes a été établi chez tous les anciens peuples de l'Orient ; il a exifté même dans nos contrées, pendant qu'elles étoient plongées dans le paganifme. Les premiers Sauvages , effrayés des accidents & des défaftres qui affligent l'humanité , privés d'ailleurs des fecours de la révélation , n'ont pas eu affez de pénétration pour lire dans les deffeins de la providence :

ils n'imaginerent pas que fi Dieu envoie des fléaux fur la terre, c'eft tantôt pour nous punir de nos fautes, tantôt pour nous détacher de ce monde, & porter nos efpérances vers un avenir plus heureux : ils n'attribuerent au contraire les maux de cette vie qu'à des génies perfécuteurs. L'imagination ébranlée & craintive dreffa auffi-tôt des autels aux efprits malfaifans pour les appaifer.

Selon la Mythologie des Orientaux, plus complette que celle des Grecs & des Romains, il a dû exifter un état parfait avant le cahos ; ils prétendent que ce bouleverfement n'eft qu'une fuite du péché originel ou de l'aviliffement des créatures ; car Dieu, difent-ils, ne peut créer le mal.

C'eft fur cette hypothefe que les Grecs avoient fondé le dogme, d'après lequel ils ajoutoient croyance aux manes : ils avoient, comme les Kalmaks, les Mongoles & les Chinois, adopté l'exiftence de deux principes primitifs, l'un bon & l'autre mauvais ; ou, ce qui revient au même, la lumiere & les ténebres.

Le dogme des deux principes s'eft étendu jufques chez les Américains. La Religion des Caraïbes fe bornoit à croire un bon & un mauvais principe ; la Divinité tutélaire & bienfaifante ne les occupoit guere, mais ils redoutoient beaucoup l'être malfaifant.

Les Efquimaux, peuples de l'Amérique feptentrionale, reconnoiffent un être d'une bonté
infinie, qu'ils appellent *Ukkev-ma*, c'eft-à-dire,
le grand Chef; ils le regardent comme l'auteur
de tous les bienfaits dont ils jouiffent, & en parlent avec le plus grand refpect, en chantant fes
louanges dans des cantiques & des hymnes dont
le ton eft grave, pompeux & affez harmonieux.
Ils reconnoiffent de même un autre être qu'ils
appellent *Vittikka*, & qu'ils repréfentent comme
l'inftrument de leurs maux & de leurs malheurs;
ils le redoutent extrêmement, & de la même
maniere que les Chrétiens craignent le démon.

II.

Ordre de fucceffion particulier à certains Royaumes.

Dès qu'un Prince d'Europe a fait reconnoître
fon mariage, fon époufe lui devient égale en
dignité, & les enfans qui naiffent de ce lien ref-
pectable, fuivent la condition du pere; ils font
cenfés lui appartenir (felon la Loi romaine, *Pater
eft is quem nuptiæ demonftrant*); auffi une Prin-
ceffe qui vouloit fe faire refpecter de fon époux,
lui difoit un jour : Je puis bien faire des Princes

fans vous ; mais vous , vous ne pouvez pas en faire fans moi.

Ce droit du mari d'élever fa femme à fon rang , & de lui tranfmettre fes privileges d'honneur & de diftinction , & ce refpect pour les defcendans des Princes de mâles en mâles , n'ont pas lieu chez tous les peuples de l'Univers.

Dans le Galecut , aux Indes orientales , lorfque le Samorin , qui en eft le Souverain , vient à décéder , ce n'eft pas fon fils qui lui fuccede , mais le fils de fa fœur.

La fucceffion à la Couronne eft réglée de la même maniere dans le Malabar. Les Princes de cette contrée ne fe marient point avec des Princeffes , mais avec des filles de Naires ; en forte que leurs enfans ne font point regardés comme Princes : les Princeffes au contraire fe marient communément avec les Brames ; leurs enfans naiffent Princes , & font déclarés capables de fuccéder au Trône. La claffe des Princes compofe ainfi la branche royale , & a la prééminence fur toutes les autres : après la mort du Roi , le Prince le plus âgé prend les rênes du Gouvernement ; en forte qu'il n'y a jamais difpute pour la fucceffion à la Couronne , & qu'on ne voit jamais paffer l'adminiftration de l'État entre des mains trop jeunes.

C 4

Dans toutes les contrées de l'Afrique habitées par les Negres , depuis le Senegal jusqu'au Rio da Volta , le Roi se prend toujours dans le sein de la Famille royale : mais ce ne sont pas ses enfans mâles en ligne directe qui lui succedent ; ce privilege n'est accordé qu'à la branche féminine.

En Amérique , dans l'Isle-Hayti , aujourd'hui Saint-Domingue , les Principautés étoient héréditaires , mais lorsqu'un Cacique venoit à mourir sans héritier en ligne directe , les enfans de la sœur succédoient à l'exclusion des enfans du frere.

Dans la partie septentrionale de l'Amérique , chez les Iroquois , les Hurons & les Natschés , près le fleuve Mississipi , lorsque le Chef vient à décéder , ce sont toujours les enfans de la sœur de sa mere , c'est-à-dire , ses cousins germains du côté maternel , qui lui succedent : ils alleguent pour raison qu'on peut s'assurer plutôt que les fils de la sœur sont du véritable sang de la branche des Princes , que les enfans du pere ou du frere du pere.

I I I.

Coutumes barbares pratiquées dans les Obseques.

En lisant l'Histoire ancienne & moderne, l'on trouve que chez différens peuples sauvages il a été & il est encore d'usage d'enterrer des personnes vivantes avec les morts ; & qu'aux obseques d'un Seigneur de distinction, l'on ensevelissoit avec lui quelques-unes de ses femmes , & des esclaves pour le servir & pour lui tenir compagnie dans l'autre monde.

Selon *Hérodote*, la même barbarie existoit chez les Scythes du Boristhene ou du Dnieper. Lorsqu'un de leurs Souverains venoit à mourir , ils enfermoient dans le même tombeau un grand nombre de personnes vivantes , particuliérement ses femmes , son échanson, ses cuisiniers, ses écuyers & valets, son coureur avec ses chevaux & ses vases d'or. *Lucien* rapporte la même chose des Grecs.

Les Romains faisoient quelquefois des sacrifices de victimes humaines , choisissant un certain nombre de prisonniers de guerre , qui étoient obligés de se battre jusqu'à ce quils se fussent tous passés au fil de l'épée , pour appaiser les manes de ceux qui avoient été tués dans la bataille.

Céfar nous apprend que les Soldures qui for-moient une partie de la nation gauloife, parta-geoient avec leurs patrons les commodités de la vie, ainfi que les horreurs de la mort; il dit auffi que l'ufage de brûler, avec les cadavres des Seigneur de diftinction, leurs favoris, leurs do-meftiques & les uftenfiles du ménage, étoit à peine aboli de fon temps.

Les anciens Danois, pour faire voir leurs foins envers les morts, enfeveliffoient les femmes vivan-tes avec les maris décédés; leur inhumanité, fi nous en croyons *Olof Dalin*, ne trouvoit que trop d'imitateurs chez les anciens Suédois.

Nous lifons dans les favantes recherches de M. *de Guignes* que les Hoeiques, nation turque, étoient dans l'ufage d'enterrer les femmes avec leurs maris, lorfqu'elles n'en avoient point eu d'enfans.

Si de l'Europe nous paffons en Afie, nous ver-rons la même coutume fanguinaire régner dans les Indes orientales. Lorfqu'on enterre, dit *Marc Paul*, le corps du grand Chan des Mongoles, les officiers qui accompagnent le cortege funebre tuent chemin faifant tous ceux qui fe préfentent devant eux, pour lui tenir lieu de courtifans dans l'autre monde. Lorfqu'on fouille dans les monu-mens fépulcraux des Mongoles, faits en forme d'obélifques, l'on trouve à côté du corps d'un Chan ou d'un grand Seigneur, plufieurs fquelettes d'hommes qui, felon toute apparence, ont été enterrés avec lui.

Combien de fois les habitans de Jakuzk, qui, avant d'être foumis à la domination des Ruffes, fervoient dans les armées du Chan des Mongoles, ont-ils donné des preuves de ce fol enthoufiafme! On voyoit celui des efclaves que le défunt avoit pris de fon vivant le plus en affection, s'immoler gaiement fur un bûcher dreffé dans cette vue, & fe précipiter dans les flammes par attachement pour fon maître, & pour le fervir dans le féjour de l'immortalité.

Il eft vraifemblable que ce même fanatifme a eu lieu chez les Mandzhures ou Mantcheoux; car le P. *Duhalde* nous rapporte que Schuntfchi, fondateur de la famille aujourd'hui régnante chez cette nation, après avoir fucceffivement perdu fon fils & fon époufe, voulut perfuader à une trentaine de perfonnes de fe donner la mort, pour fatisfaire les ames des défunts. Kang-hi, fon fucceffeur, fut, felon le même *Duhalde*, le premier qui parvint, non fans peine, à abolir un ufage auffi barbare.

Il fubfifte encore chez les Afghanes, peuples

des frontieres de la Perse, & chez les habitans des Isles Philippines.

Helvetius attribuoit à ces sacrifices humains une singuliere origine, chez les habitans des côtes du Coromandel. Un de leurs Législateurs, dit-il, s'étant apperçu que les femmes, pour s'affranchir du joug importun de l'hymen, empoisonnoient leurs maris, imagina, afin de pourvoir à la sûreté de ces derniers, de forcer les femmes à se brûler sur le tombeau de leurs époux.

Les Royaumes de Vhidah ou Juidah & de Benin, sur les côtes occidentales de l'Afrique, & qui se rapprochent plus de l'Amérique orientale qu'aucune autre contrée de l'Ancien-Monde, ne sont point exempts de cette malheureuse superstition. L'Histoire nous apprend qu'encore aujourd'hui, aux funérailles de leurs Rois, ces peuples enterrent avec le défunt quantité de personnes vivantes, pour augmenter la pompe funebre par le nombre de ces victimes infortunées.

L'Amérique nous offre la même inhumanité. Lorsqu'une veuve mouroit parmi les habitans de l'Isthme de Darien, on enterroit avec elle ceux de ses enfans que la foiblesse de leur âge mettoit dans l'impuissance de pourvoir à leur subsistance.

Dans l'Isle de Saint-Domingue, au décès d'un

Cacique, on enfeveliſſoit avec lui pluſieurs perſonnes de tout ſexe, principalement un grand
nombre de ſes femmes, qui ſe diſputoient cet
honneur. On prétend qu'elles étoient de meilleure
foi que les Africains ; car *Helvetius* remarque que
les femmes de la ville de Meſurade en Guinée ſe
diſputent auſſi l'honneur du bûcher, mais en faiſant tout ce qu'elles peuvent pour l'éviter.

Preſque toute l'Amérique en un mot a été
infectée de ce fanatiſme, qui ſe répandit juſques
chez les Mexicains, chez les Péruviens, même
chez les Natſchés, qui habitent ſur les bords &
aux environs du fleuve Miſſiſſipi.

La philoſophie, qui adoucit les mœurs, auroit
pu déraciner ces reſtes de barbarie dans les Indes,
ſi elle n'étoit traverſée par l'intérêt des Brames,
qui, s'appropriant les dépouilles des veuves ſacri-
fiées, s'oppoſent à la deſtruction de ces cruels
excès.

I V.

Epreuve du fer chaud.

Sí les recherches que nous allons mettre ſous
les yeux de nos Lecteurs ne flattent pas l'imagination, elles prouveront du moins que les cou-

tumes ufitées chez les anciens peuples de notre Continent ont pénétré jufqu'en Amérique, & qu'il y a eu une communication générale entre tous les peuples de l'Univers.

L'épreuve du fer chaud a été en ufage chez les plus anciens peuples de la terre. Cet étrange moyen de fe laver d'une accufation, exiftoit chez les Scythes dès l'origine de leur puiffance : l'accufé étoit obligé de marcher pied nud fur un fer chaud, ou de le porter dans fes mains. Les premieres Loix des Scandinaves ordonnent que dans tous les cas où les preuves ne feroient pas fuffifantes pour convaincre le coupable, le Juge doit ordonner l'épreuve du fer ardent. Le fort du jugement eft abandonné à Dieu.

Si l'accufé n'eft endommagé par aucune brûlure, il doit être abfous ; mais fi au contraire l'on apperçoit la plus légere altération, la moindre cicatrice, alors il doit être févérement puni, fuivant l'énormité du crime.

En Suede, les Moines fe font fervis de cette épreuve, même du temps du Chriftianifme.

Sophocle nous apprend que cet ufage a eu lieu chez les Grecs, puifqu'il fait dire, dans une de fes Tragédies, aux gardes de Créon : « Seigneur, pour » prouver que nous n'avons aucune part au cri- » me dont vous nous accufez, nous fommes prêts

» à subir dès cet instant l'épreuve du feu, & à
» prendre les Dieux à témoin de notre innocence ».
Antig. ✶. 274.

Ces épreuves, qu'on devroit appeller plutôt
injustes que judiciaires, font encore de nos jours
suivies par les Kalmaks. On fait rougir au feu
une hache, & l'accusé est obligé de la porter à
une demi-verste de distance (*Journal des voyages
de M. Pallas.*). Les mêmes peuples se servent
aussi du fer rouge dans les occasions où il faut
prêter serment de fidélité.

L'épreuve du fer chaud a été pratiquée pendant plusieurs siecles en Europe. L'an 803, Char-
lemagne fit ajouter aux Loix Saliques la disposition
suivante : « *Si quis accusatus de parricidio factum
» negaverit, ad novem vomeres ignitos, judicio
» Dei examinandus accedit* ». Lindebrogius, p. 352.

Louis premier obtint du Pape Eugene III
l'approbation de l'épreuve par l'eau froide : « *Eu-
» genius III, Papa, precibus Ludovici, Caroli
» magni filii, annuens judicium aquæ frigidæ,
» edicto firmavit* ». Lindebrogius, *Cod. LL. AA.*

L'eau bouillante servoit d'épreuve en Espagne,
comme l'eau froide en France. Cet usage y fut
introduit, selon le même Auteur, par Flavius
Égiga, Roi des Visigoths. *Lindebrogius*, Cod. LL.
AA, *Lex Visi-Goth.*, l. 6, tit. 1.

Les Empereurs grecs n'étoient pas plus raisonnables dans la maniere dont ils faisoient constater l'innocence. A Constantinople même, dans les formalités justificatives, on employoit le fer chaud. L'accusé prenoit d'une main hardie un fer rouge, qu'on appelloit le fer saint; il se préparoit à cette épreuve par le jeûne & par la priere trois jours de suite, pendant lesquels il tenoit sa main enveloppée dans une écharpe, & scellée du sceau du Prince, pour qu'on ne le soupçonnât pas d'user de quelque remede qui pût arrêter ou diminuer l'activité du feu.

George Pachymeres, qui a écrit la vie de Michel Paléologue & d'Andronic son fils, dit avoir vu avec étonnement dans sa jeunesse des accusés qui empoignoient un fer chaud, sans en ressentir aucun mal. Que ce fait soit vrai ou non, il n'est pas moins certain que l'usage de cette épreuve existoit alors : ce fut ce même Empereur, Michel Paléologue, qui, désapprouvant cet usage, le défendit sous de séveres peines. Il fut également aboli dans l'Occident par l'Empereur Frédéric, qui ne le laissa subsister que pour certains cas réservés. *Cod. LL. Salicarum*, l. 11, tit. 32 & 33.

Dans les Indes, lorsqu'un homme en accuse un autre d'un crime qui mérite la mort, le Juge doit demander à l'accusé s'il se croit en état de

soutenir

foutenir l'épreuve du feu ; s'il répond que oui , alors on fait chauffer un morceau de fer , jufqu'à ce qu'il foit tout rouge , puis on le lui applique fur la main : le patient fe promene pendant un certain temps ; il jette enfuite le fer : auffi-tôt on enveloppe fa main d'une poche de cuir , qui eft cachetée avec le fceau du Prince : au bout de trois jours il doit comparoître devant le Juge , en difant qu'il n'a fouffert aucune brûlure ; on lui ordonne de montrer fa main , & fi effectivement le feu n'y a laiffé aucune trace , il eft déclaré innocent & délivré du fupplice dont il étoit menacé , & l'accufateur eft condamné à fa place.

Croiroit-on que des moyens auffi déraifonnables que cruels ont été employés dans une grande partie de l'Afie ? Comment pouvoit-on exiger d'un homme , qui demandoit à fe laver d'une accufation , qu'il marchât fur des charbons ardens , qu'il avalât du riz prétendu enforcelé , ou enfin qu'il demeurât fous l'eau autant de temps qu'il plairoit aux Juges ? Ces épreuves judiciaires font cependant encore pratiquées chez les Siamois & ailleurs. Telle eft encore , au rapport d'*Odoardo Barbofa* , celle qu'impofent les Indiens de Calecut à l'accufé qui fe préfente pour fe juftifier : il eft obligé de plonger deux doigts dans l'huile bouillante ou

D

dans du beurre fondu : trois jours après, on défait l'enveloppe, & malheur à l'accusé, si on apperçoit des traces de brûlure ; on le tue sans autre forme de procès. Si au contraire sa main est saine & intacte, l'accusateur subit la peine du talion.

Nicole de Conti rapporte que cette coutume regne dans les deux Indes, de même que celle de faire lécher un fer rouge, ou de le faire prendre avec la main.

Guillaume Dampierre, dans son Histoire autour du Monde, atteste que l'épreuve du fer chaud est suivie par les Tunquinois & par les Negres de la Guinée. Ces derniers ne font pas les feuls en Afrique qui nous fournissent des exemples de ces superstitieuses épreuves. Les Cafres (1) de Mosambique contraignent ceux qui font soupçonnés de quelque crime capital, d'avaler du poison, de lécher un fer rouge, ou de boire de l'eau bouillante, où ils ont fait cuire des herbes ameres.

---

(1) Ce mot, qui signifie infidèle, marque toute sorte de gens non Mahométans, & particuliérement les Chrétiens. Il vient de *Sciafer*, terme arabe, qui signifie, *ne croire point*. Les Portugais en ont fait le nom de *Cafre*, qu'ils donnent à leurs esclaves Negres ; & celui de *Cafrerie*, qu'ils donnent à cette partie d'Afrique d'où on les tire. *Chardin, dans ses Voyages*, tom. VII, p. 123.

Les Negres de Loango & plusieurs autres des côtes occidentales de l'Afrique, donnent aux accusés un breuvage dans lequel ils font tremper des racines qui le rendent amer comme de la suie; & chez les Angolois, dans le Congo, rien de plus ordinaire que de voir subir l'épreuve du fer ardent.

En Amérique, lorsqu'un homme est accusé de vol, & qu'il s'éleve de fortes présomptions contre lui, on l'oblige de prouver son innocence, en trempant sa main dans une chaudiere d'huile bouillante; dès qu'il l'en a retirée, on l'enveloppe également d'un morceau de toile, & on y applique un cachet vers le poignet: trois jours après, l'on visite sa main, & s'il n'y paroît aucune marque de brûlure, il est déclaré innocent. Avant que de commencer l'épreuve, on fait laver les mains à l'accusé, & on lui coupe les ongles, de peur qu'il n'eût quelque remede caché qui l'empêchât de se brûler.

On prépare aussi dans plusieurs autres parties de l'Amérique un grand vase rond, avec une ouverture si étroite, que la main y entre à peine. On renferme dans ce vase un de ces serpens dont la morsure est mortelle, si on n'y remédie sur l'heure: l'accusé est obligé de saisir cette vipere avec sa main; ou bien l'on verse dans le vase de l'eau bouillante , & l'on jette au fond un anneau que l'accufé eft contraint de retirer.

On lit auffi dans les Loix Saliques les mots fuivans : *ad æneum mallari, id eft , ad judicium aquæ ferventis citari* , c'eft-à-dire , *être cité au jugement de l'eau bouillante*.

Et on voit dans *Gregoire de Tours* un ufage parfaitement femblable à celui que nous venons de rapporter pour l'Amérique : la cérémonie de l'anneau jetté dans l'eau bouillante , & qu'il en falloit retirer pour être juftifié. *Liv. I , ch.* 18.

Ces ufages remontent d'ailleurs à la plus haute antiquité.

<hr>

V.

Ufage de fe faire couper ou rafer les cheveux en figne de deuil.

Cet ufage s'obfervoit du temps du paganifme , & nous trouvons dans l'Écriture-Sainte la défenfe expreffe que Dieu en fait faire par Moyfe à fon peuple.

Chez les Anciens , on coupoit les cheveux , même aux mourans , parce qu'on s'imaginoit que l'ame du mort ne pourroit jamais entrer dans le Royaume de Pluton , fans avoir préalablement fait cette opération : auſſi les Poëtes ne l'oublient pas à l'égard d'Alceſte & de Didon. Inſenſible-ment les parens des morts couperent auſſi leurs propres cheveux, pour donner une preuve ſenſible de leur douleur.

Les Scythes du Boriſthene ſe coupoient les che-veux autour de la tête, toutes les fois, dit *Herodote*, qu'on enterroit quelqu'un de leurs Souverains.

Les Poëtes grecs & latins font ſouvent mention d'une ſemblable offrande pour les morts ; & c'eſt le nom qu'Ovide donne à cette cérémonie, lorſ-qu'en parlant d'Hécube, il dit que cette Reine avoit laiſſé ſur le tombeau de ſon fils Hector ſes larmes & ſes cheveux gris en forme d'offrande.

Si nous ouvrons les ouvrages de Pétrone, nous trouverons que la Matrone d'Epheſe s'étant arra-ché les cheveux, les avoit poſés ſur la poitrine de ſon mari qui venoit d'expirer.

L'Orient nous offre les mêmes traits. *Buſbeck*, envoyé en qualité d'Ambaſſadeur de Ferdinand, Roi de Hongrie, vers le Sultan Soliman, dit qu'on trouve des cheveux d'homme ſur la plupart des tombeaux des Serviens, & qu'ils y étoient attachés comme une marque de deuil par les parens du défunt.

Dans l'année 1716, un Seigneur de la ſuite de l'ambaſſade chinoiſe étant venu à mourir à Samaroujam , petite ville, à l'embouchure de l'Irtisch , on fit à cette occasion des cérémonies funéraires ; & pour consacrer une offrande au défunt , on coupa à son premier domestique ses cheveux par-derriere , & on en jetta l'extrémité dans le même feu qui servoit à brûler le corps de son maître.

L'on a vu un Mataram , ou grand Seigneur de l'Isle de Java , ordonner en l'honneur de son frere, quoiqu'il fût mort rebelle , de magnifiques funérailles , & se faire couper les cheveux pour témoigner son deuil.

En Amérique , les Caraïbes des Isles Antilles se coupent les cheveux par le même motif ; les femmes les font raser tout-à-fait.

Celles de Virginie coupent leurs cheveux quand leur mari vient à mourir , & les jettent sur son tombeau.

Celles du Brésil se font entiérement raser la tête , & leur deuil ne finit chez elles que lorsque leurs cheveux sont revenus.

Lorsque les Apalaches, nation de la Floride, prennent le deuil à la mort de leurs parens , leur plus grande marque d'affliction consiste à se couper une partie de leur chevelure ; mais à la mort de leur Souverain , ils se rasent toute la tête , & ils ne laissent pas recroître leurs cheveux avant que le corps du défunt soit enterré , ce qui n'a lieu qu'au bout de trois ans.

Les Iroquois, hommes & femmes, portent le deuil de la même façon en se coupant les cheveux. Les femmes de cette nation outre cela n'osoient sortir de leur cabane, tandis qu'elles étoient dans cet état; elles étoient obligées d'y attendre que leurs cheveux revinssent : mais comme cet usage les détournoit infiniment de leurs affaires, elles ne coupent plus aujourd'hui, du consentement de leurs parens, qu'une petite partie de leurs cheveux, qu'elles jettent au pied du tombeau de leurs maris.

Remarquons que dans tout autre cas que le deuil c'étoit une flétrissure que d'avoir les cheveux coupés. Il n'y a point de déshonneur plus sensible pour les femmes du Canada que de leur couper les cheveux, puisqu'elles n'osent pas se présenter dans un état pareil. Les hommes se croyoient aussi très-fort déshonorés lorsqu'on leur coupoit la barbe. Le Sultan Bajazet, en faisant couper la barbe aux Ambassadeurs de Tamerlan, leur fit la plus grande insulte & le plus outrageant de tous les affronts.

C'est ainsi qu'en avoit agi Hanun, Roi des Ammonites, à l'égard des Guerriers que lui avoit envoyés David, pour le féliciter de son avénement au trône. Regardant ces Guerriers comme des personnes envoyées pour reconnoître le pays, il leur fit couper la moitié de la barbe & la moitié

D 4

de leurs robes ; ce qui occasionna une guerre entre
ces deux Rois , qui finit par la ruine presqu'entiere des Ammonites.

Cette même superstition subsiste encore aujour-
d'hui chez une grande partie des Russes ; ils mettent une espece de sainteté à conserver leur barbe ;
& ils préferent, plutôt que de la couper, de payer
annuellement un impôt assez considérable, pour
obtenir la permission de la porter : aussi , quand
il leur tombe quelques poils de la barbe , ils les
gardent soigneusement , & les portent toujours
sur eux comme des reliques très-précieuses.

V I.

*Destruction des cabanes après la mort de ceux
qui les habitoient.*

L'usage de renverser & de détruire les tentes des
Officiers qui venoient à décéder existoit déjà chez
les anciens Mongoles ; encore aujourd'hui ces peuples , au décès de leur Chan ou de sa premiere
épouse, font dans l'habitude de quitter sur le champ
leur demeure ; les Chefs de leurs tribus changent
alors tout leur camp , & ne se laissent pas voir
durant tout le temps du deuil.

Les Telengutes détruisent de même les cabanes
de leurs morts.

Les habitans de Jakuzk étoient autrefois dans l’habitude de laiffer les morts dans les cabanes où ils étoient décédés ; mais ils abandonnoient cette demeure pour s’établir dans quelqu’autre contrée.

Ces deux peuples, les Telengutes & les habitans de Jakuzk, different d’ailleurs en ce que les premiers font une tribu des Uirats ou Oelots, auxquels on donne communément le nom de Kalmaks ; tandis que les derniers, à en juger par leur langage, font une colonie de Tatares. Ils peuvent avoir reçu tous les deux cette coutume des anciens Mongoles.

Les Perfans ont en horreur la demeure dans laquelle leur pere ou quelqu’autre de leurs parens eft mort ; auffi ne l’habitent-ils plus. Quant aux maifons & aux palais des grands Officiers qui ont été tués par ordre du Schach, perfonne n’en veut, ni à titre de préfent, ni moins encore fous condition d’y demeurer. Les Perfans regarderoient ces offres comme le funefte préfage d’un pareil fort ; c’eft par cette raifon qu’on voit en Perfe quantité de beaux édifices & de palais vuides & abandonnés qui tombent en ruine.

Les Lapons ont la même coutume : à peine un de leurs compagnons a-t il rendu le dernier foupir, que les autres emportent fon corps, quittent fa cabane & la détruifent.

Auffi-tôt que le Roi des Vidahs, qui font des

Negres de la partie occidentale de l'Afrique, est mort, on démolit son palais, & l'on en bâtit un autre au goût du nouveau Roi.

En Amérique, les habitans des Isles Caraïbes renversent la cabane du pere de famille lorsqu'il meurt, & l'on en bâtit une nouvelle dans un autre endroit, sans qu'il prenne jamais envie à personne de construire une cabane sur l'ancien emplacement.

Au Pérou, à la mort d'un Incas, on muroit toutes les chambres qu'il avoit occupées dans son palais.

Cette horreur pour les cabanes des morts prit son origine dans les idées superstitieuses des Idolâtres, qui s'imaginoient que les morts dans l'autre monde s'occupent du même art & du même métier qu'ils ont exercé dans cette vie; & qu'en conséquence le défunt a besoin des mêmes ustensiles dont il a fait usage ici-bas. C'est par la même raison qu'on jette dans leur tombeau, non seulement tous leurs ustensiles, mais encore tout ce qu'ils ont aimé de plus dans ce monde. Le préjugé est tel à cet égard, qu'on est persuadé que, si l'on n'enterroit pas tout avec eux, ou qu'on leur enlevât quelques-uns de leurs meubles, l'ame du défunt n'auroit point de repos, & tourmenteroit par de fréquentes apparitions ceux qui auroient eu l'audace de receler quelques uns de leurs effets. Ces visites des revenans accréditées par l'ignorance, n'étant pas fort du goût de ceux qui survivent, ils lui laissent tout ce qui appartient à un mort, sans toucher à la moindre chose, & ils s'enfuient sur le champ, & abandonnent sa cabane à son esprit & à ses manes, qui, selon eux, y fixent leur résidence ; ou bien, ils la détruisent de fond en comble.

Le seul souvenir de ceux que la mort leur a enlevés leur paroît affreux & digne d'horreur ; c'est pourquoi, on n'ose jamais prononcer devant eux le nom d'un défunt. Ils observent cela si rigoureusement, que s'il se trouve dans la caste un homme du même nom, il est obligé d'en prendre un autre. Delà vient qu'un mort est regardé chez eux comme s'il n'avoit jamais été au monde ; delà vient encore leur ignorance en fait d'histoire & de généalogie pour ce qui regarde leur propre pays.

Quand ils sont dans la nécessité absolue de parler des personnes défuntes, ils ne disent pas, un tel est mort ; mais ils se servent d'une expression plus adoucie, en disant : *il a été, il a vécu*, comme les Grecs & les Romains : *vixit, fuit*; d'où est venue l'expression françoise, *feu un tel.*

V I I.

Maris alités à cause de l'accouchement de leurs femmes.

Strabon nous rapporte que les habitans de la partie septentrionale de l'Espagne se mettoient au lit après les couches de leurs femmes, & qu'alors les femmes étoient obligées de les soigner. Ce singulier usage se maintient encore aujourd'hui, à ce que l'on prétend, dans quelques Provinces de la France limitrophes de l'Espagne, dans lesquelles on appelle cet usage *faire la couvade*.

Diodore assure qu'il a vu pratiquer la même chose chez les Corses, & *Apollonius Rhodius* en dit autant des Tibareniens, peuple du Pont-Euxin dans l'Asie mineure.

Marc Paul rapporte que dans la Province d'Arcladam ou Ardandam, les femmes, presqu'aussi-tôt qu'elles sont accouchées, quittent leur lit ; tandis que les maris viennent prendre leur place, & restent alités quarante jours de suite, pendant lesquels ils prennent soin de l'enfant nouveau né. *Marc Paul : Traduction françoise de sa relation des peuples orientaux.*

Cette coutume s'observe de la même manière au Japon.

Quant à l'Amérique, dès que les femmes des Caraïbes font accouchées, les maris fe mettent en bonnet de nuit, fe couchent, contrefont les malades, comme fi réellement ils fentoient les douleurs de l'accouchement; en cet état, ils reçoivent les vifites de leurs voifins, qui viennent les voir, pour les confoler fur leurs prétendues fouffrances: mais ce qu'il y a de plus original, c'eft qu'on regarde ces minauderies comme un devoir fi férieux, que rien ne peut délivrer les maris de cette bizarre coutume, & que, s'ils étoient abfens à caufe de quelque guerre, ils feroient, à ce qu'on prétend, obligés, dès qu'on leur annonceroit que leur femme eft accouchée, de retourner chez eux fe mettre au lit de parade.

Labat ajoute à ce que nous venons de dire que le pere de l'enfant eft tenu d'obferver dans ces fortes d'occafions un carême de trente à quarante jours; mais il fait en même temps la remarque qu'il n'eft aftreint à ce jeûne qu'à la naiffance du premier enfant: car fans cela, dit-il, les pauvres maris qui ont fouvent cinq ou fix femmes feroient obligés d'obferver des carêmes plus rigoureux que les Moines de la plus ftricte obfervance.

Cet ufage où font les maris de s'aliter, lors des couches de leurs femmes, eft confirmé par le témoignage de *Fermin*, dans fa defcription de

Surinam ; cependant celui-ci ne dit rien du jeûne impofé au pere de l'enfant.

Dans l'Amérique méridionale , les femmes fauvages du Bréfil , à ce que rapporte *Guillaume Pifon* , Médecin d'Amfterdam , fe retirent au fond des bois , dès qu'elles fentent les douleurs de l'enfantement ; & après être accouchées , elles coupent avec une coquille le cordon ombilical de l'enfant nouveau né , le cuifent avec l'arriere-faix , & mangent le tout enfemble : les maris au contraire fe font fervir les mets les plus fucculens , & s'en raffafient , fous prétexte de rétablir leurs forces épuifées.

Woodes Rogers , Capitaine de vaiffeau anglois , raconte de même au fujet des Bréfiliennes , qu'elles font dans l'habitude de s'enfoncer dans les bois pour y accoucher , & que là elles fe lavent avec l'enfant , tandis que le mari fe met au lit pendant vingt-quatre heures , pour rétablir fes forces , comme fi c'étoit lui qui eût mis l'enfant au monde. Le Pere *Lafiteau* nie qu'à cette occa-fion les hommes fe faffent fervir de bons repas ; il fe donne même beaucoup de peine pour nous perfuader que cette cérémonie eft une coutume religieufe , & qu'ils obfervent fix mois de fuite un jeûne prefque continuel , & accompagné de divers exercices de la dévotion & de la piété la plus auſtere, comme une œuvre de ſatisfaction & de pénitence à cauſe du péché originel. Mais il faudroit ſuppoſer que l'idée du péché originel paſſa de l'Ancien-Monde dans le Nouveau, & qu'il ſe repandit ſucceſſivement par toute la terre ; propoſition dont je laiſſe avec plaiſir la diſcuſſion au Pere *Lafiteau* Du reſte , ce Jéſuite convient avec *Labat* que cette rigoureuſe abſtinence ne s'obſerve qu'à la naiſſance du premier enfant ; mais au lieu de ſix mois ce dernier Auteur ne la fixe , comme nous l'avons dit ci-deſſus , qu'à trente ou quarante jours tout au plus.

Voilà ſans doute plus d'exemples qu'il n'en faut pour conſtater que l'uſage dont il eſt ici queſtion a paſſé de l'Ancien-Continent dans le Nouveau. Inutilement voudroit-on chercher à découvrir la cauſe qui l'a pu produire. Parmi les Auteurs qui ont propoſé leurs opinions là-deſſus , les uns ont prétendu que le mari ne s'alite que pour faire une ſorte de pénitence , & que frappé de honte & de repentir d'avoir donné le jour à un être de ſon eſpece , il s'impoſe un jeûne des plus rigides ; d'autres croient que les maris , en ſe mettant au lit lors des couches de leurs femmes , veulent faire connoître qu'ils ont eu autant de part qu'elles à cette naiſſance , & que la fatigue a été la même de part & d'autre. Ce qui peut confirmer cette opinion, c'eſt que dans ces cir-conſtances les maris ſe font ſervir les mets les plus délicieux, comme pour réparer leurs forces épuiſées.

Cependant aucun de ces ſentimens ne peut expliquer le fait dont il s'agit. Quant au premier, indépendamment de ce que l'article du jeûne eſt conteſté par nombre d'Hiſtoriens, jamais perſonne ne ſe perſuadera que des gens mariés doivent rougir & faire pénitence de ce qu'il leur eſt né un fils, puiſque tel eſt l'ordre de la nature. La ſeconde opinion n'eſt pas plus raiſonnable que la premiere : pourquoi ſeroit-ce au moment des cou-ches de la femme que le mari ſe plaindroit d'être épuiſé ? Diſons qu'il exiſte des coutumes bizarres, dont il eſt impoſſible de trouver d'autre cauſe que la bizarrerie même de l'eſprit humain.

V I I I.

FLECHES, marque d'une révolte ou d'une guerre générale.

On ſe ſervoit anciennement de fleches pour annoncer une guerre générale, ou pour former une conſpiration. C'étoit des javelots émouſſés ſans être empennés ; ils reſſembloient plutôt à de petites baguettes qu'à des fleches.

Dion

Dion Caffius dit qu'anciennement les Medes se servoient de pareils javelots pour découvrir l'avenir. On écrivoit l'objet de la question sur deux fleches, dont l'une approuvoit la chose qu'on vouloit entreprendre, & l'autre la défendoit ; il y en avoit une troisieme sur laquelle on n'écrivoit rien. On mettoit les trois fleches dans un vase couvert ; & en en tirant une, on étoit aussi-tôt instruit de ce qu'on avoit à faire. L'inscription portoit-elle, oui, on poursuivoit son projet ; disoit-elle, non, on s'arrangeoit d'une autre maniere : mais si on tiroit la fleche sur laquelle il n'y avoit rien de marqué, on supposoit que le temps convenable pour mettre le projet à exécution, n'étoit pas encore arrivé.

Nous trouvons dans l'Écriture-Sainte, & notamment dans *Ezechiel*, ch. 21, ⊽. 21, que cette maniere de tirer au sort existoit chez les Babyloniens ; & *Osée*, ch. 4, ⊽. 12, fait des plaintes contre les Israëlites au sujet de ces mêmes baguettes.

Cependant, ce n'est pas des fleches qui servoient à tirer au sort que nous allons parler ici ; nous ne nous entretiendrons que de celles qui servoient de signe pour les déclarations de guerre, & qui faisoient courir toute une nation aux armes. On se servoit de cette espece de fleches, principale-

ment dans les Royaumes du Nord. « Lorsqu'une
» armée arrive , dit la loi de Norvege, ou lors-
» qu'il y a une révolte générale, on doit briser
» un bâton qui avertisse de la rupture de la paix,
» & l'envoyer par tout le pays ».

Ce même signal étoit autrefois en usage parmi
les Suédois, pour convoquer tout le peuple aux
lits de justice , aussi-bien durant la paix qu'en
temps de guerre.

Lorsque la Sibérie a été conquise, l'on a trouvé
l'usage de ces bâtons établi dans ces contrées asiatiques, & principalement chez les Vogules, les
Ostiakes & les Tatares.

Tel est aussi le symbole de guerre usité chez
les Américains du Chili, qui, encore aujourd'hui,
n'ont ni Rois ni Souverains ; mais seulement des
Chefs de famille indépendans , qu'on nomme
Caciques. Lorsque ces Sauvages , dit *Barlœus*,
font dans l'intention de faire la guerre aux Espagnols, ils envoient à leurs voisins confédérés
des fleches auxquelles ils attachent un ruban ou
une corde ; & dès qu'un Chef a reçu la fleche, ses
troupes se rassemblent & marchent: alors il fait
un nœud à la corde ou au ruban, comme signe
de la meilleure intelligence & d'un nouveau traité;
il envoie ensuite la fleche aux autres: ceux-ci en
font de même ; & quand le messager a fait sa

tournée, on le renvoie dans son canton avec ses fleches, & autant de nœuds au ruban ou à la corde qu'il y a de confédérés.

Dans la relation du Voyage autour du Monde de M. *le Gentil*, nous trouvons une autre explication de ces nœuds, qui, selon ce Voyageur françois, sont de différentes couleurs; en sorte que les peuples qui se communiquent ces nœuds, peuvent déchiffrer par la couleur dont ils sont nuancés, non seulement le projet qui a été formé, mais aussi l'endroit & le jour auquel il sera exécuté.

Don Antoine de Ulloa ne parle pas, il est vrai, d'une variété de couleur dans les nœuds; mais il s'accorde d'ailleurs parfaitement sur tout le reste avec les deux Écrivains que nous venons de citer.

Quelques Savans prétendent que les Gouvernemens établirent cette coutume pour faire connoître leur volonté; en sorte que ces bâtons tenoient lieu de lettres circulaires. On rend sans doute raison par-là des rubans & des cordons qu'on suspendoit à ces bâtons; mais le choix de ces bâtons même, & l'autorité qu'on leur accordoit, paroissent avoir une toute autre origine. Les premieres occupations auxquelles la nature força les hommes, furent l'agriculture & le soin de conduire des troupeaux. Des deux enfans d'Adam, le premier fut un berger, le second cultiva la terre. Les houlettes prirent naiſſance avec les paſteurs. Comme elles étoient une marque de leur autorité ſur leurs troupeaux, les hommes convinrent de prendre le bâton pour ſymbole de la puiſſance ou du commandement. C'eſt ainſi qu'*Homere* appelle Agamemnon *le Paſteur des peuples*, à cauſe du bâton de commandement qu'il portoit. *Eſchile* ſe ſert de la même expreſſion pour déſigner un Roi. Les Grecs donnerent à ce bâton le nom de *Sceptre*. Il n'étoit pas auſſi court que celui de nos Monarques; c'étoit un bâton long ſur lequel ils pouvoient s'appuyer. Les Dieux, les Rois, les Princes, les Peres de famille eurent un ſceptre en ſigne de leur pouvoir. On connoît tous les prodiges que Moyſe opéra par le moyen du ſien. Delà eſt venu l'uſage de la baguette pour découvrir les mines, les ſources d'eau, les tréſors, &c.

Le mot *Sceveth*, employé dans les Nombres 34, 17, ſignifie un bâton ou une verge. Ces mêmes raiſons offrent l'origine du *Caducée* de Mercure.

Nos Évêques, appellés Paſteurs, n'ignorent point que ces bâtons paſtoraux, dont ils ſe parent aujourd'hui, ne ſont autre choſe que ces anciennes houlettes, ou ces bâtons ſans ornement que portoient les premiers ſucceſſeurs des Apôtres, comme une marque de leur jurifdiction fur le Clergé de leur diocefe.

Cette marque d'autorité & de jurifdiction attachée aux bâtons des Anciens, les a fait regarder comme la marque de la puiffance fouveraine. Celui qui les envoyoit ne pouvoit être que le Maître; le Chef, le Prince de la nation; & comme tel, il avoit le pouvoir de faire la guerre, & d'inviter fes voifins à venir à fon fecours.

I X.

Figures coufues au vifage & dans plufieurs parties du corps.

Ces fortes de marques n'avoient pas la même fignification chez tous les peuples. Dans un pays, elles fervoient à diftinguer les efclaves & les foldats; ailleurs, elles étoient des fignes de liberté & de nobleffe; fouvent elles étoient ignominieufes & diffamantes. Deux Moines eurent l'imprudence de donner des avis à l'Empereur Théophile; ce Prince choqué de cette hardieffe, leur fit imprimer fur le front une épigramme qui expliquoit la caufe de cette punition.

Dieu défendit aux Juifs de fuivre l'exemple des Égyptiens, qui portoient des ftigmates en l'honneur des Dieux qu'ils adoroient ; mais voulant en même temps se prêter à l'idée reçue parmi eux , il leur ordonna de suspendre à leur bras , & d'attacher à leur front des bandelettes sur lesquelles seroient écrites certaines paroles de la Loi , comme une marque de leur attachement au vrai Dieu. Ces signes furent appellés par les Hébreux *Téphillim* ou *Totaphal* , & *Phylacteres* par les Grecs.

Chez les Thraces , au rapport d'*Hérodote* , des figures percées ou incrustées dans la peau étoient la marque d'une extraction noble.

Ammien Marcellin dit que les Huns avoient grand soin , quand il leur naissoit un garçon , de ciseler différens ornemens ou diverses figures sur ses joues , pour empêcher qu'il ne lui poussât de la barbe. Cette raison ne paroît cependant pas la véritable , puisque les anciens Huns , ainsi que les Chinois leurs voisins , avoient naturellement peu de barbe , n'ayant au menton que quelques poils clair-semés , qui ressembloient plutôt à du poil follet qu'à de la barbe.

Les Pictes , qui étoient jadis une nation de la Grande-Bretagne , & les Gelons , peuples d'origine grecque , demeurans autrefois sur les bords du Dnieper , étoient les uns & les autres , dit

Claudien, dans l'habitude de tracer des figures sur leur peau avec un instrument de fer.

Lorsque les anciens peuples de la Scandinavie, dit *Tacite*, liv. 17, ch. 43, alloient en guerre, ils peignoient non-seulement leurs boucliers en noir, mais ils se barbouilloient de même le visage & les mains, pour avoir l'air du diable, & inspirer plus de frayeur aux ennemis : exemple singuliérement imité par un des plus grands Conquérans de ce siecle, qui, dans les dernieres guerres, eut à sa solde des Hussards habillés entiérement de noir, qui se frottoient les sourcils & la moustache avec du charbon & de la suie, & portoient des têtes de mort sur leurs bonnets, sur leurs écussons & sur leurs housses, comme des furies échappées de l'enfer, afin de semer par-tout l'épouvante & la terreur.

Les Medes traçoient de grands cercles noirs au-dessous des sourcils, ce qu'ils regardoient comme une grande beauté. Ils faisoient en effet paroître par ce moyen leurs yeux beaucoup plus saillans.

Comme dans tout l'Orient les yeux noirs, grands & bien fendus, passoient pour les plus beaux, les femmes qui avoient envie de plaire tiroient une ligne noire en dehors du coin de l'œil, pour le faire paroître plus fendu ; ou bien elles frottoient le tour de l'œil avec une aiguille trempée dans du noir d'antimoine (le *ftibium* des Latins), pour replier la paupiere, afin que l'œil parût plus grand. C'eſt ſans doute la raiſon pour laquelle *Pline* & *Homere*, en repréſentant Junon & Vénus comme les beautés les plus éclatantes, les appellent les Déeſſes aux grands yeux. C'eſt ainſi que Jeſabel, ſe montrant au paſſage de Jehu dans toute ſa parure, s'étoit peint les yeux avec de l'antimoine : IVe. Liv. *des Rois*, ch. 9 , ℣. 30.

L'uſage de ſe colorer diverſes parties du corps eſt donc fort ancien. Chaque peuple s'eſt attaché à la couleur qui lui plaiſoit le plus ; ainſi les Ruſſes ont adopté par préférence le rouge, & en donnent encore le nom à tout ce qui flatte leur vue. Par exemple, en Ruſſre, pour louer la beauté d'une fille, on l'appelle *Kraïs naja deviʒa*, ce qui ne ſignifie mot à mot qu'une *fille rouge* ; mais qui déſigne dans l'acception uſuelle une belle perſonne.

Quelque douloureuſe que doive être l'opération de ſe faire découper la peau, l'envie de plaire en fait ſupporter le martyre. Chez les Tunguſes en Sibérie, cette coutume eſt fort en vogue : le Docteur *Gmelin* l'aîné nous en a donné dans ſes Voyages de Sibérie une deſcription aſſez circonſtanciée : les Tunguſes ſe font, dit-il, de petits points ſur la peau avec une couleur compoſée de fuie & d'une pierre bleue & noire, à-peu-près comme nos pierres à fufil, fi ce n'eft qu'elle eft eft plus tendre ; ils la font pénétrer dans la chair avec une aiguille faite exprès, & au lieu de fil de lin, ils emploient des nerfs d'élan, & les imbibent dans la couleur noire ; ils vont chercher la pierre dont nous venons de parler au-delà de Kirenga, & l'appellent *Niœngi-angi* ; elle eft facile à broyer avec le fecours d'une autre pierre ; en délayant dans de l'eau la poudre qui en provient, ils en compofent un onguent ; à chaque piquure, ils graiffent pour ainfi dire de nouveau leur fil de boyau ou de nerf, & fe brodent ainfi les joues. Ces figures font ineffaçables.

Ils font cette opération fur des enfans, depuis l'âge de cinq ans jufqu'à celui de huit, & même au-delà. Leur vifage enfle prodigieufement, mais on guérit parfaitement dans l'efpace de cinq ou fix jours, en fe frottant avec de la graiffe de renard.

Ces figures brodées fur la peau vive font fi eftimées dans ce pays, qu'on ne trouve guere de femmes qui n'aient le vifage couturé de cette façon : à l'égard des garçons, il n'y a que les petits-maîtres qui ambitionnent une parure auffi recher-chée.

En nous rapprochant de la mer Noire, nous

trouverons le même usage chez les Mingreliennes , qui d'ailleurs sont merveilleusement bien faites, ayant une physionomie noble , une taille dégagée , le regard si séduisant qu'il semble demander des caresses, & aller au-devant de l'amour. Il est vrai que les jeunes filles qui entendent leurs intérêts se contentent de se peindre les sourcils ; mais les moins belles , & celles qui sont un peu sur le retour de l'âge , se fardent grossiérement & se barbouillent tout le visage, sourcils, front, nez, menton , &c.

Les modes sont tout aussi singulieres dans le cœur de l'Asie. Les Persanes se passent à la narine gauche un anneau qui pend précisément comme des boucles d'oreille : cet anneau est mince par le bas, & surmonté de deux perles en forme de poires ; au milieu est un rubis taillé en rond ; les femmes esclaves ou nées esclaves portent presque toutes de ces anneaux, qui sont si grands dans certaines provinces , qu'on pourroit y passer le pouce. C'est encore pis dans la Caramanie déserte : les femmes se percent le nez entre les deux yeux, & y passent un anneau auquel elles attachent une pendeloque qui leur couvre tout un côté du nez. *Chardin* , dans ses voyages en Perse , dit que ces anneaux sont la marque de la sujettion & de la dépendance , comme c'en étoit une chez les Juifs.

d'avoir l'oreille percée : on peut voir à ce sujet les six premiers verfets du chapitre 21 de l'Exode, où il eft dit que « lorfque l'efclave ne veut point » quitter fon maître , afin de conferver la femme » que fon maître lui a donnée, on doit lui perforer » l'oreille avec une alêne , & qu'il reftera de cette » maniere dans l'efclavage pour le refte de fes » jours ». On ne peut douter que ceux qui por- toient des boucles d'oreille ou des anneaux n'ap- partinffent en propre à quelque faux Dieu ou à un homme. Nous en avons un exemple très-an- cien dans *la Genefe* , ch. 35, ℣. 4. « Jacob , dans » l'intention d'ériger un autel au Dieu fort, com- » manda à fa famille & à tous ceux qui étoient » avec lui de quitter les Dieux des étrangers , de » fe purifier & de changer de vêtemens. A ce com- » mandement, ils apporterent à Jacob, non feule- » ment toutes leurs pagodes, mais auffi les anneaux » qui étoient attachés à leurs oreilles ». Or , ils n'auroient point quitté ces anneaux , fi les pendans d'oreille n'euffent pas marqué la fujettion à des Dieux étrangers.

Dans l'Afie orientale , nous trouvons les mê- mes ufages, dans l'Ifle Formofe, dans le Minda- nao & dans la Meangie. Les habitans de l'Ifle Formofe fe font graver fur la peau plufieurs figu- res grotefques, d'arbres, d'animaux, de fleurs , &c.

L'opération eſt ſi douloureuſe , que ſi on ne la ſuſpendoit pas de temps en temps , elle feroit capable de cauſer la mort ; auſſi emploient-ils pluſieurs mois à ce travail , & quelquefois une année entiere : ils viennent pendant ce temps-là ſe mettre tous les jours à la torture , & cela, pour ſe donner un air de diſtinction ; car il n'eſt pas permis indifféremment à toutes ſortes de perſonnes de porter ces traits de magnificence : ce privilege ne s'accorde qu'à ceux qui , au jugement des Notables de la Bourgade , ont ſurpaſſé les autres à la courſe ou à la chaſſe.

Dans la petite Iſle de Meangie, qui n'eſt pas loin de Mindanao , tout le monde , hommes & femmes , en ſe faiſant des piquures ſur la peau , repréſentent des figures dont ils tracent le deſſin d'après un modele qu'ils ont devant eux : ils inſerent dans ces écorchures de la gomme pilée ; & ils mettent pardeſſus un baume qui les conſolide. On prendroit leur viſage pour un ouvrage de marqueterie.

Guillaume Dampierre raconte qu'ayant à bord de ſon vaiſſeau un Prince de Meangie dont la figure étoit ainſi chamarrée , il fut ſurpris de la beauté de cette peinture , de la fineſſe des raies délicatement terminées , & du deſſin des fleurs & des feuilles qui la compoſoient.

Telle eſt encore la parure des Africains. Les

femmes qui habitent aux environs de Tunis se décorent, suivant *Milady Montague*, le visage, le col, les bras & les épaules, en se faisant imprimer, ou pour mieux dire, incruster sur la peau des fleurs, des étoiles & toutes sortes d'autres figures : après s'être piqué & taillé la peau, ils injectent dans les coupures de la poudre à canon, afin que la plaie en se cicatrisant conserve des traces ineffaçables.

C'est·par la même envie de plaire, que, près de la riviere de Gambra, les femmes se gravent de gaieté de cœur, avec la pointe d'une aiguille brûlante, différentes figures sur la peau, au col, au sein & aux bras ; ces broderies ressemblent parfaitement aux fleurs qu'on voit sur les mouchoirs de soie, & elles restent pour la vie.

Dans le Royaume de Widah, lorsqu'on initie des jeunes filles au culte du grand Serpent, qui est le Fetische, ou la principale divinité de ces contrées, on leur fait avec une lancette de fer des incisions dans la peau qui représentent différens dessins de fleurs ou d'animaux, & principalement des serpens.

Rien sans doute ne démontre mieux que la beauté est souvent l'effet de la convention ; car de même que chez nous, les femmes croient relever l'éclat de leur teint par le secours de couleurs empruntées, les filles de Widah s'imaginent rehauffer leurs graces naturelles en fe tailladant la peau ; elle reffemble alors à du fatin noir tiffu de fleurs rouffes, & cet ornement eft en fi grande vénération dans ce pays-là, qu'il eft la marque diftinctive des filles vouées & confacrées au fervice du grand Serpent.

Paffons maintenant aux ufages de parure pratiqués chez les Américains. Les Sauvages du détroit de Daria fe piquent la peau de la même maniere que ceux de l'Ancien-Continent ; ils s'efquiffent fur la peau du vifage, dit le Chirurgien *Wafer*, avec un pinceau, les premiers traits des figures qu'ils ont envie de peindre ; après quoi, en fuivant exactement les traces du deffin, ils fe crevaffent la peau avec des épines jufqu'à ce que le fang coule ; ils appliquent auffi-tôt fur chaque partie, felon qu'elle doit être différemment enluminée, les couleurs qu'ils ont choifies ; il n'eft plus poffible de les effacer.

Selon le rapport de M. de *Bougainville*, les habitans de l'Ifle Otahiti ou Utahiti, hommes & femmes, fe peignent le deffous des hanches avec une couleur très-foncée, qui eft ineffaçable.

Selon le rapport de MM. *Cook*, *Banks* & *Solander*, les habitans de la côte orientale de la Nouvelle-Hollande fe frottent tellement le corps avec des drogues, que leur peau a la couleur de la suie de cheminée; ils portent, comme une parure, sur leurs nez percés, des petits chiffons, des os de poisson de la longueur de cinq à six pouces, & font usage de pendans d'oreille de la même matiere.

Cette mode a pénétré très-avant dans l'Amérique septentrionale; elle est usitée en Floride, en Virginie, dans la Louisiane, au Canada, & même plus loin encore dans le Nord, jusques dans la région glacée du Groënland. Les femmes de ce pays, dit *Anderson*, se cousent entre les yeux & sur les joues, au menton & aux oreilles, toutes sortes de petites figures entre la peau & la chair; les traces noires restent toujours: elles se servent, pour se coudre ainsi la peau, d'un fil d'archal assez fort, qu'elles passent à la suie de leur lampe: quand les chairs sont tout-à-fait reprises, ces coutures cicatrisées ressemblent aux figures que se font faire sur les bras les pélerins qui vont visiter le saint Sépulcre de Jérusalem.

X.

*Dépouillement du crâne des ennemis faits prifon-
niers ou tués dans la bataille.*

L'ufage dont nous allons parler ne prouve malheureufement que trop que l'homme furpaffe quelquefois par fes excès de cruauté les animaux les
plus féroces & les plus fanguinaires. Nous lifons
dans l'Hiftoire ancienne que les Conquérans, pour
affouvir leur rage, coupoient la tête de leur ennemi tué dans le combat, & la dépouilloient entiérement; on écorchoit la peau du crâne depuis le
front & les oreilles jufqu'à la nuque du col; puis,
l'ayant préparée & mife fur une forme ronde, on
la portoit d'un endroit à l'autre en triomphe, &
pour ainfi dire en figne de réjouiffance publique.
Voyez *Hérodote*, liv. 4, p. 64.

Cet endroit a été mal expliqué par *Gronovius*,
qui prétend qu'on enveloppoit le crâne de l'ennemi dans une peau de bœuf; au lieu que l'Hiftorien grec dit qu'on dépouilloit la peau de la tête
de l'ennemi, & qu'on la nettoyoit avec une côte
de bœuf : voici les propres termes *d'Hérodote* : Σαρχίσας βοὸς πλευρῆ. Gronove traduit ce
paffage ainfi : *Involvens carni ex bovis latere;* ce

qui

qui eſt un vrai contre-ſens : car il eſt queſtion d'un
ennemi qui avoit été tué dans la bataille, & dont
on avoit écorché le crâne. Or, les Scythes, lorſqu'ils s'acquittoient d'une auſſi barbare cérémonie, & qu'ils avoient arraché la peau de la tête,
ils la nettoyoient avec une côte de bœuf, & après
en avoir ôté la chair qui y étoit attachée, ils préparoient cette peau comme les pelletiers prépa-
rent les fourrures pour les rendre durables ; &
c'eſt là préciſément ce que les Grecs entendoient
par le mot Σαρχιζειν, ou Σαρχαζει. Ces trophées
étoient communs chez les Scythes : quand le Chef
de leurs ennemis avoit été tué dans la bataille, le
vainqueur ſe faiſoit faire un gobelet du crâne du
vaincu ; c'eſt même delà que dérive le mot de *ſkal*
dont les Suédois ſe ſervent encore aujourd'hui en
buvant à la ſanté de quelqu'un : tel eſt auſſi le
trait que *Neſtor*, hiſtorien ruſſe très-eſtimé, nous
raconte de Swætoſlaw : celui-ci ayant été attaqué
par Cur, Prince des Petſcheneges, le défit, le
tua, & fit faire du crâne de ce malheureux Prince
une coupe dans laquelle il ſe faiſoit ſervir à boire.

C'eſt ainſi qu'Alboin, Roi des Lombards,
ayant tué dans un combat le Roi des Gepides,
& s'étant fait faire de ſon crâne une coupe, eut
la cruauté de boire dedans à la ſanté de ſon épouſe

Rosimonde, fille de ce Prince infortuné, & qui en mourut de chagrin.

M. *de Guignes* que nous citons toujours avec plaisir, rapporte qu'un Roi des Tatares Geougens ou Awares, ayant tué & coupé la tête au Roi Mignoto, chef des Tatares Kaotche, forma du crâne, qu'il avoit fait enduire de vernis, un vase dont il se servit pour boire.

On lit dans *Théophane* que Nicéphore ayant eu le malheur de périr dans un combat, les armes à la main, son vainqueur Kramus, Roi des Bulgares, fit enchasser le crâne de cet Empereur dans des lames d'argent.

Cet esprit de vengeance, porté jusques sur les corps morts des ennemis, n'étoit point encore aussi barbare que le trait dont il est fait mention dans *Orose*. Les femmes des Cimbres & des Teutons se défendirent, dit cet Auteur, avec une valeur inexprimable contre les fiers Romains, jusqu'à ce qu'étant tombées entre les mains de leurs ennemis, ceux-ci leur écorcherent la peau de la tête, & les abandonnerent dans cet état à leur triste sort. On pourroit demander avec beaucoup de raison d'où les Romains ont pu prendre ces exemples d'inhumanité, attendu que dans les époques les plus reculées, leur Histoire ne parle d'aucun fait semblable ? Cependant il y a apparence que les Cimbres, en ayant agi d'une façon aussi barbare envers les Romains qu'ils avoient faits prifonniers, ceux-ci fe vengerent fur les Cimbres, en les traitant de la même maniere. Les Cimbres avoient pris cette habitude des Scythes, leurs ancêtres.

Dans l'Amérique feptentrionale, cette cruelle punition eft reçue par-tout, principalement chez les Sauvages du Canada ; mais, ce qui paroîtra fans doute étonnant, c'eft qu'il y a des exemples que les hommes qu'on maltraite ainfi n'en font pas morts ; témoin le fait que nous raconte *Lafiteau :* « J'ai vu, dit-il, au Canada la femme » d'un François ; cette malheureufe, après avoir » effuyé ce cruel traitement, a eu, non feulement » la force de furvivre ; mais s'eft même, après une » parfaite guérifon, très-bien portée dans la fuite.

X I.

Vieillards & malades mis à mort.

Les Pagœi, nation indienne, tuoient les vieillards & les perfonnes infirmes, & les mangeoient.

Les plus anciens habitans de la Sardaigne dont

l'Hiſtoire nous faſſe mention, avoient une loi, ſuivant laquelle les enfans étoient obligés de tuer leurs parens, dès qu'ils avoient atteint l'âge de ſoixante & dix ans.

Härtknoch nous dit la même choſe des anciens Pruſſiens. L'Allemagne même n'a pas été exempte de ce remede violent, employé contre les infirmités de la vieilleſſe. L'hiſtorien *Kranz* parle d'une Comteſſe de Mansfeld qui vivoit au commencement du quatorzieme ſiecle, & qui, en traverſant les bois de Lunebourg, ſauva un vieillard que ſes fils étoient ſur le point de tuer, croyant faire une action méritoire.

Chez les anciens peuples du nord, les vieillards auxquels la vie étoit à charge ſe précipitoient d'eux-mêmes du haut des montagnes dans la mer; ſouvent même leurs plus proches parens. leur rendoient ce ſervice.

Les Kamtſchadales & les habitans de Jakuzk traitent leurs vieillards d'une maniere très-dure ; ils leur bâtiſſent une cabane dans les bois, en y mettant des vivres pour trois jours ; ils y conduiſent enſuite leurs vieillards décrépits & malades, les quittent & les abandonnent à leur ſort, ſans s'en mettre plus en peine.

Il en eſt de même dans certaines contrées de l'Afrique : auſſi long-temps qu'un Hottentot peut agir, il a la liberté de vivre; mais lorſqu'il devient vieux, & qu'il n'eſt plus propre à rien dans la ſociété, on lui bâtit une cabane dans un endroit éloigné: là abandonné à lui-même, ſans ſecours, ſans aſſiſtance, il meurt de faim, ou il eſt déchiré par les bêtes ſauvages. *Pierre Kolbe*, qui nous rapporte ce fait, ajoute en même temps qu'ayant reproché cette cruauté aux Hottentots, ils lui répondirent que les Hollandois agiſſoient plus cruellement avec leurs malades; car, diſoient-ils, vous les laiſſez périr peu-à-peu par des infirmités longues & fâcheuſes, au lieu que nous délivrons nos malades tout-à-coup du martyre de la vieilleſſe & de toutes les infirmités qui en ſont la ſuite. Il faudroit donc donner tout de ſuite la mort aux perſonnes décrépites, pour leur épargner la durée des douleurs, & ne pas les laiſſer en proie aux bêtes féroces, ou aux ſouffrances de l'inanition.

La conduite des Eſquimaux paroît plus conſéquente. Quand ils voient que leurs peres ou meres ſont parvenus à une telle décrépitude, qu'ils ſont hors d'état de ſe ſoutenir par leur travail, ils ordonnent à leurs enfans de les étrangler; ce qui eſt regardé de la part de ceux-ci comme un acte d'obéiſſance auquel ils ſont obligés de ſe conformer, & voici la maniere dont ils s'acquittent de ce triſte devoir: la perſonne caduque entre dans

une fosse qu'on a creusée exprès pour lui servir
de tombeau ; elle y tient pendant quelque temps
la conversation avec ses enfans , en fumant une
pipe , & buvant une ou deux rasades d'eau-de-vie
avec eux ; quand elle avertit qu'elle est prête , deux
de ses enfans viennent lui passer une sangle autour
du col , & se plaçant à l'opposite l'un de l'autre ,
ils tirent de toutes leurs forces , chacun de son
côté , jusqu'à ce que la personne soit étranglée ;
ils la couvrent ensuite de terre , sur laquelle ils
élevent une espece de monument en pierre. Les
vieilles personnes qui n'ont point d'enfans , exi-
gent ce même ministere de leurs amis ; en sorte
qu'on peut dire que ces Sauvages croient réellement rendre service aux gens caducs , en les
faisant périr par la mort la plus prompte , & que
dans ce pays le parricide est inspiré & commis
par le même principe d'humanité , qui nous le
fait regarder avec horreur. Voyez *Helvetius* dans
son Ouvrage *sur l'Esprit. Disc.* 2 , p. 130.

La coutume dont nous venons de parler se pratique de la même maniere chez les Groënlandois.

Les Américains du Brésil , selon les relations
du Médecin *Pison* , tuent les personnes qui sont
attaquées de maladies incurables.

Nous ne citerons que ce qui se passe à cet égard
chez les habitans de Terre-ferme. Aussi-tôt que

quelqu'un tombe malade, ses parens le transpor-
tent sur la montagne la plus voisine, le mettent
dans un paillasson qu'ils suspendent entre deux
arbres, chantent & dansent toute la journée autour
de lui, & retournent ensuite tranquillement chez
eux, après lui avoir laissé à boire & à manger
pour une journée. Si pendant ce temps-là le malade se rétablit & reprend assez de force pour
retourner chez lui, on le reçoit avec beaucoup
de joie & d'appareil ; continue-t-il d'être malade,
on lui donne une seconde fois à boire & à manger ; mais enfin le trouve-t-on mort, on l'enterre
à l'instant, sans aucune cérémonie, dans une fosse,
dans laquelle on met à côté de lui, pour la derniere fois, un peu de nourriture.

Cette coutume, au premier coup d'œil, paroît
révoltante & contraire à la nature ; mais elle étoit
l'effet de la doctrine de la résurrection ou d'une
autre vie, où les facultés de l'homme devoient
renaître dans un plus grand degré de perfection.
Cette opinion disposoit ces peuples à envisager
avec un sang froid les approches de la mort, &
à en demander l'anticipation comme un devoir
ou comme une grace.

Ce pressentiment d'une vie meilleure ou de la
résurrection & de la réunion des deux parties dont
l'homme est composé, fit inventer aux Anciens

plusieurs systêmes pour en faire goûter le prix aux peuples. Les uns croyoient entrer, à l'instant de la mort, dans une vie meilleure, dans laquelle ils rempliroient les mêmes fonctions qu'ils avoient remplies ici-bas, mais dans un état plus parfait: les autres croyoient à la Métempsycose, qui n'étoit qu'un développement confus de l'idée innée de la résurrection, idée qui fit naître à Platon l'opinion que le supplice des méchans devoit consister dans la séparation de leur ame d'avec leur corps, parce que, selon lui, les hommes avoient dès le commencement été destinés à vivre éternellement par l'union intime de la même ame avec le même corps. Les Scythes établirent leur *Glysis-wall*, les Grecs, leurs *Champs Elisées*, ou l'endroit d'une vie nouvelle & plus heureuse après la mort.

Les anciens Russes étoient dans la persuasion que s'ils mouroient dans leur pays, ils ressusciteroient au même moment dans un autre; mais dans une condition préférable.

Les Turcs croient à une meilleure vie à venir, dans laquelle ils feront récompensés à proportion de leurs bonnes actions, par la jouissance d'un certain nombre de belles femmes.

Cette idée de la mort, à laquelle on joignoit toujours l'idée d'une vie meilleure, accompagnée de plus d'aisance & de commodités, portoit sans peine les infirmes & les vieillards à renoncer à une vie languiſſante & remplie de calamités : entretenue de pere en fils, de génération en génération, elle étoit la conſolation des malheureux ; & afin d'arrêter le cours des ſouffrances, on anticipoit le terme que la nature avoit deſtiné à la vie de l'homme.

X I I.

Virginité point eſtimée de quelques peuples.

Quoique la jalouſie ſoit une des paſſions dominantes de l'homme, quoiqu'il dédaigne un plaiſir que des rivaux partagent avec lui, on voit par les Hiſtoriens, que dans les premiers âges la proſtitution n'excitoit ni ſcandale ni mépris.

Hérodote dit des anciens Thraces qu'ils accordoient à leurs filles la liberté de paſſer la nuit avec qui bon leur ſembloit. Le même Hiſtorien rapporte que chez les Babyloniens les loix religieuſes obligeoient les femmes du corps de la bourgeoiſie de ſe proſtituer, en forme d'expiation, une fois en leur vie, à des étrangers, près du Temple de Vénus ; chacune avoit ſa place marquée & ſéparée des autres par une corde tendue ; aucune n'oſoit ſe retirer, avant que quelque galant ne lui eût jetté une piece de monnoie dans le fein, & ne lui eût propofé de l'emmener à l'écart, ce qui ne fouffroit aucune difficulté. Les belles, élégantes dans leur parure, féduifantes par leurs geftes voluptueux, étoient bientôt en liberté : les autres reftoient fouvent une année entiere, & même jufqu'à la troifieme année, fans trouver un homme charitable qui les mît en état de grace.

Le Prophete *Baruck*, hiftorien plus ancien qu'*Hérodote*, ajoute à ce fujet que celles qui quittoient leurs places les premieres, méprifoient leurs compagnes, qui reftoient abandonnées & ifolées comme des perfonnes indignes qu'on leur déliât la ceinture. Tout ce que ce Prophete & *Hérodote* rapportent là-deſſus eft amplement confirmé par *Strabon*.

Ce Géographe s'exprime ainfi à ce fujet, *l.* 12 : « Les Medes & les Arméniens obfervent avec foin » les cérémonies facrées des Perfes : les Arméniens » adorent fur-tout Anaïtis, & lui ont élevé divers » Temples, en particulier dans l'Acilifene. Ils y » entretiennent nombre de perfonnes des deux fexes » pour fon fervice, ce qui n'eft pas étonnant : » ce qui l'eft, c'eft que les perfonnes les plus diftinguées de la nation lui confacrent leurs filles » encore vierges ; & c'eft une loi parmi eux, » qu'elles ne fe marient qu'après s'être long-temps

» proftituées à l'honneur de la Déeffe , & per-
» fonne ne dédaigne leur alliance.

Dans le Royaume de Tibet , il eft d'ufage de
ne jamais prendre pour femme une fille qui ait
encore fa virginité ; il eft même du bel ufage que
les meres, avant de marier leurs filles , les offrent
aux étrangers pour vivre avec elles pendant le
temps de leur féjour.

Après que la fille a pris congé de fon amant,
elle le prie de lui faire quelque préfent pour fe
fouvenir de lui, & du temps qu'ils ont paffé enfemble, & elle le porte fur elle comme un ornement. Celles qui font chargées de pareils ornemens font toujours les plus eftimées ; on les pré-
fere à toutes les autres. *Marc Paul* en parle dans
fa relation des pays orientaux.

La même chofe fe pratique de la même maniere & avec les mêmes circonftances chez les
Kamtfchadales.

Cet ufage fingulier fubfifte , au rapport de
Rennefort, chez les habitans de l'Ifle Madagafcar.

M. *Gerber*, ci-devant Colonel d'Artillerie au
fervice de l'Impératrice de Ruffie , nous a dit la
même chofe à l'égard des Tauliftaniens.

En Amérique, & principalement au Bréfil, les
filles profitent volontiers , avant qu'elles foient
engagées dans les liens du mariage, de ce privi-

lege de galanterie qui favorife l'incontinence des voyageurs ; c'eft avec toute la vivacité qu'infpire la nouveauté des plaifirs, & même fans témoigner la moindre honte , qu'elles s'abandonnent à tout homme qui fe préfente : leurs parens mêmes les offrent au premier venu avec empreffement ; de forte que , felon le rapport de *Lery* , il n'y en a pas une feule qui foit vierge en fe mariant ; du moins font-elles là-deffus de la meilleure foi du monde.

Les Sauvages de Quito ont affez de fimplicité pour s'imaginer que fi la perfonne qu'ils fe propofent de prendre pour femme n'a pas été aimée par d'autres , c'eft apparemment parce qu'elle eft fans mérite : cette raifon leur paroît convaincante ; ils ne fuppofent pas d'autre gardien à la vertu des femmes , que la laideur ou le défaut d'amabilité. Cependant il faut dire , à la louange de ces Américaines , que , malgré le défaut de leur éducation , auffi-tôt qu'elles font mariées , elles renoncent, dès le moment même , à tout commerce de galanterie , & à toutes les anciennes liaifons qu'elles avoient formées dans le fein d'un libertinage autorifé par l'ufage général.

Les Loix qui en Amérique fe taifent fur les égaremens de la jeuneffe , & fur les mœurs des perfonnes libres , parce qu'elles les regardent comme de peu de conféquence, deviennent plus féveres lorfqu'il s'agit d'un engagement férieux; & elles élevent leur voix, en dictant fans rémiffion la peine de mort contre la femme qui commet un adultere. Cette punition capitale étoit écrite de la même maniere dans les loix des anciens Scythes; cependant ce retour vers la fageffe n'a pas lieu chez tous les peuples. *Lacroze* dit que dans le Royaume de Batimena, fitué fur la côte de Malabar, non loin du Cap Camorin, il n'y a point de femme, de quelque qualité qu'elle foit, qui ne foit obligée, fous peine de mort, de céder aux inftances de quiconque la defire; & quand un homme ofe faire à une femme les propofitions les moins délicates, fi celle-ci lui refufe fes faveurs, l'homme eft en droit de la tuer fur le champ, & ce crime, autorifé par la Loi, n'eft fujet à aucune punition.

M. *Muller*, Garde des Archives de la Cour de Ruffie & Confeiller d'État, rapporte que la même proftitution eft en ufage chez les Tfchutfches.

Regnard, dans fes relations amufantes, dit la même chofe des Lapons. Joannes Tornœus, un de leurs Pafteurs, étant perfécuté par un de fes Paroiffiens, qui le conjuroit de lui faire l'honneur de coucher avec fa femme, & lui offroit encore fix cens écus pardeffus le marché, héfita quelque temps; mais il trouva enfin qu'il valoit encore mieux gagner fon argent par charité , que de le défefpérer.

A Cumana, province de l'Amérique méridionale , & principalement à Terre-ferme , une femme n'étoit point du tout regardée comme une proftituée , quand , par ordre & du confentement de fon mari , elle alloit coucher avec un autre homme ; mais dès qu'elle le faifoit fans fon aveu & fans l'avoir prévenu , il avoit droit de la túer.

On pourroit croire qu'en rapportant des anecdotes fi contraires à nos mœurs , on les a inventées à plaifir pour en amufer le public , ou pour en impofer ; mais ce font des faits rapportés par les Écrivains anciens & nouveaux , eccléfiaftiques & féculiers , par des Écrivains enfin qui ont été témoins de ces faits.

X I I I.

Effai préliminaire avant le mariage.

L'ufage dont nous allons rendre compte differe peu des précédens : il s'agit de la coutume qui exifte chez quelques peuples fauvages , de faire coucher enfemble les jeunes perfonnes des deux fexes , pour favoir s'ils fe conviendront ou non. Quelqu'extraordinaires que doivent nous paroître ces essais préliminaires pour le mariage, en ce qu'ils choquent la chasteté de nos mœurs ; néanmoins les peuples qui les ont adoptés, les ont cru susceptibles de contribuer au bonheur de l'union conjugale. Voici quelle a sans doute été leur maniere de raisonner : Le mariage, ont-ils dit, étant un engagement sérieux, il faut, pour le bonheur des époux, que le goût plutôt que la nécessité, que les réflexions plutôt que le desir d'une jouissance incertaine, décident de leur choix ; ils n'ont donc pas voulu gêner l'inclination des filles, ni les contraindre à acheter, pour une nuit passée quelquefois dans l'indifférence, un désespoir sans retour, & des chagrins sans consolation.

C'est sur ce systême qu'est fondée, selon toute vraisemblance, la conduite des Africains du Congo. Ces Sauvages sont dans l'habitude de faire coucher ensemble les jeunes fiancés, pour voir s'il regne entr'eux une véritable union. Se conviennent-ils, on les marie : si au contraire, après avoir passé la nuit l'un avec l'autre, ils ne se trouvent pas bien ensemble, & que l'on apperçoive entr'eux quelque germe de mésintelligence, alors ils sont aussi libres de se séparer, que s'ils ne s'étoient jamais vus.

Il paroît, d'après ce qu'*Ulloa* nous raconte du Quito, province du Pérou, qu'il en est de même dans certaines contrées de l'Amérique.

Cette coutume a exifté autrefois dans les Ifles Britanniques, & l'on trouve encore aujourd'hui des traces de cet ufage dans plufieurs endroits de l'Irlande & de l'Ecofle ; & dans d'autres contrées de l'Europe, il ne s'eft aboli que par l'augmentation des lumieres dont jouit ce fiecle.

X I V.

Adoration du feu facré & du foleil.

Le feu, par fa chaleur, par fa fplendeur, par la vertu qu'il a de purifier les corps, a dû donner une grande idée de l'Etre Suprême, & être employé dans le culte qu'on lui rendoit. Dieu, pour fe rapprocher en quelque forte de nous, dit l'Écriture, a bien voulu adopter les ufages reçus parmi les hommes, & fe prêter à nos idées. Elle le compare au feu, & elle dit qu'il apparut fous la figure de cet élément à Moyfe, à Daniel, aux Apôtres, &c.

L'ufage du feu dans les cérémonies de religion fubfiftoit avant la Loi de Moyfe, & même avant Abraham, parmi les Chaldéens ; les Rabins prétendent du moins que les habitans d'Ur en Chaldée jetterent Abraham dans le feu, fur fon refus de l'adorer, & que Dieu le délivra par un miracle.

Les Hébreux défignoient l'aftre qui nous éclaire

pac

par l'expression de *serviteur*, eu égard à la majesté de Dieu, qu'ils mettoient au-dessus de tout.

La même dénomination s'étoit introduite chez les anciens Scythes, qui appelloient le soleil *Suen* & *Sun*, ce qui signifie en effet *serviteur* ou *fils*. Ils avoient le soleil, ainsi que le feu, en grande vénération.

Dans l'ancien temps, les Juifs se servoient du feu sacré, lorsqu'ils offroient leurs sacrifices à Dieu.

Les Scythes pratiquoient la même chose ; ils avoient dans leurs temples, aux pieds de leur Divinité, un autel de fer ou d'un autre métal, sur lequel brûloit le feu sacré ; & ils entretenoient des Vestales qui veilloient à ce que ce feu ne s'éteignît jamais. Si par hazard ce malheur leur arrivoit, elles n'osoient point ranimer ce feu comme un feu ordinaire ; il falloit qu'elles frottassent deux morceaux de bois l'un contre l'autre, jusqu'à ce que les étincelles produites par le frottement l'eussent renouvellé.

Les Grecs, aussi-bien que les Romains, obligeoient les Vestales à entretenir le feu sacré, sous peine d'être rigoureusement punies, si elles le laissoient éteindre : on exigeoit d'elles de très-grandes vertus pour ce ministere sacré, & on les punissoit de mort, lorsqu'elles étoient convaincues d'avoir perdu leur virginité. A Rome, on creusoit

G

une grande foffe auprès de la porte Colline; & on
y plaçoit un lit, une lampe allumée, du pain, de
l'eau, du lait & de l'huile. Ils auroient cru com-
mettre une abomination de laiffer mourir de faim
une perfonne confacrée au culte des Dieux, comme
fi le fupplice auquel ils la condamnoient n'eût pas
été auffi rigoureux. On renfermoit enfuite la Vef-
tale en grand filence & avec toutes les marques
de la trifteffe la plus profonde, dans une litiere
bien clofe, afin que le peuple n'entendît pas les
cris qu'elle pouffoit. Arrivés à l'endroit, le grand
Pontife adreffoit des prieres au Ciel; on finiffoit
par faire defcendre, au moyen d'une échelle, la
coupable dans ce fépulcre, qu'on combloit avec
précipitation.

On fait que les Grecs avoient des pyrophores
ou *porte-feux* qui marchoient à la tête de l'armée,
& qui tenoient dans leurs mains des vafes remplis
de feu, comme le fymbole d'une chofe facrée. Ils
étoient fi refpectés, que c'eût été un grand crime,
même aux ennemis, de les attaquer.

Cette extrême vénération pour le feu a exifté
de tout temps chez les anciens Orientaux; mais
les peuples qui ont porté le plus loin cet hommage font fans contredit les Guebres. On fait que
cette nombreufe nation eft originaire des anciens
Perfans. Ces peuples qui fe font difperfés dans

presque toute l'Asie, s'appellent aux Indes, d'après leur ancien nom, *Parsis* ; mais en Perse, on les nomme *Guebran*, mot arabe, qui veut dire infidele. Les Arabes attribuent en effet ce surnom à tous ceux qui ne sont pas de leur secte, sans en excepter les Chrétiens.

Les Guebres ont formé des établissemens dans diverses Provinces de la Perse, dans la Caramanie déserte & vers le Golfe Persique ; mais en beaucoup plus grand nombre dans la province de Kerman & dans la ville de Yefd. Comme c'est-là leur demeure fixe, on en a tiré des Colonies pour les distribuer dans d'autres villes de la Parthide, aujourd'hui la Perse, & Ispahan en a reçu dans son enceinte une partie considérable.

Les émigrans qui ont passé aux Indes se sont répandus vers le fleuve Indus & dans la province de Guzurate ; il se trouve une de leurs Colonies à Surate, ville que le commerce a rendue célebre parmi les Européens.

Les Guebres prétendent devoir leur religion à Zoroastre, dont ils honorent la mémoire ; ils prétendent qu'il reçut du Ciel un Livre où étoient écrites la Religion & les Loix qu'il leur enseigna ; ils ajoutent qu'il leur a été donné un supplément de ce Livre sacré par le second Zoroastre, qui a vécu entre le commencement du regne de Cyrus

& la fin du regne de Darius, fils d'Hyſdaſpe, environ ſix cens ans après le premier Zoroaſtre. C'eſt
par un des principes de cette religion qu'ils ont
une vénération ſi profonde pour le feu, qu'ils en
entretiennent toujours dans pluſieurs grandes villes
des Indes, mais principalement à Baku. A dix
lieues de cette ville s'élevent pluſieurs temples de
pierre ; entre ces temples, tous autrefois deſtinés
au même uſage, il y en a un plus remarquable
que tous les autres dans lequel, à côté de l'autel,
on a pratiqué un tuyau de trois pieds de haut,
duquel ſort continuellement une flamme bleue.
Les Indiens prétendent que ce feu ſe trouve là depuis le déluge, & ſe perſuadent qu'il ne s'étein-
dra qu'à la fin des ſiecles. C'eſt pour voir ce fameux temple que les pélerins viennent s'y rendre de toutes parts, ſoit pour mériter le pardon
de leurs propres péchés, ſoit pour obtenir l'expiation de ceux des autres. Ce feu n'eſt cependant
pas le ſeul qu'on entretienne dans l'Empire ; on
en trouve encore dans les Indes quantité d'autres
qui ont leurs temples particuliers.

Les Natſchès de la Louiſiane, qui adorent le
ſoleil de la même maniere que les anciens Perſans
& que tous les autres peuples qui s'étendent de la
Perſe juſqu'à la mer de Tatarie ; les Natſchès,
dis-je, ont auſſi des temples deſtinés au feu ſacré,

dans lesquels ils laissent des gardiens chargés de l'entretenir.

Le grand Chef des Natschès prend toujours la qualité de Frere du Soleil : tous les matins il honore de sa présence le lever de son frere aîné, & le salue par plusieurs hurlemens dès qu'il paroît sur l'horison ; ensuite il donne ordre qu'on allume son calumet, c'est-à-dire, sa pipe, & il lui fait une offrande des trois premieres gorgées qu'il respire.

Les Mexicains & les Péruviens avoient aussi des Vestales chargées expressément d'entretenir le feu sacré dans les temples, ainsi que l'attestent les Auteurs de l'Histoire universelle de l'Amérique, *tom.* I, *p.* 81. Manco Capac leur ordonna d'adorer le soleil ; il lui bâtit des temples, & abolit les sacrifices humains, même les sacrifices des animaux.

X V.

SCHAMANS, Prêtres ou Sorciers, honorés comme Prophetes chez certains peuples.

Le nom de *Schaman*, selon l'interprétation qu'en donne *Kœmpfer*, signifie *un homme sans passions*. Les Chinois l'expliquent à-peu-près de

G 3

même, en disant que c'est un homme qui fait appaiser ses passions.

Les anciens Mongoles & les Tatares donnoient ce nom à celui qui, parmi eux, faisoit l'office de Prêtre. Voyez l'*Histoire de la Dynastie des Mongous*, *par le Pere Gaubil*, pag. 143.

Strabon, liv. 15, fait déja, de son temps, mention de ces Schamans, qu'il appelle *Germanes*.

Les Bactriens, selon ce que nous apprend *Bayer*, dans son Histoire de la Bactriane, s'en sont également servis; ils les appelloient Σαριανκῖ. Les Malabares avoient autrefois leurs Schamans; ils prétendoient que c'étoit d'eux que leurs *Tamuli* ou leurs Lettrés avoient reçu tous leurs principes de Philosophie. Voyez l'*Histoire des Missions aux Indes Orientales*, pag. 1, chap. 5, §. 5.

Les Indiens modernes conservent encore les livres composés par leurs Schamans; ils les lisent assidument; & la vénération qu'ils y attachent, fait qu'ils les gardent & les citent avec autant de soin que nous conservons les écrits des anciens Auteurs Grecs & Romains.

Il n'y a pas jusqu'aux Grecs, qui, selon le témoignage de *Clément d'Alexandrie*, n'aient eu des Schamans chez eux.

Les Bratzki ou Burattes, les Jakutes, les

Kamtfchadales, & enfin la plus grande partie des peuples de la Sibérie, ont encore de nos jours des Schamans, qui font le métier des Prêtres; ils prétendent avoir une communication avec les Dieux, & fe vantent d'avoir, par le fecours de l'infpiration divine, le don de prophétie, & celui de guérir les malades.

Quand ils fe livrent à l'enthoufiafme divinatoire, ils fe revêtent de cornes & d'un manteau de cuir, chargé d'une infinité de pieces de fer contournées fous toute forte de formes & d'hieroglyphes. Ainfi vêtus, ils font des grimaces affreufes, fautent en l'air, prennent des attitudes de toute efpece, en faifant un bruit terrible avec les chaînes de fer dont ils s'entourent le corps. Après avoir préludé par toutes ces contorfions, ils prennent leur tambour magique, fur lequel ils frappent fans difcontinuer, en difant qu'ils appellent les Dieux à leur aide. A mefure qu'ils battent la caiffe avec plus de force, ils redoublent leurs grimaces. Après que cette efpece de frénéfie a duré fort long-temps, ils tombent tout-à-coup & fi lourdement, qu'on croiroit qu'ils font morts fubitement, ou du moins qu'ils font tombés en léthargie; mais peu-à-peu ils reprennent leurs fens, & faifant comme s'ils fe réveilloient d'un profond affoupiffement, ils répondent du mieux qu'ils peuvent, aux questions qu'on leur a faites.

La Secte de *Tay-bou-to-ni*, au Tunkin, a une espece de Schamans, qui prétendent avoir, de la même maniere que ceux de Sibérie, l'heureux secret de guérir toutes sortes de maladies.

Les Esquimaux, les Groënlandois & les Lapons, ont aussi des Schamans, qui se glorifient de posséder les mêmes privileges.

Les Schamans du Brésil passent pour être supérieurs à tous les autres, dans les talens de la magie ; une de leurs cérémonies consiste à souffler sur ceux qui dansent autour d'eux, plusieurs gorgées de tabac, en leur disant : prenez & recevez l'esprit de force, avec lequel vous vaincrez tous vos ennemis.

Finissons par une anecdote que *Wafer* rapporte sur les *Pawaweres*, peuples du détroit de Daria, & qui se trouve dans les Voyages de Dampierre autour du Monde, tom. 3, pag. 236. Des pirates Anglois ayant demandé un jour aux Pawaweres s'il arriveroit bientôt des vaisseaux Européens, les Magiciens des Pawaweres, après beaucoup de grimaces, de contorsions & de postures burlesques, commencerent à faire un bruit épouvantable, en frappant les uns contre les autres, des pierres, des coquilles & des os de différens animaux; enfuite, après bien du tintamarre, ils devinrent tout-à-coup tranquilles, & tombant, pour ainfi dire, évanouis, ils refterent en cet état comme morts, jufqu'à ce que revenant un peu à eux, ils fe releverent, & déja toute l'affemblée croyoit qu'on alloit entendre prononcer l'oracle. Cependant les forciers voyant que leur génie familier ne vouloit point encore leur faire la réponfe qu'ils defiroient, recommencerent à faire des contorfions de poffédés, briferent tout, jetterent tous les meubles hors de la cabane, & après mille évocations, voyant que la réponfe n'arrivoit pas encore, ils finirent par pouffer & culbuter les hommes eux-mêmes & les pirates hors de la cabane; tout ce train ayant à la fin ceffé, ils prononcerent leur oracle, & prédirent aux pirates que dans dix jours ils appercevroient deux vaiffeaux, & que le matin du jour de leur arrivée, on entendroit deux coups de canon; qu'un des pirates mourroit alors, & qu'en allant à la rencontre des vaiffeaux, ils perdroient un fufil. Tout ceci, fi l'on en croit Wafer, arriva très-exactement & fans l'omiffion de la moindre circonftance.

CHAPITRE IV.

Conformité entre les Coutumes Péruviennes & celles des Chinois.

LA comparaison qui vient d'être faite entre les coutumes des Américains & celles des peuples qui ont vécu dans l'Ancien-Monde dès la plus haute antiquité, prouve que la population de l'Amérique remonte aux temps les plus reculés. Il s'agit maintenant de découvrir quels sont les peuples qui ont pu transmigrer de notre Continent dans le nouveau. C'est ce qui se développera en comparant plus particuliérement les coutumes des Américains, d'un côté avec celles des Chinois, & d'un autre avec celles des habitans de la côte occidentale de l'Afrique.

I. La forme du corps des Chinois ne leur est pas particuliere ; on sait qu'ils ont les yeux petits, le nez épaté & renfoncé, les joues boursouflées, d'où il sort de gros os ; ils ont la bouche large, les dents petites, peu de poil au menton, les épaules quarrées, les jambes courtes ; ils ne sont pas hauts de stature ; leur taille est communément de quatre pieds ; ils ont le corps fort ramassé &

trapu , ce qui les rend d'une force peu commune.

Si l'on ajoute foi à ce que MM. *Cook , Banks & Solander* rapportent au sujet des habitans de la baie du Bon-Succès , située sous le 54ᵉ degré 44 minutes de latitude septentrionale , & sous le 66ᵉ degré 15 minutes de longitude occidentale , l'on trouve la même physionomie & la même stature parmi ces habitans , puisque , selon ces Voyageurs , ils ont le visage large & applati , le nez renfoncé , avec des narines fort ouvertes , de petits yeux noirs , des joues fort saillantes , une grosse & large bouche , de petites dents , des cheveux noirs & luisans qui leur descendent sur les oreilles & sur le front ; du reste , ils n'ont , comme tous les Américains , presque point de barbe.

Si l'on trouve tant de ressemblance , pour le physique , entre les Chinois & les peuples qui habitent la Pointe située à l'extrémité la plus reculée du Nouveau-Monde , ou du Cap Horn , de quel poids ne sera point la conformité de leurs usages ?

II. Les Péruviens connoissoient quatre grandes fêtes dans l'année : la principale , établie à Cuzko , capitale du Païs , se célebroit aussi-tôt après le coucher du foleil ; la feconde & la troifieme fe fêtoient au temps des équinoxes ; la quatrieme étoit appellée la Fête des Chevaliers, & n'avoit point de jour fixe.

Ces fêtes des Péruviens ont un fingulier rapport avec celles des Chinois, tant relativement à leur nombre, qu'eu égard au temps où elles fe célebroient. Indépendamment des facrifices qui avoient lieu chez les Chinois aux deux folftices, il y en avoit deux autres aux équinoxes, favoir, à celui du printemps, pour obtenir du *Chang-Tien* qu'il bénît la culture & les femences de la terre ; & à celui d'automne, afin qu'après la récolte des fruits, & la dîme prélevée, on pût offrir en actions de graces les prémices au même Chang-Tien.

III. La maniere de compter l'année des Péruviens & des Mexicains s'accordoit parfaitement avec celle des Chinois, qui l'avoient prife eux-mêmes des Égyptiens. L'année, chez les Péruviens & les Mexicains, comprenoit, comme ancienne-ment chez les Égyptiens, 365 jours, lefquels étoient partagés en dix-huit mois. En effet, cha-que mois confiftant en 20 jours, ce qui faifoit 360 jours, les 5 jours excédans étoient pour eux des jours de réjouiffance, pendant lefquels ils s'abftenoient abfolument de tout travail ; leur femaine confiſtoit en 13 jours, & leur fiecle en 4 ſemaines d'années, c'eſt-à-dire, en 52 ans.

Cette diviſion ou répartition de l'année eſt préciſément la même que celle que l'on trouve chez les Chinois & les Égyptiens ; voyez *l'Hiſtoire univerſelle de l'Amérique*, tom. II, p. 37, & *Gerh. Voſſius, Idolol.* l. 1, ch. 28.

IV. Les Rois du Pérou, ainſi que les Empereurs de la Chine, s'appelloient Fils du Soleil ; parce qu'ils prétendoient les uns & les autres tirer leur origine de cet aſtre divin. Manco Capac, qui raſſembla les Sauvages du Pérou épars dans les forêts, ſe diſoit Fils du ſoleil, envoyé par ſon pere pour apprendre aux hommes à être bons & heureux. *Herrera*, dans ſon *Hiſtoire de l'Amérique*, vol. III, p. 204, remarque que les Mexicains & les Péruviens reconnoiſſoient, avant l'arrivée des Eſpagnols, un Etre Suprême, créateur du ciel & de la terre ; qu'ils honoroient le ſoleil, la lune, l'étoile du matin, la terre, & qu'ils entretenoient continuellement le feu ſacré devant l'autel de leurs temples les plus reſpectés.

Delà viennent les titres que les Chinois prodiguent à leur Empereur, lorſqu'ils l'appellent *Schun-Tien-Fou*, c'eſt-à-dire, celui qui a une entiere réſignation à la volonté du Ciel ; *Bogda-Chan*, le Chan le plus ſaint de tous ; *Schunt-Tchou*, le ſaint

Empereur. Delà vient encore que dans les acclamations publiques ils s'écrient à son paffage, *Wan-*
Sui, vive dix mille ans (c'eft-à-dire, pendant
une longue fuite d'années), qu'il ne périffe pas,
en le comparant ainfi au foleil qui ne peut périr.

C'eft delà auffi que les Américains immolerent
à Saturne, fous le nom duquel on n'entendoit
autre chofe que le foleil (comme le prouve *Gerard*
Jean Voffius, *de origine & progreffu Idolol.* l. 2,
c. 4), les plus beaux & les plus diftingués d'entr'eux. Les Phéniciens n'adoroient pas feulement
le foleil, mais ils lui faifoient encore les mêmes
offrandes. *Porphyre* (*de abftinent. animal.*, l. 2)
s'exprime ainfi : « Dans les grandes calamités,
» comme des défaites, des féchereffes, des peftes,
» les Phéniciens facrifioient à Saturne d'un con
» fentement unanime tout ce qu'ils avoient de
» plus cher ».

V. Dans l'enceinte de la ville de Cuzko il y avoit
autrefois un arpent de terre, dont le défrichement
étoit défendu à tout habitant, fous les défenfes
les plus expreffes ; il étoit particuliérement deftiné
pour le Monarque & fa famille, qui fe réfervoient
l'honneur de le labourer. La femme du Monarque
apprenoit aux Indiennes à filer, à tiffer le coton
& la laine ; elle leur enfeignoit tous les exercices
convenables à leur fexe, & tout ce qui regarde
l'économie domeftique.

Les Empereurs de la Chine se réservent de même un arpent de terre, pour le labourer avec leur famille. De pareils faits prouvent qu'on n'a pas avancé de simples conjectures, en disant que les Péruviens sont des descendans des Chinois.

Il est certain que dès le commencement même de la Monarchie chinoise, il fut réglé & statué, sous Ching-Nong, que l'Empereur seroit, par les constitutions de l'État, obligé de cultiver quelques sillons, & de faire la récolte des grains qu'il offriroit en sacrifice à l'Etre Suprême, pour ennoblir en quelque sorte une profession si pénible. Ching-Nong fit aussi planter des mûriers dans l'enclos de son Palais, & y éleva des vers-à-soie, pour engager les Grands à suivre son exemple. Il obligea de même l'Impératrice & ses femmes à faire des ouvrages à l'aiguille, pour engager les Dames chinoises à se livrer à une semblable occupation : exemples qui ont été utiles à l'Empire ; puisque c'est aujourd'hui une maxime générale du Gouvernement de la Chine, que l'Empereur doit labourer la terre avec sa famille, & que l'Impératrice doit filer. Si l'homme laboure les champs, disent les Chinois, la famille aura de quoi se nourrir ; & si la femme file, la famille aura de quoi s'habiller. Les Empereurs d'aujourd'hui donnent encore eux-mêmes cet exemple aux hommes, afin qu'il n'y ait perſonne qui n'eſtime l'agriculture. L'Impératrice le donne aux femmes, pour leur inſpirer le goût du travail.

VI. C'eſt pour avoir honoré par leurs mains les travaux de premiere néceſſité, & en cherchant le bonheur de leurs peuples, que les Monarques péruviens & chinois ont exercé un pouvoir abſolu dans les affaires civiles & eccléſiaſtiques : outre cela, dans les deux Empires la police étoit ſi ſage, qu'elle n'étoit ſujette à preſqu'aucune réforme ; ce qui fait voir de quelle influence peut être ſur les États le bon exemple des Souverains. A la Chine, l'Empereur Tchuen-Hio joignoit déjà le Sacerdoce à la Couronne ; il régla qu'il n'y auroit que l'Empereur qui offriroit ſolemnellement des ſacrifices au Seigneur du Ciel. C'eſt ce qui s'eſt toujours obſervé, & ce qui s'obſerve encore maintenant ; car l'Empereur ſeul eſt le Pontife, & a ſeul le droit d'offrir les ſacrifices dans le temple du Ciel : s'il arrive que ſon âge ou quelque maladie ne lui permette pas d'aller au temple, pour y faire les fonctions de Sacrificateur, il députe un Prince ou un Grand de l'Empire pour tenir ſa place, & pour s'acquitter de ce devoir de religion.

VII. *Garcilaſſo de la Vega*, qui a écrit l'hiſtoire des Incas du Pérou, rapporte que les Eſpagnols ayant pénétré dans l'intérieur d'un temple, y

trouverent

trouverent un tableau repréſentant un grand dragon auquel le peuple du pays rendoit hommage.

Or, on ſait que l'Empire de la Chine a un dragon dans ſes armes. *Trigantius (de expeditione apud Sinas*, l. 4, p. 38) dit : « Les Empereurs de » la Chine ont choiſi un dragon pour leurs armoi » ries & pour celles de la Famille Impériale, » à l'excluſion de toute autre ». Il eſt donc probable que les Péruviens auront adopté ce ſymbole en mémoire de leur origine.

VIII. Les Créoles du Pérou, dit *Frezier*, font un cas particulier d'un petit pied : celle qui l'a le plus petit, paſſe pour la beauté la plus parfaite ; & comme l'envie de plaire exiſte chez toutes les femmes du monde, les Péruviennes guidées par l'eſprit de coquetterie, mettent de bonne heure leurs pieds à la torture dans des ſouliers fort étroits.

Tout le monde ſait qu'à la Chine c'eſt un grand mérite parmi le beau ſexe d'avoir le pied fort petit, & il eſt vraiſemblable que ce ſont les Chinoiſes qui ont introduit cette mode dans le Pérou ; car quoique *Frezier* ne parle dans ſes Voyages que des Créoles, ſans faire mention des Indiennes, il eſt certain que cette coutume exiſtoit au Pérou avant l'arrivée des Eſpagnols, & qu'encore aujourd'hui on façonne leurs pieds

H

au moyen d'une chauffure étroite. Les Créoles ont donc adopté cette mode des Indiens, de même que ceux-ci l'auront copiée d'après les Chinois, leurs ancêtres.

L'Impératrice *Ta-Kia*, époufe de *Tche-Ou*, dernier Empereur de la Dynaftie de *Chang*, fit regarder la petiteffe des pieds comme un des plus grands agrémens du fexe, parce que les ayant elle-même fort petits, elle les ferroit avec des bandelettes, comme fi elle eût affecté de fe procurer un agrément qui étoit réellement en elle une difformité. Ce fut-là une forte de beauté que toutes les femmes fe procurerent à fon exemple; & cette opinion s'eft tellement perpétuée, & eft fi fort en ufage, qu'une femme fe rendroit méprifable, fi elle confervoit à fes pieds leur grandeur naturelle. Le vrai motif de cet ufage fut fans doute d'obliger les femmes à la retraite & au travail.

IX. Les Américains d'aujourd'hui cultivent la terre, & habitent dans des cabanes qui font ouvertes & que l'on peut tranfporter où on veut. Le même ufage avoit lieu chez les Phéniciens & les Chinois. Entre une foule de témoins, il fuffit de citer *Feftus*: ›› Les cabanes Phéniciennes font ›› appellées *Mapalia*; & comme rien n'y eft ren- ›› fermé fous la clef, on donne le même nom à ›› ceux qui font fans mœurs ou fans frein ››.

X. Les Américains portent leurs Divinités avec eux, dans leurs voyages de mer; ils ont même la coutume de les attacher à leurs canots. Les Chinois le font encore, & les Phéniciens l'ont pratiqué de même, dans tous les temps. *Hérodote* s'exprime ainsi à ce sujet: ” La statue de Vulcain ” ressemble à celles des Dieux Pataiques, que les ” Phéniciens mettent à la proue de leurs vaisseaux ” (lisez à la poupe). *Hesychius* parlant de ces Dieux Pataiques, dit également que ce sont ceux que les Phéniciens placent à la poupe de leurs vaisseaux.

XI. Les hiéroglyphes ont été en usage chez les Egyptiens; ils s'en servoient pour voiler au peuple les secrets de la Religion, ou pour la lui rendre plus respectable. On voit par un fragment de *Sanchoniathon*, qu'*Eusebe* nous a conservé, que les anciens hiéroglyphes des Egyptiens ne sont autre chose qu'un raffinement d'une écriture en peinture usitée parmi eux.

Cet usage d'exprimer ses pensées par des hiéroglyphes, passa des Egyptiens aux Chinois, & des Chinois aux Américains; car du temps que les Péruviens & les Mexicains n'avoient point de caractéres alphabétiques, ils se servoient de différens chiffres & de figures, ou de marques particulieres, pour exprimer certaines choses.

La premiere fois que les Espagnols arriverent dans le Mexique, Montezuma, qui régnoit dans ces contrées, envoya au-devant d'eux un certain nombre d'Ecrivains très-experts , qui , par des figures qu'ils traçoient sur de grandes toiles de coton , marquoient exactement tout ce qu'ils avoient vu. Ces sortes de caractetes répondoient aux anciens hiéroglyphes ; chaque figure signifioit un ou plusieurs mots.

Que ceci soit un fait incontestable , c'est ce que prouvent les temps postérieurs ; car lorsque les Mexicains, après l'invasion des Espagnols, eurent embrassé la foi Chrétienne , ils exprimerent encore par des figures nos principales prieres. Pour rendre par exemple ces paroles·, *je me confesse*, ils peignoient un Indien à genoux devant un Religieux. Pour exprimer *à Dieu tout-puissant* , ils dessinoient trois têtes ornées de couronnes. Le visage rayonnant d'une femme, qui tient un enfant dans ses bras, représentoit la Sainte Vierge. Saint Pierre & Saint Paul étoient caractérisés par deux têtes couronnées, & accompagnées, l'une d'une épée , & l'autre de deux clefs. Voyez *Essai sur les Hiéroglyphes des Egyptiens* , du Docteur *Warburthon*. D'ailleurs les Mexicains & les Péruviens employoient anciennement encore un autre moyen pour suppléer à l'écriture ; ils se servoient principalement de leurs *Quipos*. Le mot *Quipu* signifie littéralement un *nœud*, & dans un sens plus étendu, un *compte*, un *détail*, ou l'abrégé de quelque chose.

On trouve encore la même coutume chez les *Bratyki* ou Burattes, peuple de la Sibérie, voisin des Chinois; ils n'ont point d'alphabet, & leur ignorance est telle, qu'incapables d'écrire, ils ne peuvent se tirer d'affaire qu'en exigeant des voyageurs qui passent par leur pays, l'exhibition de leurs passeports, sous le sceau desquels il se trouve des cordelettes, sur lesquelles ils font autant de nœuds que les voyageurs doivent avoir de chevaux. Encore une remarque au sujet des *Quipos*. Les Péruviens s'en servoient pour compter le nombre d'habitans, leur âge, leur famille, les droits annuels qu'ils payoient à leurs Incas, l'état des troupes, la liste des naissances & des morts, &c. Mais ces *Quipos* ne portoient point par euxmêmes une signification intrinsèque; on ne pouvoit pas s'en servir comme de l'alphabet, dont chaque lettre a une acception invariable. Il est vrai qu'on pouvoit entretenir, par leur moyen, une correspondance exacte; mais il falloit à chaque fois convenir de la signification qu'on donnoit aux fils de telle ou telle couleur, car le sens qu'on leur attribuoit étoit absolument arbitraire. Ainsi,

par exemple, lorfqu'un Inca envoyoit un Am-
baffadeur à un autre Souverain, hors de fon pays,
celui-ci pouvoit fans doute comprendre l'intention de l'Inca, parce qu'auparavant le Miniftre
Péruvien lui en donnoit l'explication, ou parce
qu'il avoit déja la clef de l'énigme. Les Quipos
ne purent donc jamais fervir à tranfmettre à la
poftérité l'hiftoire du pays. Auffi *Garcilaffo de la
Vega*, qui defcendoit en ligne directe des Incas,
& qui nous a le premier attefté l'ufage de ces
nœuds de différentes couleurs, ne nous en parle-
t-il pas d'après l'hiftoire de fa nation, mais d'après
la tradition verbale de fes ancêtres.

Les Quipos forment encore un objet de reffemblance entre les Péruviens & les Chinois ; car
avant que les Chinois fe fuffent fervis de leurs
chiffres d'aujourd'hui, ils employoient auffi des
nœuds pour exprimer leurs volontés, & faire
paffer leurs intentions jufques dans les contrées
les plus éloignées (1).

---

(1) Si je n'étois pas fcrupuleux dans le choix des témoignages des faits hiftoriques que je rapporte, je pourrois ajouter ici un point de comparaifon du plus grand
poids ; mais, en premier lieu, une feule perfonne a été
témoin du fait ; en fecond lieu, aucun autre Écrivain n'en
a jamais parlé. Cependant comme il m'a été rapporté par

Je crois qu'il eſt difficile de conteſter le rapport qui réſulte de ces comparaiſons, & les conſéquences que l'on en peut tirer ; cependant je raſſemblerai encore de nouvelles preuves, pour ne laiſſer aucun doute à cet égard. Si l'Etre ſuprême n'a pas créé un premier homme dans

un témoin oculaire, je crois devoir en faire mention, parce que ce fait pourra ſervir à diriger les recherches de quelques curieux.

Pendant mon ſéjour en Ruſſie, je reçus la viſite d'un Officier françois qui avoit parcouru les Indes orientales & occidentales. Entre pluſieurs autres curioſités, il apperçut dans mon appartement différentes petites idoles, telles qu'on en voit au Tangut & à la Chine, & il me demanda par quelle voie ces idoles américaines m'étoient parvenues ; je lui répondis qu'elles ne venoient point de l'Amérique, mais du Tangut & de la Chine. Je les avois regardées, repliqua-t-il, comme américaines, parce que, dans une expédition que je fis autrefois dans ce Continent, j'eus le bonheur de découvrir ſous terre une quantité conſidérable d'idoles qui étoient de la même ſtructure, & avoient la même conformation de viſage. Je les ai conſervées long-temps comme une très-grande curioſité, eſpérant que, de retour dans ma patrie, je pourrois les vendre à très-haut prix ; mais me trouvant un jour dans la néceſſité, je les vendis à un Eſpagnol, qui m'en paya une ſomme aſſez conſidérable.

S'il étoit poſſible d'ajouter une foi entiere à ce rapport, ce ſeroit une preuve déterminante en faveur de mon opi-

chaque partie du monde, mais un feul dans tout l'univers ; fi ce premier homme a demeuré en Afie, & fi fa poftérité s'eft étendue au-delà de l'Afie, pour aller peupler les autres parties de la terre, il ne feroit pas étonnant que les Péruviens euffent tiré leur origine d'anciens peuples Afiatiques, tels que les Chinois ; & après avoir montré la reffemblance de ces deux Nations, il ne s'agiroit plus que d'examiner comment les Chinois ont ofé affronter les mers, & entreprendre un auffi long trajet.

Je conviens que leurs Colonies ont pu l'entreprendre par la mer Pacifique, & que les Chinois en s'ouvrant un paffage par cette mer, ont pu ne devoir qu'au hafard le bonheur d'aborder aux côtes de l'Amérique ; mais je crois auffi qu'ils n'ont pas fait ce trajet fans s'arrêter, & qu'ils ont au contraire rencontré fur leur chemin des Ifles où ils ont eu le temps de fe repofer, & de rafraî-

nion, que les Américains font des defcendans des Chinois ; mais comme il feroit hazardeux de s'en tenir à ce feul témoignage, j'attendrai, pour y ajouter une croyance entiere, que les Écrivains efpagnols nous aient donné un recueil des curiofités & des antiquités de l'Amérique ; ou que le poffeffeur actuel des idoles dont j'ai parlé ci-deffus, ait déterminé à quel peuple on peut en attribuer l'invention.

chir leurs équipages. Mais, dira-t-on, les vaisseaux des Chinois étoient trop foibles pour soutenir un voyage aussi fatigant par sa longueur. Je répondrai à cela, que cette hypothese n'est pas généralement vraie, comme je l'ai déja prouvé; mais d'ailleurs, supposé même que cela fût, si les Chinois ont fait, comme il est à croire, ce voyage à petites journées, leurs vaisseaux auront pu soutenir la traversée jusqu'à son terme. Les paysans Russes des environs de Jakuzk ont bien pu pénétrer, avec leurs misérables canots, par la Lena, la mer Glaciale, & le cap Tschukozkoi, jusqu'à l'embouchure du fleuve Anadir, en se pourvoyant, chemin faisant, des vivres nécessaires pour continuer leur route. Or si des gens peu exercés dans le pilotage, ont pu faire ce chemin périlleux, pourquoi les Chinois n'auroient-ils pas entrepris une course, il est vrai, beaucoup plus longue, mais aussi bien moins dangereuse? D'où sont venus les habitans qu'on a trouvés sur les Isles découvertes sous Philippe II, Roi d'Espagne, auxquelles on a donné fort mal-à-propos le nom d'Isles de Salomon? Voudroit-on que les Américains y aient transporté des colonies, eux qui n'ont jamais eu de vaisseaux? Ce sont donc, au contraire, comme on n'en peut douter, les Chinois, qui se sont transportés jusques-là, & en ce cas-là, on ne pourra plus faire d'objections fur la longueur du chemin, & fur l'énorme diſtance qui fépare la Chine de l'Amérique.

Il paroît conſtant qu'outre le Pérou, les Chinois ont encore peuplé d'autres parties de l'Amérique. Un Auteur bien eſtimable, qui s'eſt acquis une réputation bien méritée par fes recherches pénibles fur la littérature & l'hiſtoire des peuples orientaux, M. *de Guignes*, en un mot, vient à l'appui de ce fentiment, & prouve par des faits inconteſtables que les Chinois avoient établi un commerce floriſſant dans l'Amérique feptentrionale, dès l'an 458 de l'ere chrétienne, & que le centre de leur commerce fubſiſtoit principalement dans la partie fituée vers le nord-oueſt de la Californie : voyez fon livre intitulé *Remarques géographiques & critiques fur la poſition des contrées de l'Aſie & de l'Amérique feptentrionale.* MM. *Engel* & *Robert de Vaugondy*, avantageuſement connus dans la république des lettres, fe réuniſſent pour cette opinion, & nomment ce pays *Quivira*.

En conſultant les annales de la Sibérie, nous voyons qu'avant la découverte qu'en fit l'Ataman des Coſaques, Jermak, fils de Timothée, dans l'année 7092, felon le calcul des Ruſſes, ou en 1583 de l'ere chrétienne, elle étoit habitée par différens peuples idolâtres qui étoient soumis à un Roi nommé Kuczium, dont la domination s'étendoit sur toute la Sibérie, jusqu'à la mer Glaciale, compris le Kamtschatka. Ce Roi dépendoit du Royaume de Tibet, & reconnoissoit avec ce Royaume la suzeraineté de l'Empereur de la Chine. Le peuple connu aujourd'hui sous le nom de Kalmaks, formoit une grande partie de ses sujets, ce qui se manifeste par la réponse que le College des affaires étrangeres de la Chine donna à celui de Russie, lorsque celui-ci demanda qu'on rendît à la Russie les cent cinquante mille Kalmaks qui quitterent, il y a quelques années, la Russie, pour reprendre leurs anciennes demeures dans le Royaume de Tibet ; il déclara que cette demande ne pouvoit avoir lieu, parce qu'étant connus pour des anciens vassaux de la Chine, ces peuples, en regagnant leur ancienne patrie, n'avoient fait que suivre le droit des gens & l'équité.

Les annales de la Sibérie nous apprennent que les Kamtschadales commerçoient alors sur les côtes de l'Amérique septentrionale qui leur sont opposées, & qu'ils pratiquoient ce commerce depuis un temps immémorial. Ce qu'il y a de certain, c'est que les Chinois sont parvenus par le Kamtschatka à Quivira ou dans la Californie :

leurs annales le difent expreffément : ils ont donc pu peupler la Californie, le Chili, le Mexique, le Pérou, le Nicaragua, le Guatimala, la Nouvelle-Efpagne & la Floride. Les ufages, les cérémonies religieufes, les mœurs domeftiques, enfin la maniere de bâtir pratiquée dans ces contrées de l'Amérique, qui ont une conformité parfaite avec ce qui fe trouve en ufage à la Chine, ne peuvent que venir à l'appui de cette opinion.

Après avoir établi la réalité du commerce des Chinois avec l'Amérique feptentrionale, je m'appuierai de l'autorité d'un Auteur qui a eu l'occafion de confulter leurs annales, pour détruire les doutes que l'on pourroit avoir fur la maniere dont ils ont fait le trajet de la mer Pacifique, & dont ils font parvenus à l'Amérique méridionale. *Marc Paul*, Voyageur vénitien, dont les obfervations fe trouvent confirmées par le P. *Gaubil*, dans fon Hiftoire de la Dynaftie des Mongous, ainfi que par d'autres Géographes ; *Marc Paul* dit » que l'Ifle » de Zipangri, fituée dans la haute mer, eft » éloignée du rivage de Mangi de quinze cents » milles ; qu'elle eft fort grande, & qu'elle eft la » principale de cette quantité innombrable d'Ifles » répandues dans la mer du Sud, que les Marins » font monter au nombre de fept mille quatre » cent quarante-huit, dont la plupart font habi-

» tées. Il n'y en a pas une seule où il ne croisse
» des arbres odoriférans & des moris, qui rendent
» une odeur fort agréable. On y trouve aussi des
» parfums en abondance. Le poivre y est blanc
» comme la neige, & le noir y est en grande
» quantité; mais les étrangers n'y vont point né-
» gocier; il n'y a que les habitans de la province
» de Mangi qui aillent dans ces Isles pendant
» l'hiver, & qui en reviennent pendant l'été, parce
» qu'il n'y a que deux sortes de vents qui regnent
» dans ces parages, & qui sont directement oppo-
» sés: l'un sert pour aller, & l'autre pour venir;
» le premier regne pendant l'hiver, & le second
» pendant l'été ».

Ce que dit cet Auteur de cette grande quantité d'Isles, des arbres odoriférans, des parfums
& des différens vents auxquels on donne le nom
de *Mousons*, ne convient ni aux Isles du Japon,
ni à ses parages, mais plutôt à cette chaîne d'Isles
qui s'étendent depuis le sud-est de la Chine, jusques bien avant dans la mer Pacifique; de façon
qu'il faut entendre par l'Isle de Zipangri, non pas
le Japon, mais quelqu'une de celles qui forment
ce vaste Archipel; d'autant plus que l'Histoire de
la Chine dit que le Japon s'est de tout temps
appellé *Ouo-dsi*, nom qui ne ressemble en rien

à celui de *Zipangri*. Ce qu'ajoute *Marc Paul* au sujet des vents est très-juste.

Quant aux sept mille quatre cent quarante-huit Isles, on ne peut disconvenir que ce nombre paroît exagéré ; mais ce Voyageur parle d'après les Chinois, qui aiment l'hyperbole : ils crient en forme de vœux, au passage de l'Empereur, *Van-Sui*, c'est-à-dire, vive dix mille ans ; & pour leurs Princes, *Syen-Sui*, c'est-à-dire, vivez mille ans ; ce qui ne signifie que la jouissance d'une longue vie : mais il s'enfuit de la connoissance que les Chinois avoient de ces Isles, que l'espace qui se trouve depuis les dernieres jusqu'au Pérou, se trouvant peu considérable, en comparaison de celui qu'ils avoient parcouru, il n'est pas vraisemblable qu'ils y aient borné leur course. La conformité qui se trouve entre leurs usages & ceux des Péruviens, paroît enfin donner la certitude, qu'ils ont non seulement abordé dans ce pays, mais même qu'ils l'ont peuplé.

CHAPITRE V.

Conformité des Coutumes entre les Américains orientaux, & les peuples qui habitent l'occident de l'Afrique.

Si, malgré la distance immense qui regne entre la Chine & le Pérou, il existe une si grande conformité entre les peuples de ces deux régions, soit par rapport à leurs mœurs, soit relativement à leurs coutumes, il ne sera pas étonnant que cette ressemblance & cette analogie soient encore plus frappantes entre les habitans de l'Amérique orientale, & les Africains qui sont vers le couchant ; puisque ces derniers sont beaucoup plus près de l'Amérique que les Chinois. Voici les faits qui établiront cette vérité.

I. Les femmes des Hottentots portent, dès l'âge de douze ans jusqu'à leur mort, de petites bandes de cuir d'agneau ou de brebis, larges d'un petit doigt, qui leur couvrent les jambes, & qui s'étendent depuis la cheville du pied jusqu'au genou.

Les femmes, chez les habitans de la baie de Bon-Succès, portent, selon le témoignage de

Cook, *Banks* & *Solander*, un morceau de peau autour des hanches, & des lanieres autour de la cheville du pied.

Les habitans des Isles Caraïbes en Amérique, donnent aussi à leurs filles, dès qu'elles ont atteint l'âge de douze ans, la même espece de bandelettes, avec cette seule différence que celles des Caraïbes sont de coton, au lieu que celles des Hottentots sont de cuir de brebis ou d'agneau. Cette différence vient de ce que les Hottentots sont pasteurs de profession, & ont des troupeaux de brebis; au lieu que les habitans des Isles Caraïbes en manquent absolument. Cette chaussure est principalement destinée pour les femmes, parce que ce sont elles qui vont travailler dans les campagnes & dans les broussailles; elles ont par conséquent besoin de quelque chose qui garantisse leurs jambes contre les piquures des épines & des chardons.

II. En Afrique, les hommes & les femmes se passent un anneau aux narines.

Selon le rapport de *Cook*, *Banks* & *Solander*, les habitans de la côte orientale de la Nouvelle-Hollande portent, comme une parure, sur leur nez percé, de petits chiffons & des arrêtes de poisson, de la longueur de cinq à six pouces; ils font aussi usage de pendans d'oreille de la même matiere. III.

III. Lorsqu'une veuve chez les Hottentots a envie de se marier en secondes noces, elle est obligée de se faire couper une jointure des doigts pour chaque mari qu'elle prend après la mort du premier.

Au Darien, les maris, à la mort de leurs femmes, & les femmes, à la mort de leurs maris, se coupent le bout du doigt ; en sorte que l'inspection seule de leurs mains indique s'ils sont veufs, & combien de fois ils ont été mariés.

Une nation du Brésil, appellée les Tucumans, observe la même coutume que les Hottentots ; ils se font mutiler les doigts de la main gauche, avec cette différence cependant, que chez les Hottentots ce sont les femmes veuves qui se coupent le bout des doigts pour pouvoir se remarier : au lieu que les Tucumanes se font cette opération toutes les fois qu'il meurt un de leurs proches parens.

IV. Les Hottentots, aussi-bien que les habitans des Isles Caraïbes en Amérique , courbent les membres de leurs morts ; de maniere qu'on peut comparer leur figure à celle d'un enfant lorsqu'il est encore dans le ventre de sa mere.

V. MM. *Cook*, *Banks* & *Solander* nous racontent, au sujet des habitans de l'Isle d'Otahiti, que la circoncision se trouve établie parmi eux. Ils

I

difent qu'ils obfervent cette coutume pour fe conformer à la loi qu'ont introduit leurs ancêtres par
un principe de propreté : ils ont de la haine & du
mépris pour les incirconcis ; ils croient à un Etre
Suprême , qu'ils nomment *Mauve* , ne fuivant
d'ailleurs aucun culte ni aucune cérémonie religieufe, fi ce n'eft que, lors de la récolte des fruits
& à leurs repas , ils en portent les prémices dans
un lieu écarté pour le Mauve , & lui en font une
offrande en action de graces. Ils croient qu'après
leur mort ils feront tranfportés dans d'autres
Ifles , où ils reffufciteront dans le même état dans
lequel ils font morts. Ils regardent les étoiles
comme les enfans du foleil, & les éclipfes de
foleil & de lune comme le temps le plus convenable pour fe marier. Ils jettent des fleurs fur leurs
morts , & mettent auprès d'eux du poiffon &
d'autres vivres. Ils élevent aux gens riches, après
leur mort , des obélifques ou des pyramides affez
hautes , & de moins élevées pour les perfonnes
pauvres & de moindre condition. Ils ont des Prêtres ou Magiciens nommés Schamans.

Depuis l'Ifle Otahiti , en paffant par toutes les
Ifles jufqu'à la Nouvelle-Zélande, qui fe trouve
fituée entre le 34e & le 47e degré de latitude
méridionale, l'on trouve que les habitans reffemblent aux Utahitiens pour les mœurs , les coutu-

mes, la maniere de vivre & le langage; & toutes ces langues ne forment en effet que des dialectes particuliers de la langue utahitienne.

Dans tout ce que nous venons de rapporter sur les Utahitiens, il n'y a pas un trait qui n'ait un rapport singulier avec les coutumes des anciens Égyptiens, Phéniciens & Carthaginois; car pour ce qui regarde la circoncision, *Strabon*, *Pline* & *Hérodote* assurent « que les habitans de la Col- » chide, les Égyptiens & les Éthiopiens se cir- » concisoient; qu'ils étoient les seuls peuples qui » le fissent dès l'origine, ajoutant que les Phéni- » ciens & les Syriens de la Palestine convenoient » devoir cet usage aux Égyptiens ».

L'offrande des prémices de chaque production de la terre est un usage égyptien. La Métempsy- cose étoit également un dogme égyptien. Les Égyptiens mirent aussi à côté de leurs morts toute sorte de vivres; & les obélisques & les pyra- mides que le temps n'a pu anéantir, font encore aujourd'hui l'admiration de l'univers.

VI. Les Negres en Afrique ont, à l'égard de tout ce qui concerne la religion, les mêmes usa- ges & coutumes que les Américains; mais comme cet examen nous entraîneroit dans des détails trop longs, ceux qui seront curieux de comparer la religion de ces deux peuples, peuvent consulter les relations que nous a laissées *George Candidius*, prêtre hollandois.

Tels sont les traits de ressemblance les plus frappans qui se trouvent entre les coutumes des peuples de l'Amérique orientale , & celles des nations situées vers le couchant de l'Afrique. Il est vrai que l'Océan Atlantique sépare ces deux peuples l'un d'avec l'autre ; mais ce qui peut faire regarder comme possible que les Africains aient franchi ce trajet, c'est l'expérience qui nous apprend que dans la mer Atlantique il regne continuellement un vent d'est qui a repoussé plus d'une fois les vaisseaux européens dans leur course, & les a forcés d'aborder aux côtes du Brésil : il y a plus ; c'est que Rio-Janeiro , ville du Brésil, située au 33e degré 56 minutes de latitude méridionale , & au 42e degré 45 minutes de longitude occidentale , fait encore aujourd'hui avec l'Afrique un commerce considérable , que les peuples de ces contrées entretenoient avec elle long-temps avant la découverte du Nouveau-Monde , ainsi qu'avec les habitans de l'Isle de Madere , laquelle est située sous le 32e degré 33 minutes 33 secondes de latitude septentrionale , & sous le 16e degré 49 minutes 45 secondes de latitude occidentale.

En vain voudroit-on opposer à ce fait l'ignorance des Africains d'aujourd'hui qui n'entreprennent pas de pareilles courses ; puisqu'en remontant à des siecles plus reculés, on voit les sciences, les arts & la navigation portés à un grand degré de perfection chez les Carthaginois. Après ces temps de prospérité, pendant lesquels leur puissance ne le cédoit à celle d'aucun autre peuple, & pendant lesquels ils avoient acquis des connoissances assez détaillées sur la position des différens pays du globe, ils se crurent sans doute trop heureux de trouver une retraite dans des contrées qu'ils n'avoient estimées auparavant que par rapport aux trésors que la nature paroissoit y avoir prodigués. Les révolutions de cette espece se rencontrent à tout instant. En jettant les yeux sur le commerce des peuples du premier âge, qu'on peut regarder comme les colosses de l'Univers, on voit qu'après avoir joué un grand rôle sur le théâtre du monde, & avoir fait passer les sciences d'une extrémité de la terre à l'autre, ils ont abandonné leur pays natal, dès qu'ils l'ont vu pencher vers sa ruine ; & sont allés chercher un asyle dans des régions lointaines, quelquefois plus stériles que leur ancienne patrie.

I 3

CHAPITRE VI.

Quels sont les peuples connus qui ont les premiers exercé le commerce maritime ; étendue de leur navigation.

LES fragmens qui nous restent sur cette partie de l'Histoire des peuples anciens, contribueront à donner un nouveau degré de probabilité à ce qui a été avancé dans les sections précédentes. L'Histoire ne parle d'aucun peuple commerçant avant les Égyptiens & les Phéniciens (1) : c'est donc à

____

(1) Il faut remarquer, au sujet du nom des Phéniciens, que ce mot signifie *rouge*, ou habitant de la mer Rouge. *Hérodote*, liv. 7, dit expressément que c'est de-là que les Phéniciens ont pris leur nom : tous les Historiens, tant grecs que latins, confirment la même chose d'après lui : comme ce nom est trop général, il faut examiner quelle espece de peuples l'on désignoit sous le nom d'Habitans de la mer Rouge. Eupolème, historien d'une ancienneté très-reculée, & qu'*Eusebe* cite, dit en termes précis que Canaan a été le pere des Phéniciens. *Sanchoniaton* l'appelle Chna, en assurant la même chose. *Etienne* le Géographe observe qu'un Phénicien s'appelloit originairement Chna, & la nation entiere Chnaos. Les paysans des envi-

eux qu'il faut rapporter l'origine du commerce maritime, & par conséquent la naissance de l'art

rons de Carthage, interrogés sur leur origine du temps de S. Augustin, cinq cens ans après l'anéantissement de cette ville, & dix-neuf cens ans après l'arrivée de la premiere Colonie phénicienne en Lybie, assurerent qu'ils étoient Cananéens. On peut s'appuyer aussi de l'autorité de l'Écriture-Sainte. Combien de fois trouve-t-on dans la traduction des Septante, au lieu du mot Canaan, celui de Phénicie ? C'est ainsi que dans l'Exode, ch. VI, 15, Saul est appellé le Fils de la Femme phénicienne ; & qu'au chapitre XVI, 35 du même Livre de Moyse, & dans Josué, ch. V, 12, il est dit que jusqu'aux confins de la Phénicie la manne étoit la nourriture des peuples. Lorsque dans Job, XL, 25, & aux Proverb. XXXI, 24, il est question des Marchands Cananéens, les Septante les appellent Phéniciens : ceci me paroît ramener ces peuples à leur vraie & commune origine. C'est donc faute de recherches sur l'étymologie de leurs noms, qu'on les a pris souvent pour des peuples différens. C'est aussi par cette méprise que l'on a vu des Historiens prétendre que Dieu n'a jamais donné à son peuple la terre de Canaan qu'il lui avoit promise. La même chose est arrivée avec le mot d'*Hébreu*: les Interprêtes qui ont voulu en former un peuple à part, l'ont fait dériver du nom d'Heber, oncle de Sem, tandis que ce nom vient d'*Heber*, qui signifie *trans, ultrà* ; en sorte que le mot hébreu veut dire *advena, inquilinus, ex peregrina regione adventus*, en un mot, un *étranger* tel qu'Abraham l'étoit, selon les propres termes de la Genese, chap. XII.

I 4

de la navigation. C'eft pour cela que *Strabon*, liv. 16, dit : « Les Philofophes fidoniens excellerent » dans la connoiffance de l'Aftronomie & de » l'Arithmétique, nées du calcul & des naviga- » tions nocturnes. La multitude & la grandeur de » leurs Colonies démontrent leur puiffance mari- » time ». Tyr, dont la fondation fe perd dans la nuit des temps, domina pendant bien des fiecles fur les mers ; prefque tout le commerce étoit dans fes mains, & les richeffes d'une bonne partie de l'Europe, de l'Afrique & de l'Afie, venoient rem- plir fes magafins : elle étoit encore fi floriffante lorfqu'Alexandre la détruifit, qu'elle fe releva bientôt de fes ruines. *Strabon*, liv. 16, dit en pro- pres termes : « Elle triompha cependant de tous » ces malheurs, & elle fe rétablit par fes naviga- » tions ; car les Phéniciens ont toujours furpaffé » tous les peuples à cet égard ». Carthage, qui n'étoit qu'une Colonie fondée par les Tyriens, fubfifta encore long-temps après, & profita de la deftruction de Tyr, en héritant de fon com- merce & de fa grandeur. Les peines que les Ro- mains eurent à réduire cette République, prou- vent quelles font les reffources d'une nation com- merçante. Lorfque l'on réfléchit fur les Colonies que les Tyriens envoyoient d'une extrémité du monde à l'autre, foit pour aller chercher les tréfors qu'ils ne trouvoient pas chez eux, soit pour défricher de nouvelles terres, on est tenté de croire qu'ils ont peut-être mieux connu que nous ne l'imaginons, la surface du globe. On ne peut disconvenir que les Égyptiens & les Phéniciens n'aient établi des Colonies puissantes en Asie, en Afrique & en Europe, & ne se soient ainsi emparés par-tout du commerce de tous les peuples, & cela dès l'antiquité la plus reculée. *Strabon*, liv. 16, nous assure que « les Colonies de Tyr, fondées » dans l'Ibérie & dans la Lybie-jusques au-delà des » Colonnes d'Hercule, faisoient la gloire de cette » ville ». *Quinte-Curce* s'exprime ainsi à ce sujet : « Je crois que les Phéniciens préféroient de navi-» guer dans des pays inconnus à tout autre peuple. » Ils répandirent leurs Colonies sur presque toute » la surface du Monde, ayant fondé Carthage en » Afrique, Thebes dans la Béotie, Cadix sur » l'Océan ». Nous nous en convaincrons aisément, si nous examinons la maniere dont ils s'y prirent. Leurs voyages par mer, pour faire des découvertes, étoient ordonnés par le Souverain & par tout le peuple : on décernoit des distinctions & des récompenses très-considérables à ceux qui les avoient entrepris ; tandis qu'on usoit de la plus grande sévérité à l'égard de ceux qui, à leur retour, avançoient des faussetés. *Pline, Hérodote* &

Strabon rapportent unaniment que de pareils voyageurs, loin de recevoir quelque récompenſe, étoient irrémiſſiblement mis en croix. Auſſi ceux qui entreprenoient ces voyages y employoient la plus grande circonſpection, & avoient ſoin de faire les obſervations les plus exactes. *Hérodote*, liv. 4, ch. 42, s'exprime très-clairement ſur ceci, à l'occaſion d'une pareille expédition entrepriſe du temps de Neco, en diſant : « Neco, Roi d'Égypte, » ayant renoncé au canal qui devoit joindre le Nil » au Golfe d'Arabie, envoya des Phéniciens pour » faire des découvertes au-delà des Colonnes d'Her- » cule juſques à la mer du Nord. Ceux-ci, par- » tant de la mer Rouge, naviguerent dans la mer » du Sud, deſcendant ſur les côtes, lorſque l'au- » tomne arrivoit, afin d'enſemencer les terres, & » recommençant leur courſe après la récolte ; & » étant parvenus de cette maniere aux Colonnes » d'Hercule, ils regagnerent l'Égypte, la troi- » ſieme année après en être partis ». Eſt-il donc étonnant que les Égyptiens, en excitant l'émulation de leurs citoyens, ſeul moyen d'avoir de grands hommes, aient ſi parfaitement réuſſi dans leurs projets ? N'étoit-ce pas le meilleur moyen pour s'agrandir ſans ceſſe ? Auſſi, pendant le ſéjour des Iſraëlites en Égypte, ces peuples avoient déjà envoyé des Colonies en Bythinie.

Du temps de Moyſe, ils parcouroient déjà la mer le long des côtes de l'Afrique, & conſtruiſoient Utique trois cens ans avant l'expédition des Argonautes.

Près de trois ſiecles après la deſtruction de Troye, ils fonderent la fameuſe ville de Carthage.

Bientôt après, ils ſe porterent au-delà des Colonnes d'Hercule, y bâtirent des villes, firent le tour de l'Afrique par mer, & découvrirent les premiers le chemin que les Portugais ont trouvé long-temps après pour la ſeconde fois.

Ils firent voile vers l'occident, & trouverent au-delà de Cadix des Iſles qui, ſelon leur deſcription, ne peuvent être autre choſe que les Iſles de l'Amérique. En voici une preuve qui nous paroît convaincante. *Pline, Hérodote & Strabon* conviennent unanimement que les Phéniciens connoiſſoient l'Europe, l'Aſie, & la Lybie ou l'Afrique. *Hérodote*, liv. 4, ch. 18, ſe moque de ceux qui en doutoient : « J'admire, dit-il, les Phé- » niciens qui diſtinguerent & déterminerent l'Afri- » que, l'Aſie & l'Europe, contrées très-diffé- » rentes entr'elles; car l'Europe s'étend en long, » & n'a preſque point de largeur; tandis que l'Afri- » que eſt ſéparée des autres parties du monde par » les mers qui l'environnent de toutes parts, hor- » mis le coin par où elle tient à l'Aſie ». Si les

Phéniciens & les Égyptiens connoiſſoient donc l'Europe, l'Aſie & l'Afrique, & ne diſoient jamais que la grande Iſle Atlantique ſe trouvoit dans une de ces parties de la terre, mais toujours au-delà des Colonnes d'Hercule ; il faut, ou que l'Iſle Atlantique ait été une fiction, ou qu'elle ait été réellement l'Amérique : mais ſoutenir que cette Iſle étoit une fiction, ce ſeroit traiter de menteurs *Pline, Hérodote, Strabon, les Prêtres de Saïs, Solon & Platon.*

Nous avons fait une perte irréparable à cet égard, par la deſtruction de preſque tous leurs livres d'hiſtoire. *Platon* rapporte que Cambyſe dans ſon invaſion en Égypte & en Phénicie, avoit détruit toutes les annales de cet Empire. Omar, le ſecond des Califes, a mis le comble à ce malheur, en faiſant brûler la fameuſe bibliotheque d'Alexandrie, dans laquelle ſe trouvoit, ſelon toute apparence, une grande partie des Hiſtoriens égyptiens & phéniciens. Nos langues même d'Europe nous offrent encore aujourd'hui des veſtiges de leur puiſſance, par les mots qu'elles en ont conſervés, tels que les ſuivans, *vin, cyprès, cumin, hyſope, myrrhe, marbre, granit.* Tous ces mots ſont encore des reſtes indubitables du langage phénicien, de même que la plupart de nos termes de marine.

Nos lettres paroiſſent également d'origine phéḣicienne. Cadmus, qui a introduit les lettres en Grece, étoit phénicien du côté de fon pere Agenor; & *Strabon* dit expreſſément que les Phéniciens fǫnt venus avec Cadmus en Grece.

Ce furent les Phéniciens qui apporterent des Indes, lieu originaire de la culture du vin, des feps de vigne en Grece, &, felon toute apparence, auſſi en Efpagne; tandis que la France reçut fes vignobles des Phocéens, qui les apporterent avec l'olivier à Marfeille, fix cens ans avant Jéfus-Chriſt.

Durant la feconde guerre punique, leurs defcendans, les Carthaginois, tranfplanterent le cyprès en Italie.

Les Égyptiens avoient creufé un canal, de Suez jufqu'à la Méditerranée, qui fubſiſta jufqu'à l'an 775, qu'Abul-Giafar-Almanzor, fecond Calife des Abaſſaides, Prince auſſi ignorant que lâche, le fit boucher & combler, de maniere qu'on n'en voit aujourd'hui prefqu'aucun veſtige.

L'Hiſtoire rapporte encore un trait qui fert à caraƈtérifer la politique de Carthage, dans la maniere dont elle s'empara de l'Efpagne. Ses négocians, qui couvroient la Méditerranée de leurs vaiſſeaux, fe préfenterent comme des amis, qui, en échange de métaux inutiles, offroient des commodités fans nombre. L'appât d'un commerce ſi avantageux en apparence féduifit les Efpagnols ; ils permirent à ces Républicains de bâtir fur leurs côtes des maifons pour fe loger , des magafins pour la fûreté de leurs marchandifes , des temples pour l'exercice de leur religion. Ces établiffemens devinrent infenfiblement des fortereffes dont Carthage fut profiter pour afservir des peuples crédules , toujours divifés entr'eux , toujours irréconciliables. En achetant les uns , en intimidant les autres , elle vint à bout. de fubjuguer l'Efpagne avec les foldats & les tréfors de l'Efpagne même.

Ces faits fervant à conftater le genre d'efprit qui regnoit dans ces premiers temps , eft-il à croire que , du moment même du bouleverfement & de l'anéantiffement de leurs villes , les hommes , les fciences & les arts fe foient perdus , fans qu'il en foit refté de traces ? Qui pourra jamais fe le perfuader ? Ne feroit-il pas plus convenable de fuppofer , d'après la connoiffance qu'on a du génie entreprenant de ces nations , qu'elles ont réellement fait ce que les Hollandois avoient envie de faire , lorfque , menacés d'un bouleverfement général par les armes victorieufes de Louis XIV , ils furent fur le point de s'embarquer fur leurs vaiffeaux , avec leurs richeffes , pour aller à Batavia. Voyant qu'il n'y avoit plus de reffource , quel

parti pouvoient-elles prendre ? Je ne puis me décider à croire qu'elles se soient soumises à un joug
qui devoit leur être insupportable , tandis qu'il
leur restoit encore des moyens pour se sauver &
pour se mettre à l'abri des loix que leur pouvoient
dicter les vainqueurs. Ce n'est pas que je prétende
qu'il s'est fait une entiere émigration ; je la restreins
aux Chefs , & à cette classe d'hommes auxquels le
desir de conserver leurs richesses & l'expérience
devoient avoir fait connoître de nouveaux débouchés. Ce qui m'engage à soutenir cette opinion ,
c'est l'anéantissement dans lequel ces peuples furent
subitement plongés , & l'entier oubli des sciences
qu'ils avoient le plus cultivées ; de sorte qu'après
la destruction de Tyr & de Carthage , il ne resta
aucun vestige ni de leur grandeur ni de leur
ancienne magnificence : on ne voit plus que des
ruines à la place où elles étoient situées. » La ville de
» Tyr , dit *Hasselquist* , autrefois la reine des mers ,
» n'est aujourd'hui qu'un simple & misérable vil-
» lage dans lequel on trouve tout au plus dix ha-
» bitans qui vivent de la pêche : la dureté des
» temps n'a laissé que quelques décombres , qui
» offrent aux yeux des voyageurs des débris de
» marbre , de porphyre & de granit ; ce sont les
» seules traces qui nous restent de sa magnificence
» passée ». « Pleurez donc , s'écrie le Prophete

» Isaïe, pleurez, vous qui fites autrefois le voyage
» d'Espagne. La ville sur laquelle étoit fondé votre
» bonheur est anéantie ». Carthage, la rivale de
Rome, eut dans la suite le même sort ; ses
restes n'offrent aujourd'hui que des cîternes, & à
peine sait-on qu'elle fut située sur les bords de
l'Afrique.

S'il est donc incontestablement démontré par
l'Histoire & pat d'autres preuves encore, que ces
mêmes pays, autrefois si peuplés, se sont trouvés,
après la conquête qui en a été faite, dans le même état de dépopulation où ils sont aujourd'hui ;
que devinrent donc leurs habitans ? Furent-ils
tous passés au fil de l'épée ? Furent-ils tous écra-
sés à la fois ? Ce sont des suppositions que rejet-
tera toute personne sensée : on trouvera plus naturel de penser qu'une grande partie d'entr'eux s'em-
barquerent avec leurs richesses, pour se réfugier
dans des pays qu'ils considéroient depuis long-
temps comme des contrées où ils pourroient se
retirer en cas d'événemens malheureux ; & ce qui
le confirme, c'est que *Platon*, *Diodore de Sicile*
& *Solon* nous parlent, long-temps avant leur bou-
leversement, d'un pays que les Carthaginois regardoient comme une retraite en cas de malheur.

Quoique le témoignage de leurs propres Historiens nous manque, parce que leurs ouvrages ont
été

été perdus, perſonne ne pourra cependant révoquer en doute que ces anciens commerçans n'aient connu la route des Indes, de la Chine & de l'Iſle de Chryſe ou Χρύσн.

Strabon ne ſavoit où placer cette Iſle ; mais *Pline* dit expreſſément dans ſon Hiſtoire naturelle, *liv. 6, ch. 21*, qu'elle eſt hors des embouchures de l'Inde, *Inſula eſt extra oſtia Indi*. Ce ſera donc le Japon qu'on aura appellé anciennement *Chryſe* ou *l'Iſle d'or* ; ce qui eſt confirmé par les Voyageurs qui y ont été, & nommément par *Linſchot*. Mais ſi les Phéniciens ont connu le Japon, peuvent-ils avoir méconnu l'Amérique, qui eſt ſur la même route, & la Chine qui n'en eſt éloignée que de 80 lieues, &c. ? D'ailleurs la maniere de vivre des Japonnois, leur maniere de bâtir & de couvrir leurs bâtimens de lames d'or, la diſtribution de leur pays, &c. ſont parfaitement ſemblables à ce qui étoit en uſage dans le Mexique & au Pérou, lorſque les Eſpagnols en firent la découverte.

Qu'on parcoure le XLVIᵉ chapitre des Voyages de *Marc Paul*, l. 3, on y verra que dans le XIIᵉ ſiecle les épiceries, les parfums & nombre d'autres marchandiſes étoient tranſportés des Indes au port d'Alexandrie. Si cette ville étoit encore au XIIᵉ ſiecle l'entrepôt général du commerce des trois parties du monde , comment pourra-t-on se perſuader que les plus célebres commerçans de l'antiquité , qui avoient fixé dans cette contrée même le centre de leur puiſſance , ne connurent pas ces routes par leſquelles les richeſſes de l'orient arrivoient à Alexandrie , dans des ſiecles & ſous un gouvernement barbares. S'ils ont établi des Colonies dans toutes les parties du monde alors connues , les Indes & la Chine durent ſur-tout attirer leur attention. C'eſt vers ces pays que leurs plus grandes tranſmigrations avoient été dirigées ; & dans le temps de leurs déſaſtres , ils en firent ſans doute leur aſyle. Il eſt inutile de répéter ce qu'ont dit M. *de Guignes* & M. l'Abbé *Barthelemy*, pour établir que les Chinois ſont des deſcendans des Égyptiens ; on me permettra ſeulement de faire quelques réflexions ſur les arts & les ſciences que ces premiers ont poſſédés d'un temps immémorial.

Pour que l'on pût conteſter que les Chinois doivent leurs connoiſſances aux Égyptiens & Phéniciens , il faudroit qu'une des quatre propoſitions ſuivantes fût vraie.

I. Que les ſciences , les arts & les connoiſſances des anciens Égyptiens , des Phéniciens & des Carthaginois , périrent avec la deſtruction de leurs Capitales.

II. Que les Chinois n'ont pas poſſédé ces

connoiſſances dans les premiers ſiecles de leur Empire.

III. Que s’ils les ont poſſédés, ils les ont cherchés chez nous & reçus de nous.

IV. Qu’ils en ont été eux-mêmes les inventeurs.

Or, admettre la premiere propoſition, ce ſeroit vouloir prétendre une choſe qui eſt contre le bon ſens ; & ſuppoſé que cela fût, il ſeroit toujours poſſible d’aſſurer & de dire qu’avant leur deſtruction même, ces peuples ont partagé leurs connoiſſances avec d’autres nations, par leur commerce & les Colonies qu’ils y envoyoient.

Soutenir la ſeconde, ce ſeroit fouler aux pieds toute la foi hiſtorique, & tous les témoignages de tant d’Auteurs, qui n’ont jamais eu aucun intérêt à diſſimuler la vérité, ni aucun profit à eſpérer en vantant le commerce & les ſciences d’un peuple avec lequel ils n’avoient rien de commun.

Quant à la troiſieme, j’ai peine à croire qu’il y ait un homme capable de ſoutenir un paradoxe contre lequel s’éleveroient toutes les preuves hiſtoriques, auſſi bien que l’expérience elle-même.

Pour détruire la quatrieme, il ſuffit de jetter les yeux ſur l’hiſtoire des peuples de l’antiquité ; on y verra que les Indiens & les Grecs ont reçu les arts & les ſciences des Égyptiens & des Phéniciens, & que ces derniers les ont tranſmis aux

Romains. On en peut dire autant de tous les autres peuples de l'univers.

Si aucune de ces quatre propofitions n'eft admiffible, parce qu'elles répugnent autant à l'autorité de l'Hiftoire qu'à l'expérience, il en réfulte qu'il faut convenir que les Chinois ont reçu les fciences & les arts des peuples qui poffédoient ces mêmes fciences avant eux, & qu'ils les ont enfuite perfectionnés eux-mêmes. On fe trouve d'autant plus entraîné vers ce fentiment, qu'il fuffit, pour s'en convaincre, de jetter les yeux fur les principaux objets de leur induftrie & fur les connoiffances qu'ils avoient relativement à la navigation : il faut donc convenir, & c'eft un fait hors de doute.

I. Que les anciens Égyptiens & les Phéniciens connoiffoient particuliérement l'art de teindre. La teinture en pourpre, branche très-lucrative de leur commerce, leur appartenoit exclufivement : or, cet art pouffé jufqu'au plus haut degré de perfection, auquel on n'étoit parvenu qu'avec lenteur, fait voir que les autres fortes de teinture ne leur étoient point cachées. Cet art, dit un Auteur fort connu, s'eft confervé en Amérique. Les Mexicains emploient pour cet effet un limaçon qui fe trouve fur les bords du Guyaquil, ainfi que fur ceux de Guatimala, & qui donne ce pourpre fi célébré par les anciens , & que les modernes croyoient perdu sans ressource.

Mais les Chinois possedent de temps immémorial l'art de teindre , de fabriquer des étoffes , des galangas , du coton , & de leur donner le lustre aussi bien & mieux encore que nous.

II. L'invention du verre avoit été attribuée mal-à-propos à plusieurs peuples auxquels cette gloire n'étoit pas due. M. Perrin a cru devoir fixer cette découverte au temps de la destruction de la tour de Babel ; cependant *Pline* nous apprend qu'elle appartient aux Phéniciens, qui l'ont trouvée par un effet du hasard. Un de leurs vaisseaux s'étant arrêté à l'embouchure du fleuve Belus , les matelots voulurent faire du feu , & ne trouvant que du sable autour d'eux , ils prirent, en place de pierre , pour lui donner un appui , des morceaux de salpêtre dont leur vaisseau étoit chargé. Le feu , au moyen du salpêtre , fit fondre le sable , & fit découler une matiere transparente, qui, en se réfroidissant , se forma en une masse de verre.

Les Chinois connoissent non seulement d'ancienne date l'art de faire le verre , mais ils l'ont perfectionné , ayant eu long-temps avant nous des verres pour l'usage commun , aussi bien que pour celui des arts ; & en y ajoutant quelques ingrédiens , ils en ont fait les premiers la porcelaine, qu'ils appellent *Facfour.*   K 3

III. Les Égyptiens & les Phéniciens se dirigeoient sur le cours des astres, lorsqu'ils voyageoient sur mer.

Les Chinois connoissoient non-seulement les astres, mais se servoient aussi de la boussole, onze cents ans avant Jésus-Christ ; au lieu que nous n'en connoissons l'usage que depuis le XIIIe siecle ; & la barbarie de ces temps-là est cause que nous ignorons jusqu'au nom de l'Inventeur. Pour ce qui regarde les Chinois, tous leurs Historiens, ainsi que les Voyageurs qui ont été à la Chine, nous rapportent que Tcheou-King , Ministre de l'Empereur Tching-Vang , de la Dynastie de Tcheou , donna aux Ambassadeurs du Roi de la Cochinchine un instrument , qui d'un côté tournoit toujours vers le nord , & de l'autre vers le sud , pour mieux diriger leur route en s'en retournant. Cet instrument se nommoit *Tchi-nan* , & c'est le nom qu'on donne encore aujourd'hui à la boussole, à la Chine.

Je pourrois ajouter quantité d'autres découvertes & de connoissances à celles dont je viens de parler ; mais je ne ferois que répéter des choses qui ont été prouvées long-temps avant moi : j'observerai seulement que , tandis qu'on ne trouvera point d'autres peuples de l'antiquité, aussi instruits que les Égyptiens & les Phéniciens , qui

aient pu communiquer aux Chinois les arts &
les sciences, qui fleurissent pour ainsi dire de temps
immémorial chez ces derniers peuples, je ne croi-
rai pas devoir ajouter foi à des conjectures qui ne
sont ni fondées en raison, ni prouvées par aucun fait.

Ce qui me confirme dans cette opinion, c'est
qu'entre beaucoup d'autres exemples conservés
dans les annales chinoises, je trouve qu'en 756 de
l'ere chrétienne, un rebelle, appellé Ganlochan,
ayant mis l'Empire de la grande Dynastie des
Tang à feu & à sang, pris & saccagé Siganfou,
capitale de l'Empire, il arriva un grand nombre
de vaisseaux arabes & persans, & des autres peuples adjacens à Canton : ils venoient pour secourir
la Dynastie des Tang ; les Tang les en avoient
donc requis. Mais par quelle raison ces peuples
éloignés prenoient-ils tant de soin pour secourir
la Dynastie des Tang ? Pouvoit-ce être l'intérêt
particulier ou des motifs de commerce ? Mais leur
commerce avec les Chinois ne pouvoit se perdre
par cette révolution, puisqu'elle n'occasionnoit
qu'un changement de Chef. Ces peuples étoient
donc venus par amitié au secours des descendans
de ceux avec lesquels ils avoient depuis plusieurs
siecles des liaisons de commerce, & avec lesquels
ils avoient entretenu par ce moyen une bonne
intelligence. S'il est donc constaté par des faits

qu'encore dans l'année 756 de l'ere chrétienne, l'amitié & la correspondance ancienne subsistoient entre les Chinois & les peuples dont ils tiroient leur origine, de simples raisonnemens pourront-ils déterminer à embrasser une opinion contraire?

Je rapporterai encore, à l'appui de mon sentiment, les inductions que l'on peut tirer de la signification même du terme de Chine.

Les Cartes & l'Histoire de la Chine appellent l'Océan, sur le rivage duquel se trouve la province de Mangie, la mer Cyn, & de ce mot Cyn est venue, selon toute apparence, la dénomination de Chine. Ce mot peut s'écrire de la maniere suivante : Schin , Tzin , Zin , Tschin , Dsin. Voyons tous les mots qui en naissent. *Schin* signifie un homme ; *Tzin* ou *Zin*, un endroit serein & clair : delà ces mots chinois : *Schui-Zin*, de l'eau claire ; *Zin-Guan*, un homme clair ou juste; *Tschin* est le nom de la grande muraille qui entoure la Chine; mais comme elle n'a été bâtie que long-temps après que l'Empire eut reçu son nom , on ne peut tirer aucune conséquence de ce terme. *Dsin* signifie un Royaume. A laquelle de ces idées faudra-t-il se tenir pour en dériver le nom de l'Empire de la Chine?

Les anciens Égyptiens & les Phéniciens avoient les planetes en grande vénération ; c'est pourquoi

Manethon, l. 1, *Apotelesm.*, v. 203, dit : « Offrez
» les sacrifices à Saturne , à Mars, à Mercure , à
» Vénus , à Jupiter , à la Lune & au Soleil-Roi ;
» car ils dominent sur les Dieux & sur les hom-
» mes , sur la mer , sur les fleuves, sur les vents ,
» sur la terre féconde & sur l'air éternel ».

Ces mêmes peuples distinguoient entre les étoiles , la petite Ourse , parce qu'elle étoit leur principal guide dans leurs expéditions maritimes ; &
comme ils étoient en usage de donner une épithete à chaque planete , surnommant Mars, l'*en-
flammé* ; Vénus , la *féconde* ; Mercure , le *doré* ,
&c. ils donnerent à la petite Ourse l'épithete de
Cyn ou lucide , par opposition à Saturne , qu'ils
appelloient le *ténébreux* , le *sombre* : ainsi se forma
le nom de *Cyn-Osure* , porté par l'Ourse , & que
les Interprêtes dérivent de deux mots grecs , qui
signifient la queue du chien , ce qui n'a aucun fondement ; car le mot est phénicien , & veut dire
rassembler la lumiere sur un point ou lucide. Il est
donc vraisemblable que les Phéniciens , après
avoir abordé à la Chine sous la direction de leur
guide ordinaire , c'est-à-dire , de la petite Ourse ,
qu'ils appelloient *Zin* , Φαίνοντα , *lucidum* , *lucen-
tem* , ils donnerent en action de graces à l'Océan ,
sur le rivage duquel ils avoient abordé , le nom de
Cyn , & au pays le nom de Chine , parce que

fans le fecours de ce guide, ils n'y feroient jamais parvenus. Prouvons par un autre exemple que les Égyptiens étoient dans l'ufage de donner de pareils noms.

Hérodote rapporte qu'Hercule a paffé les Colonnes d'Hercule, c'eft-à-dire, le détroit qui fépare l'Europe & l'Afrique, difant que c'étoit lui qui l'avoit formé, en détruifant les collines qui uniffoient ces deux continens, & en s'ouvrant ainfi un chemin par mer. *Mela*, 1, 5, & 2, 6; *Solin*, 36, n. 499. Mais le nom de ce Héros eft phénicien d'origine. *Harokle* fignifie un Capitaine expérimenté par mer; & ce qui eft bien remarquable, c'eft que ce même perfonnage reçut avec fon temple le furnom de Cynos-Arges, mot compofé de *Cyn*, *Cynos*, luifant, nom de la petite Ourfe, qui étoit toujours fon conducteur, & du mot *Argos*, qui défignoit la longueur des vaiffeaux fur lefquels il alloit par mer. Pouvoit-on mieux défigner un homme qui, au moyen de la lumiere de la petite Ourfe, traverfe les mers fur de longs vaiffeaux? *Voyez* Bochart *de Coloniis Phœnicium*, p. 819 & 820. Le nom même de l'Empire de la Chine tireroit donc également fon origine des coutumes phéniciennes.

Ces preuves accumulées paroiffent fuffifantes pour diffiper tout doute fur cet objet.

Si nous devons à un commerce étendu la connoiffance du globe ; fi c'eft lui qui a étendu la
fphere de nos lumieres fur une infinité d'objets ;
s'il a donné naiffance à l'ufage de former des
Colonies, ainfi qu'il fut pratiqué par les Égyptiens, il faudra convenir que ces mêmes raifons
ont pu déterminer les Chinois & les Africains à
chercher la route de l'Amérique ; d'autant plus
que l'on trouve chez ces divers peuples les mêmes
coutumes, les mêmes ufages, & enfin les mêmes
mœurs ; en forte que quelqu'éloignés qu'ils
foient les uns des autres, leurs rapports paroiffent
plus marqués que ceux qu'on pourroit leur trouver avec tout autre peuple de l'univers. On pourroit par conféquent préfumer que Manco Capac,
fondateur du Royaume de Pérou, & le premier
des Incas, y arriva avec les premiers habitans
chinois.

CHAPITRE VII.

Découvertes faites par les Russes, en allant du Kamtschatka en Amérique.

Des Savans distingués ont soutenu en divers temps que l'Amérique étoit primitivement jointe à quelqu'une des parties de l'Ancien-Continent : de ce nombre sont *Adrien Reland*, dans sa *Dissertation sur le langage des Américains*, tit. 12 ; & M. *de Maupertuis* dans ses Œuvres (*édit. de Berlin*, 1753, p. 406), qui pensoit que l'Amérique étoit unie avec les trois autres parties du monde, ou du moins n'en étoit séparée que par quelque détroit.

Malgré les fortes présomptions qui venoient à l'appui des conjectures qu'avoient formé ces Savans, l'on n'avoit pu constater, par l'expérience des Voyageurs, l'endroit où l'Amérique approche de plus près l'Ancien-Continent.

Lorsque le Czar Pierre Ier, étant en Hollande, proposa aux Hollandois de lui fournir quelques navigateurs expérimentés pour découvrir à ses frais un passage aux Indes par la mer Glaciale, qu'ils cherchoient inutilement depuis long-temps, & que les Chinois prétendoient connoître, il leur promettoit en même temps de partager avec eux les profits du commerce avec ces contrées ; mais les Hollandois rejetterent ces propofitions, dans la crainte que , lorfque ce paffage feroit décou-vert, ce Prince ne s'en appropriât tout le profit.

Pierre Ier étant venu quelques années après à Paris, l'Académie des Sciences propofa à ce Prince, qui l'honora de fa préfence , de faire conftater les recherches fuivantes.

I. De combien l'Amérique étoit éloignée des confins du Kamtfchatka les plus reculés vers le nord-eft.

II. Si la partie feptentrionale du Kamtfchatka vers le promontoire de Tfchutfchi , appellé an-ciennement le Cap Tabin, n'étoit pas le pays qui avoifinoit le plus l'Amérique , ou même ne lui étoit pas contigu , fuivant les conjectures de beau-coup de perfonnes.

Pierre Ier ne négligea pas des propofitions qui lui fembloient mériter la plus grande attention de fa part ; de retour dans fon pays, il en parla à ceux qu'il crut en état de remplir cet objet : il prit là-deffus les plus fages précautions ; & defi-rant avant tout de raffembler fur le Kamtfchatka des éclairciffemens indifpenfables pour fes vues , la Cour de Juftice établie à Mofcou fous le nom de *Sibirskaja Prikafa* , lui fournit ceux qu'elle confervoit depuis long-temps dans fes archives, fur ces contrées, & particuliérement les relations que *Volodimer Atlaſſow Pœti-Deſetnik*, c'eſt-à-dire, *Capitaine de cinquante Coſaques*, y avoit dépoſées, à fon retour du voyage qu'il avoit entrepris en 1701 depuis Jakuzk juſqu'à la mer Glaciale, & enfuite le long de la côte feptentrionale de la Sibérie juſqu'au Kamtſchatka.

Le Kamtſchatka eſt une prefqu'Iſle jointe à la Sibérie. Quoiqu'elle ait été découverte dès l'année 1643 par les Hollandois & par les Ruſſes, qui avoient été plus d'une fois reconnoître ce pays, vers la fin du dernier fiecle, & qui ont achevé leurs recherches dans celui-ci, les étrangers n'en ont pas encore une connoiſſance circonſtanciée. A l'égard des éclairciſſemens qui furent donnés par Atlaſſow, ils ne rouloient en grande partie que fur des choſes déjà connues, & fur l'avantage que le commerce retireroit par les voyages qu'on pourroit faire dans le Kamtſchatka, pays riche en martres, en zibelines & en caſtors, dont chaque peau pourroit fe vendre à la Chine juſqu'à foixante roubles.

Le Prince Gagarin, Gouverneur de Sibérie, que fes exactions ont rendu malheureufement célebre, inſtruit de la valeur conſidérable de ces fortes de fourrures, chargea de fon propre chef, en 1712, un Caporal fuédois de s'embarquer à Kamtfchatka pour paffer en Amérique; celui-ci s'étoit fait conftruire un petit vaiffeau pour faire le trajet, mais il revint au bout de fix jours.

En 1713, le Prince Gagarin envoya de nouveau, pour la même deftination, un Lieutenant fuédois, nommé Malyn, qui parvint effectivement en Amérique; mais qui y refta très peu de temps, & qui fit à ce Gouverneur un rapport qui eft refté inconnu.

Ces expéditions ne donnerent donc aucun des éclairciffemens que le Gouvernement defiroit, parce que M. Gagarin étoit moins curieux de s'inftruire de la pofition du pays, que des profits qu'on pourroit en tirer, foit par le commerce, foit par la découverte des productions & des richeffes que ces nouvelles contrées pouvoient renfermer.

Pierre Ier peu fatisfait des relations qui lui avoient été faites jufqu'alors fur ce qui concerne le Kamtfchatka, envoya en 1714, fur les remontrances de fon Grand-Maître de l'Artillerie, M. le Comte de Bruce, une ordonnance au Commandant de Nertfchinsk, portant qu'il feroit envoyé deux hommes aux frontieres de la Ruffie chargés de s'y embarquer, & de voir s'il n'y auroit pas moyen de découvrir dans ces parages quelques pays inconnus. L'ordonnance fut exécutée; &

quoique ces deux hommes n'euſſent pas les moindres notions ſur l'art de la navigation, ils eurent cependant, à la diſtance de quelques lieues, le bonheur d'aborder à la Terre-ferme ; mais étant prêts à leur retour de toucher au Kamtſchatka, une tempête les fit périr.

Cette entrepriſe ayant échoué, Pierre Ier, peu de temps avant ſa mort, ordonna, ſoit pour s'acquitter des promeſſes qu'il avoit faites à l'Académie des Sciences de Paris, ſoit pour ſatisfaire ſa propre curioſité, qu'on fît un ſecond voyage en partant de l'Océan oriental pour faire voile vers le nord ; il enjoignit en même temps que l'on cotoyât les frontieres de la Sibérie, afin qu'on pût s'aſſurer ſi du côté du nord elle ſe trouvoit par-tout environnée par les eaux de la mer, ou ſi elle tenoit à l'Amérique par quelques langues.

Sa mort ayant prévenu l'exécution d'un projet auſſi intéreſſant, l'Impératrice Catherine ſa veuve, ſur les remontrances réitérées du Comte de Bruce, chargea, au mois de Février 1725, le Capitaine Bering de cette commiſſion. Ses inſtructions portoient qu'il feroit les recherches les plus exactes ſur les frontieres de la Sibérie vers le nord-eſt, pour ſavoir ſi de ce côté la Sibérie ſe joignoit à l'Amérique, ou s'il exiſtoit entre ce pays & l'Amérique un paſſage libre par mer.

Bering

Bering fe portant, fuivant fes inftructions, vers le nord-eft, parvint jufqu'au 67ᵉ degré 18 minutes de latitude feptentrionale, & découvrit par fes obfervations, que la diftance de l'embouchure de la riviere de Kamtfchatka jufqu'au 67ᵉ degré 18 minutes, étoit de 11 degrés 10 minutes de latitude, & de 30 degrés de longitude vers l'eft ; & que fi la glace n'empêchoit point le paffage dans certaines faifons, on pourroit venir par mer à Kamtfchatka : découverte confirmée par les relations des archives de Jakuzk, qui difent qu'à la fin du fiecle paffé les habitans des embouchures de la Lena, qui ne font point des matelots ni des marins inftruits, mais de fimples payfans, avoient déjà entrepris des voyages par mer de la Lena au Kolyma. Ces mêmes relations rapportent l'exemple d'un payfan de Jakuzk qui, en 1648, ayant entrepris le voyage de la Lena au Kolyma, étoit venu en faifant le tour du Cap Tfchutfche, jufqu'auprès du fleuve Anadir. Ce payfan queftionné à fon retour, pour favoir comment & de quelle façon il s'y étoit pris pour entreprendre un auffi long voyage, fe mit à rire, & répondit fimplement : tous mes compatriotes font capables d'entreprendre le même trajet que je viens de faire ; rien ne les arrêtera non plus que moi ; ils n'ont qu'à aller toujours, comme je l'ai fait, le long

L

des côtes, ils trouveront à la fin un canal dans lequel le plus grand vaisseau peut faire voile ; après quoi, dans une bonne saison, la glace leur sera aussi peu à charge qu'elle me l'a été à moi-même.

Le Capitaine Bering revint de son voyage au Kamtschatka, dans l'an 1730, sous l'Impératrice Anne, aussi disposée pour le bonheur de ses peuples que l'avoit été Catherine Iere; elle témoigna le plus grand desir de continuer ces expéditions, & voulut savoir au juste de combien l'Amérique est éloignée de l'Asie : en conséquence, quoique l'Ingénieur Gwosdew eût fait dans cet intervalle le trajet de l'Asie en Amérique, elle ordonna néanmoins au Capitaine Bering de faire un second voyage, qu'il entreprit en 1741, sur deux vaisseaux, dont l'un étoit commandé par lui, & l'autre par le Capitaine Tschirikoff. Sur le vaisseau de Bering se trouvoit M. *Steller*, Adjoint de l'Académie des Sciences de Saint-Péterfbourg ; & le vaisseau de Tschirikoff portoit Louis la Croyere *de l'Isle*, Professeur d'Astronomie dans la même Académie.

Ces deux vaisseaux, qui devoient se suivre & s'accompagner pendant tout le cours du voyage, ne se suivirent cependant pas long-temps ; car ils se perdirent de vue, suivant le calcul de M. Bering, au 51e degré, où se trouvoit le Continent de

l'Amérique , & où le vaisseau de Tschirikoff
aborda. Quelques personnes du vaisseau de Bering
soutinrent aussi avoir apperçu le Continent ; mais
on ne voulut ni les croire ni approcher de plus
près. Il découvrit cependant , entre le 50e & le
56e degré de latitude septentrionale , une grande
quantité d'Isles ; celle à laquelle il donna son nom ,
celles de *Mednoi* , de *Saint-Théodore* , de *Saint-*
Abraham , de *Saint-Macaire* , & plusieurs autres.
Le 18 Juillet 1741, il apperçut de nouveau , sous
le 60e degré , le Continent ou la Terre-ferme de
l'Amérique , au travers de quantité d'Isles ; mais
on ne l'en crut pas davantage que la première fois ,
& on passa sans aborder.

Le voyage de Kamtschatka en Amérique a été
entrepris depuis ce temps-là par plusieurs particuliers , principalement par une compagnie de
marchands Cosaques & autres , dont le projet étoit
de s'enrichir, en faisant le commerce des fourrures
avec les peuples de l'Amérique. Leur embarque-
ment se fit en 1766 , sous la conduite du Lieutenant *Sinda :* ils trouverent , depuis le 56e jusqu'au
67e degré de latitude septentrionale , quantité
d'Isles , dont les plus remarquables sont celles de
Kanaga, de *Tschetchina* , de *Tagalak* , d'*Achta* ,
celles d'*Amlia* , de *Kad-Jak* , d'*Umnak* , &c.
De ces Isles , ils allerent débarquer sur la Terre-

ferme de l'Amérique ; leur voyage ne fut pas infructueux : ce sont eux qui apporterent le beau renard noir dont la Cour de Ruffie fit préfent au Prince Henri de Pruffe, & qui, à caufe de fa beauté, paffe pour être d'un prix ineftimable.

Le Gouvernement, pour encourager la compagnie des négocians chargés du commerce dans fes établiffemens américains, leur a fait préfent d'une médaille d'or fur laquelle fe trouve le portrait de Sa Majefté, & ils la portent attachée avec un ruban bleu à la troifieme boutonniere.

Enfin le Gouvernement ordonna une derniere expédition, laquelle a confirmé non feulement tout ce qu'on favoit du voyage de Kamtfchatka en Amérique, mais qui a fervi en même temps à vérifier le chemin que Bering avoit fait en partant de Jakuzk. Voici le détail de cette expédition. En 1764, on fit choix de cinq Officiers de la flotte ruffe, favoir, des Capitaines Tfchitfchakoff, Pannoff, Babajeff, Krenizin & Levafcheff, auxquels on ne donna pas, comme autrefois, de fimples inftructions, mais on leur traça fur des cartes la route qu'ils devoient fuivre. On promit des récompenfes pour ceux qui fe diftingueroient le plus ; à celui qui iroit jufques à un tel degré, le titre de Capitaine du premier rang ; s'il parvenoit à un degré plus avant, il devoit être nommé auffi-tôt Contre-Amiral ; s'il doubloit le Cap Tfchutfche , il devoit avoir le grade de Vice-Amiral.

Ces Capitaines partirent en 1764 de Saint-Péterfbourg ; trois d'entr'eux firent bâtir à Arcangel, pour ce voyage, trois skunards , efpece de petits navires. Il étoit convenu que le Capitaine Tfchitfchakoff & Levafcheff viendroient à leur rencontre , en partant d'un des ports de Kamtfchatka. Ils exécuterent leur voyage fi fecrétement, qu'à Saint-Péterfbourg même , fort peu de monde fe douta de leur véritable deffein ; on crut prefque généralement qu'ils n'étoient allés que pour faire des recherches relatives à la mer Blanche, appellée *Beloi-Reka* , & pour la mefurer. Ils revinrent tous excepté Krenizin , qui, lors de retour à Arcangel , fe divertiffant à une partie de pêche , eut le malheur de faire capot avec fon bateau , & de fe noyer. Tfchitfchakoff à fon retour fut fait fur le champ Vice-Amiral du port de Reval ; Levafcheff, Pannoff & Babajeff préférerent des penfions , & fe retirerent fur leurs terres , pour y paffer tranquillement le refte de leurs jours.

Cette expédition eft la derniere qui ait été entreprife par ordre du Gouvernement : les réfultats firent entrevoir le profit qu'on pourroit tirer du commerce des fourrures. Le Gouvernement a engagé 14000 Cofaques de l'Ukraine à aller s'établir à Kamtfchatka & aux environs. Une ordonnance du 26 Décembre 1775 a établi une école de navigation à Jakuzk, où les jeunes gens que l'on y éleve apprennent, outre l'art de la navigation & plufieurs langues européennes, tout ce qui eft relatif au commerce avec le Japon & avec les peuples qui habitent le nord de l'Afie, ainfi que les langues qui y font ufitées. L'objet de cet établiffement eft de former des jeunes gens propres à être employés, tant pour les découvertes à faire, que pour mettre en activité le commerce qui peut fe faire des vaftes contrées du Kamtfchatka aux parages de l'Amérique & du Japon.

Après ce récit fuccint des expéditions faites de Kamtfchatka en Amérique, il refte à examiner fi les nations qui habitent les côtes de l'Afie oppofées à l'Amérique feptentrionale, n'ont pas peuplé une partie de ce Continent, & à quelle diftance fe trouvent les côtes des deux Continens. Je me fervirai pour cet effet du Journal que M. *Steller* compofa en allant de Kamtfchatka en Amérique. Cet Auteur, dont le génie éclairé & jufte n'admettoit pour bafe de fes relations que l'exacte vérité, rapporte :

I. Qu'il a vu, peu après avoir quitté le port

d'Awatfcha, fous le 60e degré de longitude, la Terre-ferme de l'Amérique, & peut-être la même côte où l'Ingénieur Gwofdew avoit abordé en 1730.

II. Qu'aujourd'hui on ne trouve plus en aucun endroit l'Amérique jointe à l'Afie.

III. Mais que, felon toutes les apparences & les indices qui en reftent, l'Amérique y a été unie autrefois, parce que le trajet du Cap *Tfchu-tfche* ou *Tfchukozkoi-Noff* jufqu'en Amérique, n'eft aujourd'hui que de fept à huit lieues tout au plus ; mais que fi l'on ne vouloit pas admettre ce point, il faudroit du moins convenir que la communication n'étoit interrompue que par un trajet extrêmement court. Ceci fe démontre plus encore par l'archipel que les Ruffes ont découvert depuis peu, qui fait voir clairement en différens endroits que ce n'eft qu'un Continent brifé ; parce que plufieurs des Ifles qui forment cet archipel fe fendent, fe brifent & diminuent encore journellement & fous les yeux des Voyageurs.

Quant à la queftion, fi l'Amérique a été autrefois jointe à l'Afie, M. *Steller* prouve l'affirmative par la chaîne de montagnes efcarpées & fendues de tous côtés, qui borde ce Continent, & dont il fe détache fans ceffe des rochers qui fe précipitent dans la mer. En effet, on apperçoit de loin les côtes de l'Amérique, qui paroiffent s'élever du fein des eaux comme des remparts inébranlables ; mais à mefure qu'on approche, on les trouve tellement rompues & pleines de fon- drieres, qu'il n'eft plus poffible de douter de leur diminution continuelle, & qu'on ne fauroit appré- cier les ravages qu'y ont caufé les eaux de la mer depuis un certain nombre d'années. M. *Steller*, non content d'avoir examiné l'effet de ces écrou- lemens, nous en découvre en même temps la caufe : il obferve que les tremblemens de terre font plus fréquens dans ces contrées que dans toutes les autres parties du monde, & fi deftructeurs, que prefque toutes les fois qu'ils arrivent, il a vu, en jettant les yeux fur les côtes de la Terre-ferme de l'Amérique, de grandes maffes de rochers fe détacher & fe précipiter tout-à-coup dans la mer avec une quantité exceffive d'arbres & de décom- bres entraînés par la chûte ; de forte que la partie qui formoit autrefois une longue chaîne de ro- chers & de montagnes, a fait place à la pleine mer, & que le détroit qui fépare l'Afie de l'Amé- rique s'élargit chaque jour.

C'eft à tort cependant que quelques perfonnes, en confidérant les fréquens tremblemens de terre auxquels l'Amérique feptentrionale eft fujette,

l'ont regardée comme une terre ftérile & ingrate ;
M. *Steller* obferve judicieufement que ces écrou-
lemens de montagnes ne proviennent pas de la
détérioration du pôle , & que ces tremblemens
de terre ne tirent leur origine que des mines ren-
fermées & cachées dans les entrailles de la terre ,
& qui , n'étant pas exploitées , font fauter ces
énormes maffes de rochers. Ceux qui croient ,
ajoute-t-il , qu'il fait trop froid dans ces contrées
pour qu'il s'y trouve des mines , font dans l'erreur. On peut citer la Sibérie : quelque froide
que foit cette contrée , on y découvre encore
aujourd'hui dans les montagnes , & en creufant
la terre , des mines de toute efpece. Outre les
métaux ordinaires , on y trouve les minéraux les
plus précieux : le cuivre y renferme tant de veines d'or , qu'on ne prend pas feulement la
peine de les féparer ; on en frappe de la monnoie , quoiqu'on ne s'en ferve que dans le pays ,
parce que l'exportation en eft défendue. Il y a
quelques années qu'en Sibérie on a vu un volcan
brûler & confumer une mine de cuivre , fans
cependant que la montagne ait éclaté ; parce que
la veine & les couches de ce métal étoient encore
trop foibles & trop petites : il eft feulement arrivé
que cette veine , qui étoit autrefois de très-bon cui-

vre, est devenue toute noire, & n'est plus propre aujourd'hui à aucun usage.

Il en est autrement lorsque les mines sont plus fournies de soufre & de matieres inflammables ; & ceci peut faire comprendre quels dégâts doivent occasionner les mines qui se trouvent en grande quantité sur les côtes de l'Amérique. Concluons donc avec M. *Steller* que le froid même le plus grand n'est point du tout destructif pour les mines. On peut même confirmer ce sentiment par le récit de plusieurs autres Voyageurs qui ont pénétré dans le nord. M. *Ellis*, dans sa description de la Baie de Hudson, parle, non par ouï-dire, mais pour avoir été lui-même sur les lieux, d'un grand district qui étoit éloigné d'environ sept lieues de leur Fort, comme étant couvert de pierres, parmi lesquelles on trouvoit une quantité considérable de pyrites parfaitement rondes, & à-peu-près de la grosseur d'un boulet de canon de six livres. Les Anglois qui y demeurent s'imaginent que cette forme leur a été donnée exprès par les François, afin de s'en servir dans leurs canons lorsqu'ils attaqueroient le Fort : cependant nous devons plutôt regarder ces pyrites comme un phénomene remarquable de l'Histoire naturelle, & comme une preuve certaine que ce pays est rempli de métaux, & même des plus précieux ; car les pyrites renferment toujours un peu d'or ; elles font souvent très-riches en argent, mais il eft rare qu'on y trouve du plomb ou de l'étain. M. *Ellis* dit ailleurs : « Quant aux minéraux, il eft certain » qu'il s'en trouve ici des quantités prodigieufes » de différentes efpeces. J'ai trouvé moi-même de » la mine de fer, & l'on m'a affuré qu'on voit » par-tout de la mine de plomb fur la furface de » la terre à Churchil, fans parler d'une mine de » cuivre extrêmement riche, dont les Indiens » feptentrionaux apportent fouvent des morceaux » tels que j'en conferve un moi-même dans mon » cabinet ».

Il ne faut pas oublier d'ailleurs qu'à Kamtf-chatka, qui eft auffi un pays froid, on trouve des mines de cuivre natif en fi grande quantité, qu'on en voit des fragmens épars fur les chemins comme des grains de fable. M. *Steller* nous rapporte que de toutes les haches qu'il a vues en Amérique, il en a trouvé fort peu de pierre, mais prefque toutes de cuivre, & d'une couleur auffi rouge que l'écarlate.

Les volcans dont les éruptions font fréquentes dans l'Amérique feptentrionale, n'occafionnent pas feulement, par l'éboulement des montagnes qui garniffent la côte, l'élargiffement du bras de mer qui fépare l'Amérique d'avec l'Afie ; mais ces tremblemens de terre expliquent en même temps pourquoi certaines portions de la mer Glaciale fe comblent par l'écroulement des terres, tandis que, par le changement de fon lit, fes eaux vont fe reverfer dans d'autres endroits : il eft évident que fi des chaînes de montagnes s'affaiffent & fe précipitent dans la mer, elles doivent former dans la maffe des eaux un volume affez confidérable pour détourner leur cours d'un autre côté, & pour fécher une partie de leur ancien lit. Telle eft l'étendue de terrein qui fe trouve au-delà des habitations des Jukagires, peuple qui demeure entre les fleuves Lena & Kolyma, & principalement vers le *Kara-Ulach* ou *Kara-Urak*, c'eft-à-dire, *Ruiffeau noir*. Les Archives de Jakuzk nous apprennent que cette contrée étoit autrefois une Ifle de la mer Glaciale, au lieu qu'aujourd'hui elle eft jointe au Continent ; mais l'on y remarque deux chofes très-importantes : la première, que le fonds du fol eft compofé de couches de limon & d'argile, femblables à celles qu'on trouve au fond des rivieres & de la mer ; la feconde, que fur ce canton, qui peut avoir 200 verftes de longueur, l'on trouve les côtes jonchées de troncs d'arbres, quoique le fol n'en produife point ; la mer les y charie des terres voifines, & en fi grande quantité, qu'on trouve dans plusieurs endroits des bûchers entiers où le bois est entassé comme des montagnes. Ces bois sont de mélèse ou de larix, de cedre, de pin & de sapin.

C'est ainsi que le même Écrivain observe dans son Histoire du Kamtschatka, *chap. VIII*, que parmi les arbres du Kamtschatka, l'on remarque non-seulement le larix & le sapin qui croissent sur les montagnes, & qui sont si épais, si hauts & si compactes, qu'ils peuvent être employés aussi-bien à la construction des vaisseaux qu'à celle des maisons ; mais qu'on y trouve même du sapin blanc & des tas de pins & de cedres qui ne croissent pas dans le pays ; mais qui sont jettés sur le rivage par les eaux de la mer : ce qui faisoit présumer qu'il devoit exister un grand pays près du Kamtschatka, ainsi que l'expérience l'a heureusement prouvé.

C'est ainsi qu'on trouve sur les côtes de plusieurs autres pays froids, tels que le Groënland & l'Islande, des arbres de toute grandeur, des bois flottés, amenés par les eaux des terres voisines qui sont boisées. Il s'est élevé à ce sujet parmi les Savans une très-longue dispute, pour savoir d'où pouvoit venir ce bois. On supposoit qu'il venoit de l'Amérique ; mais la difficulté étoit d'en expliquer le comment. Mais on ne peut plus douter que ce bois ne vienne de l'Amérique, de ces mêmes rochers qui se précipitent journellement dans la mer, & sur lesquels M. *Steller* rapporte qu'il a non-seulement trouvé les mêmes especes de bois, mais des forêts si touffues, qu'on pouvoit à peine entrevoir les rayons du soleil. Outre ce qu'il en dit dans son Histoire du Kamtschatka, il en parle encore d'une maniere plus détaillée dans ses manuscrits.

Ce sont, comme nous avons dit, les tremblemens de terre qui sont la cause de toutes ces dégradations ; ils n'ont pas seulement lieu sur les côtes de l'Amérique septentrionale, mais aussi dans le plat pays & sur les Isles qui se trouvent dans un archipel nouvellement découvert, entre le 50e & le 67e degré de latitude septentrionale. *Steller* cite pour exemple ce qui lui est arrivé sur l'Isle de Bering, qui est au 56e degré de latitude septentrionale, où il avoit été obligé de passer l'hiver pour radouber son vaisseau : « Nous éprou-» vâmes, dit-il, plusieurs secousses de tremble-» mens de terre, qui détachoient chaque fois des » pans entiers de rochers, & laissoient de telles » traces de leur commotion, qu'il y avoit des » fondrieres qui traversoient l'Isle d'un bout à » l'autre ». C'est sur cette même Isle qu'est mort le Capitaine-Commandeur Bering,

Ces découvertes & ces obſervations de M. *Steller* conſidérées en elles-mêmes, prouvent avec autant de clarté que d’évidence que l’Amérique a été jointe anciennement à l’Aſie. On pourroit même s’appuyer à cet égard d’une mappemonde trouvée dans le monaſtere des Moines de Kiovie, & dépoſée aujourd’hui dans l’Académie des Sciences de Saint-Péterſbourg : elle fixe le trajet du Kamtſchatka en Amérique, à-peu-près à moins d’une demi-lieue : or, en remontant à quelques ſiecles plus haut que le temps où cette mappemonde a été dreſſée, il n’y auroit rien de ſi naturel que de croire que l’Amérique a été jointe à l’Aſie. Mais pour contenter les perſonnes plus difficiles, qui, malgré toutes ces raiſons, s’obſtineroient à ſoutenir que la mer a de tout temps formé une ſéparation entre l’Amérique & l’Aſie, ſuppoſons que ce trajet ait été d’une demi-lieue, il n’en ſera pas moins conſtant que l’Amérique a pu être peuplée par le nord de l’Aſie : mais M. *Steller*, qui vouloit joindre la certitude aux probabilités, compara les Eſquimaux & les Hurons, peuples de l’Amérique ſeptentrionale, avec les Kamtſchadales, les Groënlandois, les Korœkes, les Tſchutſches, & enfin les Japonois ; il trouve qu’ils ont entr’eux une grande reſſemblance, tant par leur habillement & leurs manieres extérieu-

res, que par leurs mœurs, leurs coutumes &
leur genre de vie. Voici à quoi se réduisent ses
principales observations.

I. Tous ces peuples étoient partagés en tribus
ou familles, que gouvernoit le plus ancien ou le
pere de famille. Lorsqu'on a découvert le Nouveau-Monde, on a trouvé les peuples partagés
en différentes familles, qui dépendoient toutes
d'un Chef de famille, appellé *Cacique*.

II. Leurs canots, dit M. *Steller*, font d'une
conſtruction très-convenable à leurs beſoins, aiſés
à tranſporter ſur terre & à mouvoir dans l'eau. Ils
font faits de bois ou de côtes de baleine fort min-
ces, & entiérement recouverts de peaux de veaux
marins, à l'exception d'une ouverture pratiquée
au milieu, qui a un rebord de côtes de baleine
ou de bois, pour empêcher l'eau d'y entrer ; ce
trou eſt fait préciſément de maniere qu'un ſeul
homme puiſſe y entrer & s'aſſeoir dans le canot,
en étendant ſes jambes en avant ; il y en a où de
ce rebord il s'éleve tout autour un morceau de
peau que l'homme aſſis dans le canot lie autour
de ſon corps, & qui le garantit abſolument de
l'eau. Ils mettent ſur les coutures une eſpece de
goudron ou de colle compoſée, à ce qu'on prétend, d'huile de veaux marins. Ils tranſportent
dans ces canots tout ce qui leur eſt néceſſaire,

&

& les inſtrumens pour la pêche des baleines , des chevaux marins , des licornes , des veaux marins , &c. Ces petits canots ne ſont que pour les hommes ; ils ſont pointus des deux bouts , & ont environ 20 pieds de long ſur 18 pouces ou 2 pieds de large. L'homme qui eſt dedans n'a qu'une rame , mais qui eſt applatie des deux bouts , & qui ſert à ramer alternativement , tantôt d'un côté , tantôt de l'autre. Outre ces petits canots , ils en ont d'autres qui ſont beaucoup plus grands & plus ouverts , & dans leſquels les femmes ſont obligées de travailler à la rame. Ces canots ſont conſtruits avec les mêmes matériaux que les précédens , & aſſez forts pour porter plus de vingt perſonnes à la fois.

III. Les peuples aſiatiques dont on a parlé plus haut ont auſſi un inſtrument ſemblable à celui des Américains pour allumer le feu ; ils prennent deux petites planches de bois ſec , & les ayant applaties , ils font dans chacune un petit trou , dans lequel ils paſſent une fiche de bois qu'ils entortillent d'une corde ; enſuite ils tournent la corde avec tant de rapidité , que le bois prend feu par le frottement ; puis ils poſent le bois allumé contre une eſpece de mouſſe ſeche qui leur ſert d'amadou.

IV. Ce ne ſont pas là les ſeuls meubles communs à ces peuples. M. *Steller* remarque que chez les Sauvages de l'Amérique il a trouvé un grand vase de bois fait avec l'écorce du tilleul, comme en Russie ; il a vu aussi quelques fleches qui sont plus grandes que celles du Kamtschatka, & qui approchent, pour la forme, de celles des Tunguses & des Tatares, étant noircies de même, & ayant le même poli.

V. M. *Steller* a remarqué chez les Américains du nord, car c'est de la partie septentrionale dont nous entendons parler ici, une pierre à repasser sur laquelle on voyoit des traces de cuivre, comme chez les Kalmaks & les Tatares asiatiques ; il y a vu aussi beaucoup de haches faites de cuivre : ce n'est pas que le fer n'y soit aussi abondant que le cuivre, mais il exige plus de soin & plus d'intelligence pour la fonte.

VI. La même comparaison peut se faire entre les peuples de l'Asie septentrionale & les Américains pour leur genre de nourriture ; ils font usage de la même espece de poisson, appellé Dukola, qui a le goût des saumons & des truites, & qui, lorsqu'on l'a fait mariner, devient tout-à-fait transparent, & forme un mets délicieux. Voyez *Steller* dans son *Histoire de Kamtschatka*.

VII. Ils ont la même boisson composée de la *Slatka-Drawa*, dont ils font différens usages, ainſi qu'on peut le voir dans l'ouvrage de M. *Steller*. La *Slatka-Drawa* eſt l'herbe que nous appellons *Sphondyle* ou *Branche-Urſine* ; ils l'emploient principalement à faire de l'eau-de-vie.

VIII. Parmi ſes obſervations ſur la Botanique, M. *Steller* remarque qu'il a trouvé, chez les Sauvages de l'Amérique ſeptentrionale, des rouleaux de courroies faites avec une plante marine, & qui lui ont paru, d'après les épreuves qu'il en a faites lui-même, d'une force & d'une fermeté étonnantes ; il ajoute qu'il lui eſt auſſi tombé entre les mains des écorces intérieures de larix & de pins, qui étoient liées en rouleaux & ſéchées, qui ſe mangent dans le pays, ainſi qu'au Kamtſchatka, dans toute la Sibérie, & même en Ruſſie, juſqu'à Klinow, à Vialka, &c. dans les temps de diſette.

IX. Les Orties ſont de toutes les plantes celles dont les Américains ſeptentrionaux ſont peut-être le plus d'uſage : M. *Steller* a vu qu'on les épluchoit & qu'on les cardoit comme le lin, pour les envoyer enſuite en ballots à leur deſtination, de la même maniere que le font les Kamtſchadales.

X. Les Tſchutſches font, avec les boyaux de baleine, des chemiſes, comme les Américains, & ils les emploient auſſi, comme les Korœkes, en guiſe d'outres.

XI. Les Américains, aussi-bien que les peuples asiatiques septentrionaux, emploient toutes sortes de remedes pour empêcher la grossesse ; ils permettent aux femmes, ou plutôt ils les obligent souvent d'avorter, en faisant usage d'une certaine plante ; la raison de cet usage est de soulager en quelque façon le pesant fardeau qui opprime une pauvre famille hors d'état de nourrir ses enfans. Cet usage s'observe aujourd'hui chez les Mongoles, où, par le même principe d'une économie barbare, on permet à ceux qui ne sont pas en état de nourrir leurs enfans, de les tuer quand ils viennent au monde.

XII. La maniere de s'orner le visage avec des pierres, des os & des dents de chevaux marins, est reçue chez les Américains septentrionaux, comme chez les peuples des frontieres de l'Asie ; ils regardent cela comme une grande parure.

XIII. Ils se servent aussi de chiens pour les traîneaux, de la même maniere que les Kamtschadales : les chiens des Américains septentrionaux n'aboient jamais, & ne font que gronder quand on les agace. Ces chiens sont les seuls animaux de charge dont ils se servent ; ils tirent des fardeaux beaucoup plus pesans, & les traînent, quand il le faut, beaucoup plus loin que les hommes ; ils se forment aisément à tout ce qu'on leur apprend , & comme ils font fort dociles , ils ne laiffent pas d'être d'une grande utilité. Cependant les Américains négligent beaucoup ces animaux , qui font prefque réduits à chercher eux-mêmes leur nourriture.

XIV. Les Américains feptentrionaux portent dans l'été une efpece de chapeau compofé de tuyaux de plumes , & fait en forme d'écran. Les Kamtfchadales, les Groënlandois , les Korœkes , les Tfchutfches & les Japonois portent des chapeaux de la même efpece.

XV. Les Américains feptentrionaux entendent non-feulement le langage des Tfchutfches & des Korœkes , mais aufli celui des Kamtfchadales.

XVI. Ceux du Japon connoiffent parfaitement les Américains feptentrionaux & tous les peuples dont nous venons de parler , par la voie du commerce qu'ils entretiennent depuis long-temps avec eux , non pas fous le nom de Japonois , mais de Suhfamans.

J'ai choifi , entre les comparaifons que M. *Steller* a faites , celles qui peuvent fervir à faire connoître le rapport particulier qui fe trouve entre les peuples limitrophes de l'Afie & les Américains feptentrionaux ; leurs mœurs fe reffemblent fi fort , & leurs coutumes ont une conformité fi parfaite ,

M 3

que l'on révoquera difficilement en doute les conséquences que j'en ai tirées. Je fais que plufieurs Auteurs, comme, par exemple, *Laet & Hornius*, ont foupçonné avant moi que l'Amérique pouvoit avoir été peuplée par des Tatares ; mais, deftitués de preuves qui appuyaffent leur opinion, ils en font reftés aux conjectures : cependant ils auroient pu apporter des témoignages décififs, s'ils avoient confulté l'Hiftoire des Tatares & celle de la Dynaftie des Mongous. Ces deux Hiftoires nous apprennent quels font les peuples qui ont tranfmigré les derniers d'Afie en Amérique, & d'où ils font venus. On fe rappelle ce qui a été dit au commencement de cet Ouvrage fur les Groënlandois & les Efquimaux ; que ces peuples fe nomment encore aujourd'hui Karalit ou Karlit, & au pluriel Kalalit, Karait : leur dénomination peut conduire à la connoiffance de leur origine. En confultant l'Hiftoire des Mongous du P. *Gaubil*, nous voyons qu'en 1203 un Prince, nommé *Toli* ou *Taugrul*, Seigneur de la horde des Keraïts, ou Prince de Corée, après avoir agi long-temps de concert avec Czingis-Chan, abandonna fon parti par les fuggeftions d'un autre Prince appellé *Tchamouha*, le même qu'Abul-Gafi-Bayadour-Chan nomme *Zamucazizen*, p. 173 ; que Czingis-Chan, irrité de cette défection, jura fa perte ;

&, qu'ayant défait son armée, il le fit massacrer. Après la défaite de ce Prince, le nom, aussi-bien que la tribu des Keraïts, se perdit, il n'en est plus question dans l'Histoire des Mongous : elle parle seulement de quelques efforts que fit encore son fils *Ilaho* pour relever son parti, mais qui furent infructueux. Le reste de sa horde, dépouillée de ses habitations & poursuivie par Czingis-Chan, chercha un asyle contre lui ; elle le trouva dans la partie de l'Amérique opposée à la Corée, qui devint ainsi sa patrie avec le Groënland. Les Européens ont d'abord donné à ce peuple le nom de Groënlandois & d'Esquimaux ; mais lorsqu'on a interrogé les habitans sur leur origine, ils se sont eux-mêmes donné celui de *Kalalit* ou *Karait*. Les Européens auxquels ils parloient ne connoissant qu'imparfaitement l'Histoire de l'Asie, pensserent que ce peuple devoit être une des tribus Tatares qui ont disparu de ce Continent, mais sans pouvoir en donner aucune preuve décisive. L'Histoire vient à l'appui des conjectures dans cette occasion, & prouve en effet l'identité de ce peuple & de celui qui fuyoit le glaive de Czingis-Chan. Cette Colonie de Karaits qui alla de la Corée en Amérique, est tout-à-fait différente de celles que les Chinois y avoient envoyées bien du temps auparavant ; ils n'avoient aucune espece de science, de religion, ni de culte ; ce que l'on voit aujourd'hui chez eux est parfaitement d'accord avec l'Histoire ; leur Seigneur Toli, étant de la race de Czingis-Chan, n'avoit, ainsi que lui, aucune idée de religion ; ils ne connoissent point le labourage & ne l'ont jamais connu. Abul-Gasi-Bayadour-Chan dit en propres termes « qu'ils habi- » toient dans le pays des Mongous, & n'avoient » point l'usage de cultiver les terres ». On chercheroit inutilement quelque différence dans leur nom : les Esquimaux s'appellent Karalit ou Karlik, & au pluriel, Kalalit, Karait ; & Abul-Gasi-Bayadour-Chan me sert de témoin, que déjà de son temps on se servoit indistinctement du nom de Karait & de celui de Karlik : dans un endroit, il les appelle Karait, & dans un autre, p. 482, Karlik.

Cette derniere émigration de peuples de l'Asie en Amérique étant donc bien constatée, je crois être fondé à l'alléguer comme une autorité contre ceux qui nient que la population de l'Amérique ait eu lieu par la voie des peuples qui habitoient les côtes de l'Asie ; car si un peuple ignorant & inférieur à tous égards aux Chinois, a pu exécuter cette émigration, on doit être porté à croire qu'à plus forte raison un peuple éclairé a pu envoyer des Colonies en Amérique, dans un temps où l'intérêt du commerce l'invitoit à faire des tentatives, qui, en diminuant une population trop nombreuse, devoient en même temps ouvrir de nouveaux débouchés.

Il résulte de tous ces faits qu'on ne peut douter que l'Amérique n'ait été peuplée par l'Ancien-Continent. Pour mettre cependant nos principes à l'abri de toute objection, nous ferons voir comment il est arrivé que les Américains, qui tirent leur origine des Chinois, des Karaites & des Africains, different cependant de ces peuples, dans la couleur & dans les traits du visage ; & quelle a pu être l'origine des différentes especes d'animaux que l'on trouve en Amérique, & dont il y en a plusieurs que l'on ne rencontre dans aucune autre partie du Monde.

CHAPITRE VIII.

Observations sur la couleur des différentes especes d'hommes, qui sont répandues sur la surface du globe.

On s'est livré à de grands raisonnemens sur les causes de la diversité qu'on apperçoit entre les hommes, relativement à leur couleur; mais on s'est presque toujours écarté du vrai à cet égard. Je ne saurois croire, par exemple, avec l'Auteur du Livre intitulé *Vénus physique*, qu'il y ait eu dans la premiere mere des œufs de différentes couleurs, ni ajouter foi à ce que nous raconte un Auteur anonyme dans la Bibliotheque impartiale, *tom. V, Mars & Avril* 1752, *p.* 227, ni embrasser en tout les sentimens de M. *Mitchel* dans les Transactions philosophiques, *n.* 474, art. 4; encore moins croirai-je que la postérité de Caïn devint brune ou olivâtre en signe de réprobation, à cause du meurtre d'Abel; je ne m'arrêterai pas même à réfuter les différens sentimens de ces Auteurs, & me bornerai à développer mon opinion sur la couleur des Negres, en prenant ce mot dans le sens général que lui donnoient les Grecs,

& par lequel ils défignoient non-feulement les Negres d'un noir foncé, aux groffes levres, aux cheveux crépus, & avec une membrane réticulaire, qui méritent effentiellement ce nom ; mais auffi tout peuple dont la couleur n'eft pas blanche, les Bruns, les Bafanés, les Rouges, les Olivâtres, &c. Les Éthiopiens font les premiers qui aient été diftingués des autres par leur couleur ; leur nom y eft relatif : il dérive des mots grecs *Αἰθώ Aithô* & *ὄψ Ops*, qui défignent un homme qui a la face brûlée. Comme ce nom ne fe rapporte point aux effets de la nature, mais à des caufes extérieures, à l'art auquel ils avoient recours pour fe noircir, je ne rappellerai point ici le témoignage de *Plutarque* (dans la *Vie de Brutus*), ni ceux d'*Ifac Voffius* & de plufieurs autres, qui conviennent qu'ils fe noirciffoient le vifage avec des fucs & des onguens qui avoient la vertu de noircir la peau ; j'en ai déjà affez parlé au fujet des figures tracées fur le vifage & fur plufieurs parties du corps.

Ceux qui voudroient nier ces faits feroient obligés d'anéantir premierement tout témoignage & toute vérité hiftorique. Il eft connu que les Negres ont une prédilection pour la couleur noire, & qu'ils emploient des remedes aftringens pour la produire ; ces remedes attirent en même temps

& refferrent la peau, de façon que les levres font obligées de déborder & de devenir plus groffes que chez les Blancs.

Les Medes avoient un ufage à peu-près femblable. Suivant le rapport d'*Hérodote*, ils fe traçoient de grands cercles noirs au-deffous des fourcils, pour rendre les yeux plus faillans.

Pour faire mieux connoître les couleurs diverfes que l'on rencontre dans les différentes parties du Monde, nous allons parcourir les peuples mêmes dont elles font les marques diftinctives.

Les Abyffins, felon le rapport des Voyageurs, font plutôt bruns ou couleur de cuivre, que noirs, quoique près des Negres, & même fous la ligne.

En Éthiopie, en la prenant dans le fens le plus étendu, on trouve des peuples entiers de Blancs, des Bafanés & d'autres couleurs.

Les Habitans des Philippines, tout près de la ligne, font beaux & prefque blancs.

Ceux de Ternate, fous la ligne, ne font que bafanés; en vieilliffant ils acquierent une longue barbe.

Ceux de l'Amérique, entre les tropiques, font en partie blancs, & en partie bafanés ou roux.

Dans l'Ifthme de Darien & dans la Guinée, il exifte, fi on en croit les Voyageurs, une nation blanche.

Selon *Ulloa*, les Habitans de Guayaquil, à deux degrés onze minutes de la ligne, font prefque tous blonds, blancs & beaux, excepté ceux qui defcendent d'un mêlange de nations.

A Ceylan, prefque fous la ligne, les peuples ne font pas noirs.

M. *Van der Stel*, qui a fait un voyage dans l'intérieur de l'Afrique, rapporte que les hommes y font grands, bien faits, avec des cheveux longs, & qu'il y a des femmes parmi eux auffi blanches que des Européennes, mais qu'elles fe noirciffent à deffein.

Les Habitans des Ifles de Nicobar, entre le 7ᵉ & le 10ᵉ degré de latitude feptentrionale, font jaunâtres de vifage, & ont les cheveux longs.

A l'Ifle de Pâques, on a trouvé diverfes races de Noirs, de Bruns, de Blancs & de couleur de cuivre.

Schoutens rapporte la même chofe des Terres Auftrales.

Herrera parle d'hommes blancs dans la Nouvelle-Guinée, à Madre de Dios, peu diftant de la ligne.

Quelles conféquences tirerons-nous de tous ces témoignages ?

1°. Que la Zone Torride n'eft pas entiérement habitée par des Noirs, encore moins par de vrais

Negres, c’eſt-à-dire, par les plus noirs de tous.

2°. Les Mulâtres, ou les enfans des Européens & des Négreſſes, ſous le 10ᵉ degré 25 minutes de latitude, ne ſont plus diſtingués des Blancs à la troiſieme génération. *Don Ulloa*, tom. 1, p. 28, le rapporte expreſſément. Le P. *Labat*, dans ſon voyage aux Iſles de l’Amérique, tom. 11, p. 120, confirme ce rapport, & dit que les enfans des Négreſſes & des Blancs, & *vice verſà*, perdent les ſignes caractériſtiques des Noirs ; qu’à la troiſieme génération il ne leur reſte qu’une petite marque dans le blanc des yeux, & qu’elle ſe perd entiérement à la quatrieme génération ; mais que ſi on les laiſſe marier de nouveau avec des Negres, les enfans, dans le même nombre de générations, reſſemblent de nouveau entiérement aux Negres. Les obſervations que l’on a faites ſur le mêlange des Blancs & des Noirs, ont prouvé que pour rendre un Blanc tout-à-fait noir, il faut une ſucceſſion de quatre mêlanges.

I. Une Négreſſe avec un Blanc produira le Mulâtre.

II. Avec un Mulâtre, elle produira un Quarteron, qui a $\frac{3}{4}$ de noir & $\frac{1}{4}$ de blanc.

III. Avec un Quarteron, elle produira un Octavon, qui a $\frac{7}{8}$ de noir & $\frac{1}{8}$ de blanc.

IV. Avec un Octavon, elle produira le vrai Negre.

Il faut également quatre mêlanges pour rendre un Negre tout-à-fait blanc.

I. Une Blanche avec un Negre produira un Mulâtre à longs cheveux.

II. Avec un Mulâtre, elle produira un Bafané ou un Quarteron, qui aura $\frac{3}{4}$ de blanc & $\frac{1}{4}$ de noir.

III. Avec un Quarteron, elle produira un Octavon qui aura $\frac{7}{8}$ de blanc & $\frac{1}{8}$ de noir.

IV. Avec un Octavon, elle produira un enfant parfaitement blanc.

Ces effets ont été conftatés par les Voyageurs qui ont parcouru les Indes. Nous voyons donc par ces relations que, quoique l'air, le climat, & les rayons du foleil contribuent beaucoup à ces effets, ils ne les produifent pas feuls ni directement ; & puifque le noir n'eft qu'une altération des couleurs naturelles, qui n'ont dégénéré que peu-à-peu, il femble qu'on peut en expliquer les caufes d'après des principes tirés des loix phyfiques.

Il a déjà été dit à la page 187 que ces peuples ont une finguliere prédilection pour la couleur noire, & nous verrons que l'art a réufli fucceffivement à corrompre les couleurs naturelles. L'on pourroit dire la même chofe de la cohabitation conjugale ; car les femmes ayant toujours des objets noirs devant les yeux, ont pu à la longue tranfmettre les effets de cette impreffion à leurs enfans, & opérer de plus en plus le changement de leur couleur. Enfin si, comme je vais le prouver, la nourriture de ces peuples contribue déjà à leur rendre le teint olivâtre, que fera-ce quand on fera attention qu'ils rehauffent ces couleurs déjà altérées, en fe frottant le corps avec de la fuie & des fucs propres à produire une couleur plus foncée, plus noirâtre, qui avec le temps acquiert le dernier degré de perfection. Pour bien comprendre ceci, il faut favoir;

I. Qu'il eft prouvé par l'expérience que les peuples qui ne mangent que du poiffon de mer ou des plantes huileufes, contractent à la longue un teint jaunâtre & bafané; l'huile du poiffon ne peut pas produire en effet le même chyle que le jus de la viande. On en voit un exemple même en Europe, où les Moines, qui font aftreints par leur regle à faire un carême continuel, à ne vivre que de poiffon, & à manger tout à l'huile, ont le vifage fort rembruni. Cette expérience fe fait encore bien mieux fentir fur les peuples qui boivent l'huile des chevaux marins, & qui fe nourriffent de la graiffe de différens poiffons de mer fort huileux, fur-tout de celle des veaux marins, comme MM. *Cook*, *Banks* & *Solander* l'ont obfervé à l'égard des habitans de la Terre de Feu.

Les mêmes Voyageurs rapportent que dans l'Ifle

l'Ifle Otahiti ou Utahiti, les habitans fe nourriffent généralement de fruits, de poiffons, de
teftacées, de cochon & de chiens. Les deux dernieres efpeces de nourriture font même réfervées
pour les perfonnes du plus haut rang. Leur pain
eft compofé de pommes de terre & d'autres fruits
farineux; leur boiffon eft de l'eau pure ou du lait
exprimé de noix de cocos : ils ont un fruit fau-
vage qui porte du poivre, & ils en diftillent une
liqueur forte.

Il réfulte de toutes ces obfervations que les
peuples qui fe nourriffent de fubftances graffes &
onctueufes, de poiffons non cuits & tout au plus
féchés, ont en général le teint noir ou brun
foncé, ou tout au moins plus jaune que celui
des peuples qui ne prennent que des nourritures
plus analogues à l'organifation phyfique, & qui
proviennent principalement du regne végétal.

Si l'on defiroit d'autres exemples, on en trou-
veroit confidérablement en commençant par les
habitans du Kamtfchatka jufques chez les Efquimaux, & en parcourant la plus grande partie des
peuples de l'Amerique. A la côte orientale de la
Nouvelle-Hollande, on rencontre des habitans
tout-à-fait noirs qui vont nuds, & qui ne different des Negres de l'Afrique, qu'en ce qu'ils n'ont
point les cheveux crépus, mais plats; mais on

trouve auſſi que , faute d'autre nourriture , ils vivent de poiſſon.

II. Le ſang épais , condenſé & noir des Iſlandois , des Groënlandois , des Eſquimaux & des peuples qui ſe nourriſſent continuellement de poiſſon , produit chez eux une tranſpiration & une exhalaiſon plus lente & plus difficile que chez tout autre peuple ; les ſucs deviennent de plus en plus épais , & la peau par conſéquent plus jaune , plus brune , plus noire. Veut-on s'en convaincre ? Que l'on prenne une veſſie auſſi blanche qu'il eſt poſſible , qu'on la rempliſſe avec de l'huile de poiſſon , qu'on l'expoſe quelques jours au ſoleil , à l'air & au vent ; on la verra changer chaque jour de couleur & devenir enfin toute noire. Si l'on fait encore attention qu'il ſe trouve dans cette eſpece de nourriture moins de ces parties qui contribuent à rendre le ſang plus coulant , & à répandre beaucoup d'humidités dans le corps humain , on ne pourra ſe refuſer à l'évidence de ce principe , que c'eſt de ce même genre de nourriture que provient l'odeur déſagréable de ces gens-là , qui eſt ſi infecte , que tous les Voyageurs , & entr'autres *Labat* & *Ulloa* , aſſurent que ceux qui n'y ſont pas accoutumés ne la peuvent ſupporter. Que l'on frotte la peau d'un Kamtſchadale , d'un Iſlandois , d'un Groënlandois , d'un

Esquimaux, &c.; l'odeur qui en sortira sentira le poisson, & repandra une infection à peine supportable. Pour prouver que la nourriture est capable de produire de pareils effets, il suffit de consulter l'expérience. On sait par exemple que les Anglois ont en général une odeur particuliere, qui ne provient que de la quantité de viande dont ils se nourrissent, & l'on ne peut douter que ce ne soit de-là qu'ils contractent un teint qui leur est particulier. Qui est-ce qui ignore que c'est en se nourrissant continuellement de viande cuite & non cuite, & d'animaux crevés ou tués, que le Kalmak contracte cette odeur désagréable, cette complexion lourde, ce teint jaune & olivâtre qui fait qu'on le distingue entre un millier d'autres individus. Cependant si cette espece de nourriture qui paroît analogue à la constitution de l'homme, & qui renferme des principes en quelque sorte homogenes avec la substance de son corps, donne lieu à de tels effets, quels changemens ne devra pas opérer sur le corps humain une nourriture moins compatible avec notre constitution physique, qui exige qu'on entretienne dans le corps humain des parties humides & aqueuses, propres à rafraîchir & à dilater le sang, ainsi qu'à ouvrir les pores; une nourriture qui ne renferme que des substances huileuses, terrestres & astringentes. N 2

En considérant ainsi le Negre par rapport à sa nourriture seule , on s'appercevra qu'elle doit produire en lui un teint fort différent de celui des peuples qui ne vivent que du mêlange d'alimens propres à maintenir l'équilible entre les humeurs , & celles-ci en deviennent elles-mêmes plus analogues à l'organisation naturelle du corps humain.

III. On ne peut disconvenir que le climat n'ajoute encore à la variété des couleurs de l'espece humaine : ces corps , déjà disposés à prendre une teinte différente de la nôtre , parce que les parties huileuses qui forment la majeure partie de leurs alimens , gardant la même mesure dans la masse de leur sang , doivent nécessairement , suivant qu'ils sont plus ou moins brûlés par l'ardeur du soleil, plus ou moins exposés au grand air , plus ou moins près de la mer , contracter une couleur jaunâtre , bleuâtre , brune , olivâtre , noirâtre ou basanée.

A l'égard du climat , d'habiles Physiciens ont observé que le climat influe beaucoup sur la constitution des corps ; ils ont remarqué que dans les plaines où la terre est grasse , l'air épais & l'eau moins pure , les Paysans sont grossiers , lourds , mal faits, stupides, & les Paysannes presque toutes laides ; au lieu que dans les terres élevées & sur le haut des collines , les hommes sont agiles , éveillés , bien faits , spirituels , & les femmes communément jolies. C'est aussi de-là qu'on peut expliquer pourquoi les Noirs de l'Amérique le sont moins que les Negres de l'Afrique, quoique ces deux parties du Monde soient toutes les deux situées sous la Zone Torride ; parce que les contrées de l'Amérique étant extrêmement élevées au-dessus du niveau de la surface du globe, la chaleur y est beaucoup moindre. C'est ainsi qu'au Senegal & en Guinée, où la chaleur du climat est la plus vive, les hommes sont tout-à-fait noirs.

Dans les climats où la chaleur est plus tempérée, comme en Barbarie, au Mogol, en Arabie, &c. les hommes ne sont que bruns ; & enfin lorsqu'elle est tout-à-fait tempérée, comme en Europe & en Asie, les hommes sont blancs. C'est l'exposition au grand air & aux ardeurs du soleil qui fait que les Espagnols sont plus bruns que les François, les Maures plus que les Espagnols, & les Negres plus que les Maures. Ajoutons que quoiqu'en Asie & en Europe les hommes soient blancs, on remarque entr'eux quelques variétés qui ne viennent que de la différente maniere de vivre. Tous les Tatares sont basanés, tandis que les peuples d'Europe, qui sont sous la même latitude, sont blancs, parce que ceux-ci ne menent pas un genre de vie aussi dur & aussi sauvage.

On peut se convaincre de l'influence que l'air

& la nourriture peuvent avoir, par l'exemple même de différens animaux. Par quelle raison les lievres en Russie, en Sibérie, en Livonie, en Esthonie, &c. dont la peau est naturellement grise, deviennent-ils blancs en hiver, tandis que les écureuils, qui ont le poil jaune, deviennent noirs? Que l'on consulte le climat, la nourriture, on en trouvera la raison. L'air, qui dans l'hiver est extrêmement vif, donne à la peau du lievre, qui ne se nourrit que d'herbes & de racines, une couleur blanche; tandis que l'écureuil, qui ne se nourrit que des parties huileuses & bitumineuses des arbres, devient noir. Pourquoi trouvet-on dans quelques parties de l'Amérique septentrionale des renards noirs, & dans d'autres des renards bleus? La nature n'agit jamais contradictoirement : des causes différentes doivent donc produire des effets différens.

IV. Indépendamment des alimens propres à changer les couleurs de la peau, indépendamment de ce que l'ardeur du soleil doit contribuer à cette métamorphose, est-il étonnant qu'il y ait tant de variété dans les couleurs de l'espece humaine, quand on songe que tous ces peuples qui sont jaunâtres, basanés, olivâtres, noirâtres ou même bleuâtres, ont recours à l'art, à des onguens & à des sucs propres à renforcer ces différentes couleurs déjà excitées par les alimens, dont ils se nourriffent, & par le climat qu'ils habitent. N'avons-nous pas déjà vu, en parlant de l'ufage des peuples de fe colorer diverfes parties du corps, ou même de le peindre en entier, que les uns fe peignent avec du verd & du jaune, d'autres avec du jaune & du rouge ou même du bleu, d'autres enfin avec de la fuie. Ce goût pour s'appliquer des couleurs artificielles fur la peau, paroît être fur-tout l'apanage des femmes. Qu'on fe tranfporte chez les Kamtfchadales, chez les Efquimaux, & dans les différentes contrées de l'Amérique, l'on trouvera que chez ces peuples les femmes n'ont rien de plus à cœur que de fe farder. Elles prennent dans le printemps des entrailles d'ours, & les mêlant avec de la colle de poiffon, elles s'en barbouillent tout le vifage : au lieu de cérufe, elles emploient du bois pourri, ou du talc calciné naturellement : au lieu de la torna-folis, elles fe fervent d'une herbe marine, qui eft une efpece de corail, & qui, diffoute dans la colle de poiffon, donne une couleur rouge. En avançant vers le centre de l'Amérique, on voit s'accroître la paffion pour le fard. Ce n'eft plus l'attribut exclufif des femmes qui veulent relever l'éclat de leur figure ; les hommes pratiquent auffi la même chofe.

V. Leurs habitations mal-propres, leurs cabanes

noires, remplies la plupart du temps de fumée, ainsi que leur habitude de n'être lavés que quand la pluie les arrose, contribuent à les rembrunir; en sorte qu'en rassemblant toutes ces circonstances, on ne peut s'empêcher de conclure que les accidens concourent à produire une couleur brune, jaunâtre, olivâtre, noirâtre, & que, selon leur fantaisie & le choix qu'ils ont fait d'une couleur, ils ont tâché de perfectionner celle qui leur plaisoit le plus : les uns préferent le rouge & le blanc, & d'autres le noir. Ces observations qui tendent à faire connoître la cause de la différence de la couleur des Negres en général, & de leur variété en particulier, étant puisées en partie dans l'expérience, & en partie calculées d'après les loix connues de la Physique, doivent prévaloir sur les systêmes que différens Auteurs ont inventés jusqu'à présent sur cette matiere.

Elles expliquent en même temps, comme on l'a dit plus haut, la cause physique qui contribue à rendre les levres des Negres beaucoup plus grosses que les nôtres, parce que les sucs & les onguens astringens dont les Negres se servent pour rendre la peau d'un noir luisant, retirent extérieurement la partie supérieure & inférieure des levres, & les font considérablement déborder.

Il ne me reste donc plus qu'à parler de leurs

cheveux crépus. L'expérience nous apprend que
moins l'homme tranfpire de la tête, & moins elle
doit être garnie de cheveux ; puifqu'ils ne font
nourris & alimentés que par l'humidité qui fort
par les pores. Suivant que cette fueur refte plus
ou moins en équilibre, plus ou moins les cheveux font grands, touffus, longs ou crépus. Un
exemple contraire prouvera cet effet. Ceux qui
connoiffent les Cofaques de la petite Ruffie ou
de l'Ukraine favent qu'ils font affligés d'une maladie qui leur eft particuliere, appellée par les
Médecins *Plica*, & en la langue du pays, *Gofcheft*.
Ceux qui en font atttaqués demeurent un an per-
clus de tous leurs membres, comme des Paraly-
tiques, & éprouvent de grandes douleurs dans les
nerfs. Au bout de ce temps, il leur vient en une
nuit une grande fueur de tête, de forte que le
matin fuivant ils trouvent tous leurs cheveux collés
enfemble ; alors le malade fe fent fort foulagé,
& eft guéri peu de jours après de fa paralyfie ;
mais fes cheveux demeurent entortillés, & s'il les
faifoit couper dans ce moment, l'humeur trop
forte qui fe purge par les pores de la tête, tomberoit fur la vue & le rendroit aveugle. Ce mal
vient, felon la plus commune opinion, de la cru-
dité ou autre qualité fecrete de leurs eaux : ce qu'il
y a de fingulier, c'eft qu'il fe gagne de même que

le mal vénérien, par le commerce des deux sexes, & qu’il se trouve des enfans qui l’apportent au monde. C’est aussi par cette raison que ces mêmes Cosaques ont une espece de cheveux qui leur est particuliere, étant aussi forts & aussi durs que les soies de cochon. Ajoutons que quand on ne prend aucun soin de ses cheveux, qu’on ne dirige point leur croissance, il n’est pas étonnant qu’ils se frisent & se tortillent d’eux-mêmes, & il n’en faut pas davantage pour qu’ils deviennent tout-à-fait crépus : d’ailleurs que l’on se rappelle l’usage où sont les Negres de se faire couper ou raser les cheveux, pour marquer le grand deuil, ce qui se fait très-souvent, parce qu’ils ont un grand nombre de femmes, & parce qu’au décès de leur Souverain, ils se rasent toute la tête ; & l’on ne sera pas étonné que leur chevelure soit courte, en désordre, & crépue comme de la laine.

Enfin, ponr s’assurer que la nature même, altérée par la nourriture, ne leur laisse pas beaucoup de cheveux, on n’a qu’à parcourir les pays du Kamtschatka, des Esquimaux & des autres parties de l’Amérique, & l’on verra que ces peuples ont naturellement moins de cheveux que les Blancs. Au surplus, qu’on prenne un Blanc auquel on coupe souvent les cheveux, qu’on l’abandonne à cet égard à la pure & simple nature, sans en avoir le moindre soin , & on verra qu'au commencement de la croissance, ses cheveux seront toujours crépus. Ces raisons sont sans doute plus que suffisantes pour expliquer cette singularité que l'on rencontre chez les Negres.

Il ne me reste plus qu'une question à décider : Pourquoi, dans toutes ces contrées, les Européens conservent leur couleur naturelle ? Rien ne me paroît plus aisé à expliquer. L'Européen ne s'assujettit jamais à manger journellement des alimens cruds , dans quelque coin de la terre qu'il se trouve ; il n'épargne point ses peines pour pouvoir se nourrir d'alimens conformes à ceux auxquels il a été accoutumé. L'habitude , qui lui a fait une nécessité d'un certain genre d'alimens, le force toujours à cuire ses viandes , quelles qu'elles soient , & à les assaisonner à sa maniere accoutumée. S'il se trouvoit jamais dans le cas de ne se nourrir que de poissons fort huileux , il les cuiroit ; &, en les cuisant , une grande partie de l'huile s'évaporeroit : il s'aviseroit encore moins d'employer de l'huile pour sa boisson ordinaire ; il se tiendroit propre , & on ne le verroit pas habiter une cabane continuellement remplie de fumée : ainsi , en évitant les causes du changement des couleurs , il n'en éprouve pas les effets.

Telles sont les raisons auxquelles j'ai cru devoir

attribuer la différence qui se trouve entre les Negres & les Blancs, tant dans la couleur que dans les traits du visage. On voit que, dans ces contrées, l'espece humaine ne subit ces changemens que par le concours de plusieurs causes : l'influence du climat, différence de la nourriture, frottemens extérieurs, dont les effets doivent nécessairement être tels, pour être conformes aux loix inébranlables de la nature, &c. sans que l'on ait besoin de recourir à des causes surnaturelles. Voyons maintenant ce qu'on doit penser des animaux que l'on trouve dans le Nouveau-Monde.

CHAPITRE IX.

*Réflexions sur l'origine des animaux dans
le Nouveau-Monde.*

IL ne suffit pas d'avoir prouvé de quelle maniere l'Amérique a pu être peuplée par les hommes : il reste à résoudre comment elle l'a été par
les animaux de différentes especes. S'il n'étoit
question que des oiseaux, cette question seroit
aisée à résoudre, parce qu'on pourroit supposer
qu'ils ont fait le trajet, à travers les airs, de l'Ancien-Continent dans le Nouveau, & que la grande
mer du Sud & du Nord étoit autrefois plus parsemée d'Isles qu'elle ne l'est aujourd'hui. Cependant il y a plusieurs de ces oiseaux auxquels on
ne pourroit adapter cette explication, à cause de
leur vol trop lent ou trop difficile, tels que celui
de l'Autruche & du Colibri.

Quant aux Quadrupedes, il faut remarquer que
chaque espece a sa sphere, &, pour ainsi dire,
son domicile, dont elle ne peut s'éloigner. Le
Renne est un animal attaché aux climats froids,
& l'Éléphant aux pays chauds. En vain voudroit-
on transporter le Renne dans les pays méridio-

naux, & l’Éléphant dans la Zone Glaciale; ils ne pourroient y subsister ni l’un ni l’autre.

Une seconde observation qu’on peut faire à cet égard, c’est qu’il y a, dans toutes les autres parties du Monde, des especes d’animaux dont l’Amérique est absolument dépourvue, & qu’elle ne connoît même pas; & que l’Amérique renferme à son tour dans son sein des animaux qu’on ne trouve point ailleurs. C’est ainsi que les Américains n’ont point chez eux l’Éléphant, quoique le climat ne lui soit point contraire; & qu’avant l’arrivée des Espagnols, ils manquoient absolument de Chevaux : tandis qu’il y a chez eux une espece de Porc, qu’ils appellent *Pecary*, & qui a le nombril & les parties génitales sur le dos, phénomene inconnu dans toutes les autres parties du Monde. Quelle conclusion en tirerons-nous? Serons-nous assez hardis pour soutenir avec quelques Philosophes, que la terre, depuis la création de l’Univers, a pris une autre forme, & que le déluge a changé la surface de la terre; de sorte que les parties, qui sont détachées ou séparées aujourd’hui du Continent par de vastes mers, n’ont formé autrefois qu’un seul Continent. L’on a imaginé là-dessus divers systêmes : plusieurs Auteurs prétendent que l’Afrique a été contiguë autrefois à l’Amérique, & que les animaux purent passer sans difficulté d'une région dans l'autre ; d'autres ont présumé que c'est par mer qu'ils y furent transportés. Les animaux auroient pu sans doute parvenir fort aisément en Amérique par la Terre-ferme ; cependant comme cette opinion est exposée à une infinité de contradictions, & ne paroît avoir été inventée que pour ouvrir aux animaux un passage en Amérique, elle demanderoit à être mieux établie pour s'attirer quelque confiance. La seconde opinion mérite encore moins d'attention, parce que la navigation, pas plus que les autres arts, n'a pu parvenir tout-à-coup au dernier degré de perfection : il est à présumer que les Navigateurs qui ont connu l'Amérique avant les Espagnols, ont eu assez à faire pour se conduire eux-mêmes, sans se charger de l'embarras d'emmener avec eux des animaux monstrueux & sauvages. Lors même qu'avec le temps ils purent y transporter des Quadrupedes, ils donnerent sans doute la préférence aux animaux domestiques & utiles.

D'ailleurs, si l'on ne veut pas reconnoître que la terre a existé de toute éternité, ou que les bêtes sont sorties de la terre, comme les champignons, système qui seroit aussi absurde que ridicule, l'on sera forcé de croire que les animaux ont été créés par la main du Tout-Puissant, chacun selon son espece & selon son climat, dans toutes les parties du Monde; & que, si l'on trouve, tantôt des animaux de la même espece, dans les parties différentes de la terre, qui n'ont pu être transportés d'une partie du Monde à l'autre, tantôt des animaux, si j'ose dire, propres au pays, c'est parce que l'Etre-Suprême, au moment de la création, a répandu les animaux sur toutes les parties de la terre. On se trouve par-là d'accord, non-seulement avec les grandes vues de la Providence, mais avec le récit même de Moyse, qui ne dit pas que Dieu n'avoit créé des animaux que pour l'Asie ou pour le Paradis terrestre seul, mais pour toute la terre.

Dira-t-on que, le déluge ayant été universel, & ayant détruit tous les animaux sur la terre, on ne peut plus expliquer comment ils sont parvenus de nouveau dans toutes les parties du Monde, & par conséquent aussi en Amérique, puisqu'il n'y a point eu de seconde création après le déluge?

Avant d'entrer dans cette discussion, j'avouerai qu'il n'y a pas de Livre pour lequel j'aie plus de respect que pour l'Écriture; mais plus ce Livre mérite de créance, plus il est essentiel d'en connoître le vrai sens, afin de ne lui faire rien dire qui fût indigne de son Auteur, ou qui dérogeât aux perfections de la Providence, en restreignant ses facultés & sa puissance dans des bornes si

étroites

étroites & si précaires, que l'on perdît de vue qu'il s'agit des œuvres du Tout-Puissant.

D'ailleurs, en développant mes sentimens sur l'universalité qu'on attribue au déluge, & sur le sens qu'on doit attacher à ce mot, je ne ferai qu'ajouter quelques réflexions aux raisons déjà exposées par divers Savans, qui ont eu les mêmes idées (1).

Je ne m'arrêterai pas à discuter dans quelle partie du Monde étoit situé le Paradis terrestre: c'est un principe reçu que les premiers hommes ont habité en premier lieu en Asie, qu'ils y ont demeuré après leur expulsion du Paradis terrestre, & que c'est également dans l'Asie que les premiers hommes se multiplierent, & devinrent si méchans, que Dieu fut obligé de les punir. Noé & sa Famille, préservés de ce châtiment, & destinés après le déluge à repeupler la terre, resterent de même en Asie. Cette nouvelle population consistoit en un petit nombre de familles: leurs premiers soins furent de cultiver la terre, & il n'est pas à supposer qu'ils s'appliquassent à l'étude de la Géographie. Comment voudroit-on leur attribuer des

____

(1) On peut consulter à ce sujet M. *Engel*, ancien Bailli d'Echallens, dans son Essai sur la population de l'Amérique. A Amsterdam, 1767, en cinq vol. in-8°,

O

connoiſſances auxquelles ils n'avoient nulle prétention ? Comment voudroit-on leur attribuer des
principes fixes & certains ſur l'étendue du globe,
principes que nous-mêmes nous ne poſſédons
qu'imparfaitement encore ? Leurs ſciences & leurs
connoiſſances ne conſiſtoient que dans un court
récit que le pere tranſmettoit à ſes enfans : on leur
diſoit, par exemple, d'une maniere purement
hiſtorique que l'Etre-Suprême avoit créé le Monde, la Terre, toute la Terre : ils employoient
indifféremment ces trois termes, & ne diſtin-
guoient pas leur ſignification plus ou moins bor-
née, parce qu'ils regardoient le point qu'ils habitoient comme formant la terre entiere, attribuant
au mot de terre le ſens univerſel donné dans
l'Écriture-Sainte, lorſqu'elle parle de la création,
& où le mot terre ſignifie réellement toute la terre
enſemble. Ils ſe croyoient réellement & en effet
les poſſeſſeurs de toute la terre, parce que Dieu
la leur avoit aſſignée : ils attachoient ce même
ſens illimité à cette portion de la terre qu'ils habitoient, & ils auroient été très-fort offenſés, ſi
alors on avoit oſé leur dire : mais vous n'habitez
que la plus petite partie de la terre, comment
pouvez-vous avancer que vous êtes les maîtres de
l'Univers ? Mais qui auroit pu alors leur faire ces
objections ?

Après la création de l'Univers, la méchanceté humaine croissoit à mesure que les hommes se multiplioient. Sur qui Dieu alloit-il faire retomber sa punition ? Étoit-ce sur toute la terre inhabitée ou sur cette partie seulement occupée par les pécheurs dévoués à la vengeance divine ? Mais, me dira-t-on, la punition s'est faite par le débordement des eaux, par un déluge : or, en les punissant de cette maniere, il a fallu que la masse d'eau, pour les submerger, fût égale sur tout le globe de la terre ; car sans cela l'équilibre du monde auroit été altéré. Pour répondre à ces objections, je demande premierement si ce mot de déluge renferme en soi une inondation universellement répandue sur toute la surface de la terre ; si ce sens seroit le seul qu'on puisse attribuer à cette expression ?

Je regarde les mots *Déluge*, *Monde*, *Terre*, *toute la Terre*, comme des mots vagues, & dont le sens n'étoit pas toujours déterminé, pas plus alors qu'aujourd'hui, où nous employons les mots *Ciel*, *Terre*, *Monde*, dans un sens très-resserré, sans en avertir. Le *Ciel* est beau, la *Terre* est inondée, le *Monde* est.

2°. Dire qu'il fallut nécessairement que l'eau fût égale sur toute la surface de la terre, parce que sans cela son équilibre auroit été détruit, &

que la submersion d'une foible portion de la terre n'auroit pu avoir lieu, si l'eau n'avoit pas également submergé sans exception toutes les plus hautes montagnes du globe, c'est énoncer des propositions trop vagues & trop générales. En effet, si on prenoit à la lettre & mot à mot le terme de déluge, comme signifiant un débordement universel, je demanderois encore d'où auroit pu venir cette prodigieuse quantité d'eau, en si peu de temps, & dans le court espace que nous marque Moyse ; car, suivant quelques Auteurs, il auroit fallu plus de dix océans, &, suivant d'autres, plus de vingt ou de vingt-deux, pour fournir une quantité d'eau capable d'inonder les plus hautes montagnes. On ne sauroit soutenir que le déluge enveloppa le globe entier dans toute sa rondeur, sans attribuer à Dieu les plus grandes imperfections.

En attachant au déluge un effet universel, nous lui avons donné par conséquent un sens trop illimité, un sens qu'il n'a jamais eu, que nous avons mal compris, par le peu d'attention que nous employons à bien des choses.

Combien pourroit-on trouver d'exemples dans l'Antiquité, de peuples qui, après le déluge, se font arrogé le titre de *Seigneurs de tout l'Univers*, adoptant cette qualification comme on adopte celles de *Catholique* & d'*Apostolique* que prennent de nos jours divers Souverains de l'Europe, avec cette différence que ces peuples anciens se qualifioient ainsi, parce qu'ils se croyoient réellement les Maîtres du Monde. Ces préjugés ont souvent donné lieu à de grands abus. Ne voit-on pas les Juifs qui croient faire une bonne action lorsqu'ils font du tort aux Chrétiens, parce qu'ils sont dans la fausse persuasion que nous autres *Gojim*, c'est-à-dire, Païens, n'avons aucun droit juste & légitime à ce que nous possédons, que nous l'avons usurpé, & que tout leur appartient de droit, se croyant encore aujourd'hui les vrais Seigneurs & Maîtres de l'Univers : aussi pensent-ils que le vrai Messie doit venir pour rétablir leur domination sur toute la terre.

Dans le temps où la famille des Hans régnoit à la Chine, les peuples de cet Empire regardoient comme un tribut les présens que les marchands des Indes, de la Perse, de l'Arabie offroient à l'Empereur ; & s'ils étoient présentés au nom de quelques Princes, ces Princes étoient envisagés comme des tributaires : tandis que les présens que l'Empereur leur faisoit étoient regardés comme des récompenses ; & ce qu'il leur faisoit dire passoit pour des ordres. Il est vrai que les Ambassadeurs & les autres Députés que le Czar Pierre Ier

a envoyés à la Chine, ont été traités d'égal à égal; mais l'Empereur n'a jamais pu se résoudre à écrire une lettre au Czar: c'est le Tribunal des affaires étrangeres de la Chine qui écrit ou à l'Ambassadeur ou au College des affaires étrangeres de Russie; & ce n'est que depuis l'année 1727 que M. Metello de Sousa, Envoyé du Roi de Portugal, a obtenu une déclaration de l'Empereur, dans laquelle il est dit qu'on ne doit pas traiter en tributaires ni les Envoyés du Roi de Portugal, ni ceux des autres Souverains d'Europe.

Comment expliquera-t-on ce globe qui étoit autrefois dans la main des Empereurs grecs, & que portent aujourd'hui l'Empereur d'Allemagne & plusieurs Souverains, si ce n'est en disant que c'est un usage des temps les plus reculés, dans lesquels chaque Souverain prétendoit être le Maître de toute la terre, lors même qu'on n'en possédoit que la moindre partie? Plus nous remontons dans l'Antiquité, plus nous trouvons d'emblêmes relatifs à celui-là, que nous employons encore aujourd'hui, & dont nous avons perdu le véritable sens. Que signifient, par exemple, les couronnes des Souverains, si elles ne sont pas l'emblême de la possession de la terre? Les Septante ne rendent-ils pas la mer qui environne la terre, par le mot d'anneau, *Ecclef.* 1, 7 ? Et n'eft-ce pas l'origine du mot Océan, *Ogé-an*, le grand anneau ? Telle eft encore l'origine des anneaux dont nous nous fervons dans plufieurs occafions, par exemple, dans la cérémonie du mariage, &c. & qui fuppofent toujours qu'on embraffe une chofe en entier.

Toutes ces remarques prouvent qu'il faut employer beaucoup de difcernement lorfqu'on veut juger des expreffions emblématiques. On tomberoit dans de grandes erreurs, fi l'on prenoit au pied de la lettre la vanité de plufieurs peuples, qui, faute de connoiffance, fe regardoient comme les Souverains de la terre. Rien ne feroit plus funefte pour la vérité que de vouloir prefcrire une opinion fur des chofes dont les motifs & les caufes font inconnus : il vaut mieux garder le filence.

Si l'univerfalité du déluge n'eft pas admiffible, & que tout porte à adopter le fentiment contraire, les animaux créés par la main du Tout-Puiffant auront pu demeurer & vivre dans les autres parties de la terre, ainfi qu'ils l'avoient fait depuis le moment de la création ; car, d'où feroient-ils venus fans cela ? Parmi plufieurs autres exemples qui concourent à faire regarder les animaux comme attachés à toutes les parties du

O 4

Monde, je m'arrêterai seulement à celui de l'Archipel, nouvellement découvert par les Russes, entre le Kamtschatka & l'Amérique. Quantité de ces Isles sont si ingrates & si désertes, qu'il n'y a pas d'apparence que jamais personne les ait habitées, à moins que d'y avoir été forcé par la nécessité ; cependant, lorsqu'elles ont été découvertes, on y a trouvé en abondance des animaux adaptés au climat, comme des zibelines, des loutres, des renards bleus, &c. Dans l'Isle infortunée de Bering, sur les côtes de laquelle échoua le vaisseau destiné à faire des découvertes, on n'y trouva pas de traces qu'il y eût jamais eu même une cabane de pêcheur ; néanmoins l'équipage, composé de plus de soixante personnes, se nourrit depuis le 7 de Novembre jusqu'au 14 Août de l'année suivante, uniquement des animaux que l'on rencontre sur cette Isle, d'ailleurs absolument aride.

L'affluence des animaux étoit si considérable, que l'on étoit obligé de se rassembler, pour assommer à coups de bâton les renards bleus, qui venoient par bandes assaillir les cabanes que l'on avoit construites.

Qui a rassemblé ces animaux dans ces Isles ? Est-ce un effet du hasard, ou y ont-ils été amenés par quelques Voyageurs ou par les Habitans ?

On n'y a trouvé aucun veſtige qui puiſſe faire préſumer qu'elles aient jamais été fréquentées par des hommes. Il faut recourir à l'autorité de l'Écriture, & dire que celui qui a donné à l'homme la faculté & les reſſources de l'induſtrie pour ſe tranſporter par-tout, a ſuppléé à la privation qu'éprouvent les animaux à cet égard, en les répandant, dès le premier inſtant, ſur la ſurface du globe.

CHAPITRE X.

Réfutation de M. de P. , Auteur des Recherches philosophiques sur les Américains , les Égyptiens & les Chinois.

DIVERS Savans, comme je l'ai déjà dit, se font exercés sur l'origine des Américains : tels *Robert Lecomte* de Normandie (*De origine gentium americanarum*) , *Jean de Laet* & *Hornius*, *Acosta*, l'*Escarbot*, *Brerevood*, *Moraes*, *Fischer*, *&c.* Tels font encore M. *Engel* dans ses *Essais sur la population de l'Amérique*, & M. *de P.* dans ses *Recherches philosophiques sur les Américains, les Égyptiens & les Chinois*, où il s'est plus attaché à l'agrément du style qu'aux vérités historiques. M. *Engel*, plus versé dans ce genre de connoissances, nous a donné dans son Traité bien des choses curieuses & amusantes ; tandis que M. *de P.* a rassemblé des faits qu'il a exposés d'une maniere plus propre à flatter l'imagination qu'à convaincre l'esprit. Il est fâcheux qu'un Auteur, dont la plume est d'ailleurs éloquente, ait avancé des choses qu'il n'a pas entendues, ou qu'il n'a pas exposées dans leur véritable jour. Sans avoir pour les écrits de l'Antiquité ce respect outré qui ne peut qu'induire en erreur ceux qui s'y livrent, sans examiner si au moins la vraisemblance s'y trouve ménagée, il semble que M. *de P.* eût pu ajouter plus de foi qu'il ne fait aux fragmens qui nous restent de *Philostrate*, aux récits de *Strabon*, de *Pline*, de *Plutarque* & d'*Hérodote*. D'ailleurs, le P. *Gaubil*, le P. *Sollier*, le P. *Parrenin*, l'Abbé *Pluche*, MM. *Fourmont*, *Shaw*, *Kæmpfer*, *Tavernier*, &c. qu'il regarde comme des romanciers, ont pour la plupart voyagé dans la partie orientale de l'Asie ; & il n'est pas probable que tous ces Savans se soient concertés pour ne nous débiter que des fables, sur tout ce qui est relatif à la Chine, ou qu'ils aient été remplis de préjugés & dénués de jugement au point d'adopter indistinctement le vrai & le faux.

La méthode la plus sûre pour juger d'une nation qui nous a précédés d'un grand nombre de siecles, est de consulter

1°. Les témoignages que les Historiens nous en ont laissés ;

2°. De rechercher quelles ont été & quelles sont ses coutumes ;

3°. De comparer ses coutumes & sa religion avec celles des peuples plus anciens qu'elle ;

4°. De voir s'il y a quelque rapport entre son

langage & celui des peuples avec lesquels on prétend qu'elle doit avoir la même origine.

C'est d'après ces principes que j'examinerai le Livre des Recherches philofophiques fur les Égyptiens & les Chinois, dont quantité de paffages me paroiffent mériter d'être éclaircis. Je ne m'arrêterai qu'aux faits principaux, fans entrer dans une difcuffion qui fatigueroit les Lecteurs.

M. *de P.*, à la page 23 de fa Préface, prétend que le pays de *Serica* eft le même que celui qu'on appelloit *Igur* ; que les peuples connus fous le nom de *Seres*, ne font ni Chinois ni Indiens : c'eft ce qu'il falloit prouver : le nom de *Seres* vient originairement de *Serk*, *Sericum*, foirie ; le Géographe de Ravenne appelle les Indes *Serica* ; les anciens peuples de la Scandinavie appelloient l'Afrique *Serica* (*Voyez* Snorro, *Sturlonid. Yngl. Saga*, chap. 1 ; *Harald, Hardr. Saga*, chap. 5). *Rubruquis*, dans fon Voyage en Tatarie, *chap. XXVIII, pag.* 59, dit expreffément : « Au-delà » du pays de Muc eft le grand Cathay, où habi- » toient anciennement ceux que l'on appelloit » Seres ; car de-là viennent les bonnes étoffes de » foie, & le nom de Seres vient à caufe de leur » ville capitale ainfi nommée. Ils n'obéiffent pas » encore aux Moalles ou Tatars ». Le pays d'Igur, Uigur ou Iugur étoit abfolument diftinct de celui de Serica. Les Huns s'y établirent après leur expul-sion de la Chine : leur premier nom étoit *Gyn-Phan, gens qui demeurent dans les environs du Diable ;* & l'on entend sous le nom d'*Igarie,* ces grandes chaînes de montagnes qui séparent la Sibirie de la Russie, que l'on appelle communé-ment les montagnes de Verchoturie. Une partie de ces peuples parcourut, à la fin du IXe siecle, la Russie, & fixa enfin sa demeure près du Da-nube. Les descendans de ceux qui se sont retirés dans ces montagnes sont appellés aujourd'hui *Vogules.*

La meilleure preuve que l'on puisse fournir de leur origine commune, est la conformité qui se trouve entre le langage de ces peuples & celui des Hongrois modernes.

FRANÇOIS.	HONGROIS.	VOGULE.
Un.	Eki	Akukot.
Deux.	Kêt , Ketto.	Kita , Kitu.
Trois.	Harom.	Chorom.
Quatre.	Nêdi , ou Nelli.	Nila , Nile.
Cinq.	Ot.	Atte.
Six.	Hat.	Kat.
Sept.	Hêt.	Sata.
Huit.	Nyoltz.	Neulyn.
Neuf.	Kilentz.	Kelentz.
Dix.	Tiz.	Tot.
Onze.	Tizen-egi.	Ok-ay.
Vingt.	Husz.	Kusa.
Quarante.	Negyvem.	Nélmen.

FRANÇOIS.	HONGROIS.	VOGULE.
Cent.	Szâz.	Szed, Schæt.
Mille.	Ezer.	Szotyr, Schotr.
La nuit.	Ej.	Ji.
L'hiver.	Tel.	Talga.
Le feu.	Tûtz.	Taut.
La fosse.	Tø.	Tu.
La mer.	Anja.	Ank.
L'œil.	Szem.	Scham.
La langue.	Njelo.	Nielm.
Le foie.	May.	Mag.
Le couteau.	Kés.	Katſchi.
La fleche.	Nyd.	Njd.
L'arc.	Ju.	Jut, Jaut.
Le traîneau.	Szan.	Schun.
Le cheval.	Lo.	Lo, Lu.
Le chat.	Matska.	Matſchiclæ
Le renard.	Roka.	Okſar.
La grue.	Daru.	Taru.
L'oye.	Lud.	Lhûnt.
La plume.	Toll.	Tolle, Toul.
Le poiſſon.	Hal.	Hûhl.

M. *de P.*, à la page 9, tome II, voulant donner une idée de la médiocrité des Chinois dans
l'art de bâtir, dit que depuis tant de ſiecles que les
arts ſont exercés parmi eux, ils n'ont encore pu
élever que des maiſons avec un ſimple rez-de-
chauſſée, dont les parties ne conſiſtent qu'en une
charpente liée avec des tenons de fer : mais il
ignore ſans doute que cette méthode eſt l'unique
qui puiſſe avoir lieu dans un pays aſſujetti à de
fréquens tremblemens de terre ; il veut qu'il exiſte

une maniere de bâtir propre à prévenir les effets terribles de ces révolutions souterreines , & il ajoute que c'eft parce que les Chinois ne bâtiffent pas en pierre , & ne donnent pas affez de folidité à leurs murs & à leurs fondemens , qu'ils font plus fréquemment expofés aux ravages des trem-blemens de terre. Pour combattre cette opinion , il fuffit de rapporter l'exemple du dernier trem-blement de terre de Lifbonne , où toutes les mai-fons étoient bâties en pierre , & celui des pre-miers Efpagnols au Pérou , qui périffoient fous les ruines des magnifiques bâtimens qu'ils avoient élevés ; tandis que les naturels du pays , qui con-noiffoient le danger de cette maniere de conf-truire , habitoient de fimples cabanes , & fe ré-jouiffoient en voyant leurs tyrans élever des tom-beaux pour s'y enfevelir vivans.

En lifant la page 171 & fuivantes , où M. *de P.* parle des Bohémiens , que les Allemands appellent *Zigeuner* , on eft porté à croire qu'il n'a pas eu des notions bien exactes fur ce qui regarde l'Hiftoire d'Égypte.

Tous les peuples que l'on comprend fous le nom général d'Efclavons , comme les Polonois , les Bohémiens , les Vendes , les Croates , les Bof-niens , les Dalmatiens & les Ruffes , fe font eux-mêmes donné le nom de *Slaves* , mot originaire de la langue esclavonne , qui signifie *gloire*, *bravoure*. Leur véritable & premier nom étoit *Czighi*, & leur premiere patrie le mont Caucase. Les Bohémiens seuls ont conservé leur premier nom de *Czechi*. De ces mêmes peuples viennent ceux que M. *de P.* appelle Bohémiens, & auxquels les Allemands donnent le nom de *Zigeuner*. Le Juif *Binjamin* assure que les Esclavons vendoient une quantité considérable de leurs enfans aux peuples qui les avoisinoient. Saladin , Sultan d'Égypte, voulant établir au XIIe siecle une milice pareille à celle des Janissaires , acheta un grand nombre de ces enfans qu'il fit élever dans la religion mahométane , auxquels il fit apprendre l'exercice , & dont il composa sa garde ordinaire. En Égypte, on leur donnoit le nom de *Mameluks*, ce qui signifie un *esclave acheté* , du mot *Malak*, acheter, s'approprier. De-là vient qu'on appelle un renégat *Mameluk* , parce que les premiers Mameluks étoient des enfans chrétiens élevés dès leur enfance dans la religion mahométane. Ces Mameluks , qui sont les véritables *Czighi* , s'emparerent peu-à-peu d'un pouvoir assez étendu pour faire trembler les Sultans eux-mêmes ; c'est pourquoi , l'an 1517, le Sultan Selim prit la résolution de s'en défaire. Ceux qui furent assez heureux pour échapper à la proscription , se répandirent dans les

contrées

contrées voisines , & reprirent de nouveau leur premier & véritable nom de *Czighi* (voyez *Bergeron* dans son *Abrégé de l'Histoire des Sarrasins & des Mahométans* , ch. 8 , p. 375.). C'est de ce nom de Czighi qu'est provenue la dénomination moderne de Zigeuner : les François leur ont conservé leur véritable nom d'Égyptiens ou Bohémiens (voyez *Étienne Pasquier* dans ses *Recherches sur la France* , liv. 4 , ch. 17.).

M. *de P.* a cherché à prouver, dès la page 20 de sa Préface , que les Chinois ne sont point des Colonies égyptiennes : il établit pour base de son raisonnement que les Chinois sont une nation scythe, ou ce qui , selon lui, est la même chose , une nation tatare ; & , d'après cette assertion, il tire nombre de conséquences , sans s'appercevoir qu'il pose en fait ce qui est en question.

Remarquons d'abord que si les Chinois descendent des Tatares , ces derniers doivent nécessairement en être instruits , & leurs Historiens en auroient fait mention dans leurs écrits. Nous ne prendrons pour preuve du contraire que ce qu'*Abilséda* , Auteur national, en dit dans son *Opus geographicum* , à la page 126. « Nous ne connoissons pres-
» que rien de cet Empire chinois, si vaste & cou-
» vert d'un si grand nombre de villes ; & le peu
» que nous en connoissons mérite à peine qu'on

P

» y fasse attention, étant aussi obscur que confus.
» Nous ne savons rien également de certain &
» d'exact à l'égard des Indes.

L'origine des Scythes & des Tatares n'est pas
commune : il suffit, pour en avoir la certitude,
de lire ce que nous en ont transmis les Historiens
russes & tatares. Ces derniers, dans leurs émigrations, ne sont jamais venus des pays qu'habitoient
les Scythes : on leur a successivement donné différens noms : on les appelloit d'abord Torkmenes,
Petscheneges, Torkes, Taur-Menes, Moabites,
Agarenes, c'est-à-dire, Sarazenes. Le nom de
Tatares leur a été donné du fleuve Tata, qui, à
200 verstes de Jakuzk, se jette dans l'Aldan, par
les 62 degrés 30 minutes de latitude septentrionale. C'est mal-à-propos qu'ils ont reçu cette dénomination, que l'ignorance des Russes, sur le
pays d'où ils venoient, leur avoit donné du nom
de l'endroit où ils les avoient rencontrés pour la
première fois. Ils regardent encore aujourd'hui
comme une injure de s'entendre appeller du nom
de Tatares, & ils prétendent être appellés Mongols.
Je vais à ce sujet donner un extrait des Annales
russes, dont les faits éclairciront mieux la question que tous les raisonnemens qu'on pourroit
employer.

Ad A. 1224. « *Post hæc Phænomena, irrupere*

» gentiles quòrum origo nobis eſt incognita, nomine
» Tatari , Mõabitæ. Fertur eos appellari Taur-Me-
» nos aut Petſchenegos. Teſtatur Hiſtoria Tataro-
» rum Methodii Epiſcopi , eos proſiluiſſè è deſerto
» Euthyrio , ſito inter Septentrionem & Orientem
» ubi fluit Gedeon.

» De iis auguria hæc ſunt : ad terminum Mundi
» devaſtabunt terram ab Oriente ad Euphratem ,
» venientque ad Pontum Euxinum , exceptâ Æthio-
» piâ quam non adorientur. Audivimus ſanè eos mul-
» tas devaſtaſſe oras , nempè Jaſios, Obeſios & Kaſo-
» gos ; aggreſſi ſunt Polovzenies eoſque vicerunt ,
» alteros ad fluvium Dnepr , alteros ad ripas Doni
» uſque ad fretum maris profligarunt , ubi & periit
» hæc impia gens , filii Iſmaëlis. Romanorum Prin-
» ceps , nomine Kotjak, cum cæteris fugit in Ruſſiam ,
» venitque ad generum ſuum , magnum Ducem
» Mſtiſlav , Mſtiſlavi filium , ſocrum magni Ducis
» & Principis Jaroſlavi , Vſevolodi filii , & ad
» cunctos Ruſſiæ Principes , magnis cum muneribus ,
» implorans auxilium ; cùjus ad petita annuerunt
» Principes Mſtiſlav , Mſtiſlavi filius Halizenſis ,
» & Mſtiſlav , Romani filius Kiovienſis , & Mi-
» chaël Czernigovienſis cæterique quàmplurimi Prin-
» cipes juvenes , qui auxiliati ſunt Polovzenſes ;
» cumque tranſcenderint amnem Dnepr, cæteris ſupe-
» rantibus cataractas , caſtra metati ſunt ad flu-

» *vium Kotitſii ad vadum ; cumque Ruſſi & Polov-*
» *ʒenſes venerint ad Tataros , cruentum iniere bel-*
» *lum : ità ut per octo dies pugnarent cum hoſti-*
» *bus. Propulerunt tandem , die 27 Junii , extra*
» *fluvium Kalka , ubi tanta orta eſt clades , ut nun-*
» *quam ſimilis huic extiterit ; nam & Alexander*
» *filius cum 70 virorum fortiſſimorum occubuit. Fer-*
» *tur etiam ibidem occiſos fuiſſe decem Principes ,*
» *excepto Mſtiſlavo Haliʒenſi & Vladimero Rurici*
» *filio Kiovienſi ; hi Principes fugâ ſaluti conſuluere ;*
» *decima duntaxat pars Ruſſorum enſem Tataro-*
» *rum evaſit , quæ reverſa eſt in patriam ſuam* ».

Tous les peuples qui occupoient les pays qui ſe
trouvent entre la mer de Chvalinskoi & la mer
de Varefchskoi , ont , ſuivant les anciennes Annales ruſſes , reçu des Grecs le nom de Scythes ,
& le pays qu'ils habitoient, celui de grande Scythie.
Voyez *Neſtor* dans ſes *Annales*, années 904 , 907.

Il paroît par cet expoſé que la dénomination
de Scythes eſt un nom générique que les Grecs
leur avoient donné , parce qu'ils ne les connoiſſoient que confuſément ; mais ils changerent ce
nom à meſure que les guerres qu'ils eurent avec
ces peuples leur firent mieux connoître leur origine ; en ſorte que cette dénomination n'étoit plus
en uſage long-temps avant l'irruption des Tatares.

Ces faits étant authentiques & rapportés par des

Écrivains d'une autorité incontestable, comment M. *de P.* a-t-il pu confondre l'origine des Scythes avec celle des Tatares, les uns & les autres étant venus d'un côté tout opposé. Ce qui a pu l'induire en erreur, c'est sans doute le mélange qui se fit de ces peuples, lorsque les Tatares eurent conquis les contrées qu'habitoient les Scythes. *Plan Carpin* dit expressément (dans son *Voyage en Tatarie*, p. 58) : « Les nations qui ont vaillamment résisté » aux Tatares, & résistent encore, sans avoir pu » être assujetties par eux, sont la grande Inde, » Mangie, partie des Alains & des Cathayns, les » Sayes ». Ces Mangies sont la même nation que M. *de P.* appelle *Mandzi*, nom qu'il traduit par *Barbares du Sud*, & qui signifie *Habitans du Sud.* Dans la supposition que sa traduction de *Barbares du Sud* soit exacte, M. *de P.* est-il en droit d'en conclure « que ces peuples étoient des Sauvages » dénués de toute connoissance des principes de » la morale, & qu'ils venoient de la Tatarie, le » vrai pays des peuples Nomades ou Pasteurs » ? Les Patriarches qui menoient la vie de Pasteurs, les Égyptiens qui avoint parmi leurs tribus celle des Nomes, étoient donc des Barbares, selon la traduction de M. *de P.*

Le mot de *Barbare* ne se prend d'ailleurs que chez nous dans un sens qui dénote une espece de mépris ; car , dans fa véritable fignification , il défigne tout peuple qui parle une langue inconnue. *Jul. Cæf. Scaliger* , dit , *exercitat.* 51 : « Les » Numides font appellés *Barbares* d'un mot arabe » qui fignifie *murmure* , *baragouinage* , & ce nom » leur fut donné par les Arabes , parce qu'ils par-» lent une langue inconnue à ceux-ci ». *Hérodote* dit également , *l.* 1 , *p.* 73 : « Neco , Roi » d'Égypte, commença un canal qui devoit venir » de la mer Méditerranée au Golfe Arabique ; » mais un Oracle lui fit difcontinuer fon entre-» prife , lorfque le canal étoit déjà fait à moitié, » en difant qu'il fortifieroit par-là les *Barbares* , » mot par lequel les Égyptiens défignent tous » ceux qui parlent une langue étrangere ». Ovide, exilé dans la Sarmatie , écrivoit à fes amis de Rome: » Je fuis regardé ici comme un *Barbare* , parce » que perfonne n'entend mon langage ».

J'ai fait voir de quelle contrée font venus les Tatares , & quels pays habitoient les anciens Scythes ; je crois ne pouvoir mieux conftater la différence qui fe trouve entre ces peuples , qu'en rapportant quelques autres exemples de leurs coutumes : ce que je n'aurai pas befoin de faire à l'égard des Chinois , dont les ufages font fi connus.

Il n'y a pas dans l'Antiquité un trait plus caractérifé , & qui puiffe mieux faire connoître les

Scythes, que la réponse que fit leur Roi Inda-Thyrse à Darius, fils d'Hystaspes, lorsque celui ci lui demanda qu'il le reconnût pour son maître, & qu'il lui donnât de bon gré de la terre & de l'eau en signe de souveraineté, ou qu'il le traiteroit en ennemi. Inda-Thyrse lui répondit : « Je ne » fuis point ; je ne fais que ce que les Scythes ont » accoutumé de faire en temps de paix : cependant » si vous voulez que nous nous battions, vous » n'avez qu'à violer les tombeaux de nos peres ; » alors vous nous trouverez prêts à nous venger. » Vous pourrez établir votre domination sur » d'autres peuples, mais jamais sur nous ; nous » ne connoissons point d'autres Souverains que le » Ciel, nos Aïeux, & la Terre notre Déesse » : *Hérodote*, liv. 4, ch. 126, 127.

Ceux qui ignorent quelle étoit leur vénération pour les tombeaux de leurs peres, n'ont qu'à lire ce qu'en dit *Hérodote* dans son quatrieme livre. Ils eurent successivement différentes manieres d'ensevelir leurs morts. Dans les premiers âges, leur coutume étoit de les porter en terre avec la plus grande vénération, immédiatement après leur décès : voyez *Pindare*, Olympiad. ode 3 ; *Pomponius Mela*, liv. 3, ch. 5. Ils adopterent ensuite celle de brûler les morts, & d'en renfermer les cendres dans des pots qu'on couvroit d'une motte de terre : *Homere*, Odyff. 5 , ℣. 74 ; *Cæfar*, *de Bello gallico* , l. 6 , ch. 18 ; *Sherigham* , *de Anglorum gentis origine* , p. 454. Ils eurent encore l'ufage d'élever une efpece de colline fur le corps des morts. On trouve dans l'intérieur de la Sibirie (1) beaucoup de ces tombeaux érigés dès les premiers âges. On trouve auffi fort communément en Sibirie & en Suede de ces pots de terre , qui font une preuve de leur feconde maniere d'enterrer leurs morts. Divers monumens , en affez grande quantité dans la Finlande , le Danemarck , la Suede & l'Ingrie , conftatent la troifieme. Lorfque le Prince Orlow fit jetter les fondemens d'un bâtiment à Katfchina , on déterra beaucoup de fquelettes qui paroiffoient avoir été affis dans leurs collines ; leur taille étoit gigantefque ; ils avoient une hache entre les jambes , de grandes boucles d'oreilles & plufieurs autres ornemens & outils pareils à ceux dont les Finlandois fe fervent encore aujourd'hui.

---

(1) On me permettra de me fervir du nom de *Sibirie* au lieu de Sibérie ; car Sibir étoit autrefois le nom de la réfidence du Chan Kutfchum , aux bords de l'Irtifch , & le ruiffeau qui l'entouroit s'appelloit Sibirka & non pas Siberka. Par la même raifon , j'ai préféré de dire *Tatare* & non pas Tartare , parce que le fleuve d'où vient ce nom s'appelle *Tata*. C'eft ici un exemple de ces *r* ajoutées par les François à tant de noms.

Ce n'étoit point là la coutume des anciens Tatares. Lorsque quelqu'un d'entr'eux mouroit, on laissoit un de ses parens, ou à son défaut un de ses amis, pour le garder pendant quelque temps ; & s'il étoit de la race souveraine, on ne savoit pas l'endroit de sa sépulture, dit *Rubruquis*. Cette coutume venoit de Perse; le lieu de la sépulture des Rois de Perse étoit toujours ignoré : voyez les Voyages de *Chardin* en Perse, tom. III, p. 76, & tom. IX, p. 103, *édit. d'Amsterdam, in-12.*

Les Scythes appelloient Dieu, *Thur*, *Thor*, *Tyr* ou *Odin* ; les Tatares lui donnoient le nom d'*Allah* ; on ne voit aucune analogie entre ces termes essentiels des deux langues. Quant à ce qui regarde le mot *Thor*, nous trouvons qu'*Hérodote*, dans la réponse d'Inda-Thyrse à Darius, substitue Ξευς, Jupiter, au nom Scythe. *Jornandes, de rebus geticis,* ch. 5, nous dit que le premier Juge des Scythes étoit appellé *Zeuta*. Ce mot de *Zeuta* ne signifie autre chose que Θεις, car les Doriens & les Lacédémoniens changeoient souvent le Θ en Z, de même que les Allemands. *Thur*, *Tyr*, *Thor*, *Jupiter*, *Zeuta*, *Zevs*, *Odin*, n'ont donc qu'une même signification, qui revient au mot Θεις. Les mots *Odin*, *Atys*, *Attin* qui signifient l'unité, est par conséquent une même chose avec *Atin*, Dieu des anciens Phrygiens, avec *Adonaï* ou *Jodaim*.

Dieu des Hébreux, *Adonis*, Dieu des Syriens, *Adon*, *Adonin*, Dieu des Phéniciens & des Affyriens, *Vedam*, Dieu des Indiens, *Teut-Atin*, Dieu des anciens Teutons, *Andate*, *And-Attin*, Dieu des Bretons, *Voda*, *Voddon*, Dieu des Arabes, *Adin*, l'Unité des Ruffes, *Odin*, l'Unité des Efclavons; toutes ces dénominations ne fignifiant autre chofe que l'unique & le vrai Dieu: mais quel rapport entre ces mots & le nom d'*Allah* que les Tatares donnoient à l'Etre Suprême?

Les Scythes avoient une efpece de Baptême; ils jettoient de l'eau fur le corps des enfans nouvellement nés, & prioient quelques-uns de leurs amis les plus diftingués de donner un nom à l'enfant. Cette cérémonie devoit les préferver de tous les dangers auxquels la vie humaine eft expofée: voyez *Snorro Sturlonid.*, *Har. Harf. Saga*, ch. 40 & tom. I, p. 223; *Olearius*, Voyage en Perfe, l. 2, ch. 9.

Les Tatares au contraire employoient la Circoncifion; cette cérémonie n'avoit lieu que depuis l'âge de fept ans jufqu'à feize: ils penfoient que dès cet inftant deux Anges fe plaçoient fur les épaules de l'enfant, & tenoient un compte exact de fes actions bonnes ou mauvaifes, dès qu'il avoit paffé l'âge de feize ans. Lorfqu'une femme étoit prête d'accoucher, le mari tendoit un drap autour de sa cabane, le battoit sans interruption avec des baguettes, jufqu'à ce que l'enfant fût venu au monde, & crioit *Gart-Czit-Kir ! Va-t-en, Diable !* L'enfant recevoit son nom du premier objet qui se préfentoit aux yeux du pere, à l'inftant de l'accouchement. De-là vient que le fecond fils de Czingis-Chan fut nommé *Tolai*, qui veut dire *lievre :* le premier s'appelloit *Tſchutſchi*, parce que lorfque fa mere revenoit de la captivité avec ce fils, le pere lui adreffa ces mots : *Voyez ! la-voilà qui vient avec un Tſchutſchi*, c'eft-à-dire, *avec un hôte :* voyez les Voyages de *Rubruquis* en Tatarie, & l'Hiftoire généalogique des Tatares, traduite du Manufcrit tatare d'Abul-Gafi-Baya-dour-Chan.

La Mythologie des Scythes, différente de celle des Tatares, fe trouve dans un Livre très-rare, qui a pour titre *Edda des Iſlandois*, écrit en 1215 en Iflandois, par *Snorron*, fils de *Sturla*, & publié par Jean *Refenius* à Copenhague, en 1665, in-4. Ces deux Mythologies n'ont pas la moindre ref-femblance entr'elles. Les Tatares avoient la cou-tume de fe purifier par le feu, & tous ceux qui les approchoient étoient obligés de paffer par deux feux, croyant que cet élément purifioit tou-tes chofes.

Omnia purgat edax ignis.
Le feu confumant purifie tout.

Ovid. Faſt. IV, ℣. 785.

Ils adoroient le Soleil & le Feu , & ne contraignoient perſonne à embraſſer leur religion : Voyez *Carpin* & *Rubruquis* dans leurs Voyages en Tatarie.

Le feuil du Palais des Chans des Tatares étoit facré ; quiconque marchoit deſſus étoit puni ; il falloit l'enjamber : la porte en étoit également facrée ; les gens qui avoient reçu quelque grace du Chan , alloient la baifer en pompe & en cérémonie ; & le Chan même , par refpect , ne la paſſoit jamais à cheval : voyez les Voyages de *Chardin.*

Leur divination fe faifoit au moyen des os de mouton brûlés. Le Prophete *Daniel*, II, 2 , faifant mention des quatre efpeces de divination, commence par celle qu'il appelle *Hhartumim de Heroujim Toumim*, ce qui fignifie , *des os brûlés :* cette coutume eſt donc très-ancienne , & tire fon origine de la Chaldée : les Chaldéens la tranfmirent aux Medes ; les Medes aux Perfans , & les Perfans aux Tatares.

Leurs Princes s'appelloient *Gog & Magog* , c'eſt-à-dire, *Prince des Princes ;* & c'eſt d'eux que parle *Ezechiel* , lorfqu'il dit : « *Et educam te &*

» *omnem exercitum tuum , Perſæ , Æthiopes &*
» *Lybies cum eis* ».

Ils adhéroient à la doctrine d'*Al-Thenaouiat ,*
ce qui ſignifie en langue perſanne , *la Religion des
Deux Principes :* ils n'avoient point de Lamas chez
eux , mais des Schamans , qui profeſſoient la
Religion de *Taoſſé* , & non pas celle des Lamas
ou de la Secte de *Fo :* voyez *Gaubil* dans ſon
Hiſtoire de la Dynaſtie des Mongous , p. 105 ,
106 , 291.

Les premiers Tatares s'appelloient *Su-Moalls ,*
c'eſt-à-dire , les Moalls des eaux : leur pays étoit
à-peu-près au nord de la Corée : voyez *Carpin ,*
p. 39 , *Rubruquis* , p. 89 , *Gaubil* , dans l'Hiſtoire
de la Dynaſtie des Mongous , *p.* 2 , *remarque* 1.

Le neuvieme jour de la lune de Mai , ils avoient
la coutume d'aſſembler toutes les jumens blanches
qui ſe trouvoient dans leurs haras , pour les con-
ſacrer à Dieu. Tous ces exemples prouvent combien different les Tatares & les Scythes.

Ajoutons quelques mots à l'égard des Chinois.
M. *de P.* auroit pu ſe convaincre facilement que
les Chinois ne ſont ni Tatares ni Scythes. *Carpin*
lui auroit appris , *p.* 40 , que Czingis-Chan , après
avoir vaincu les Naimans & les Kara-Kitains ,
marcha contre les Kitaiens , c'eſt-à-dire , contre
les Chinois ; que leur Empereur raſſembla de

grandes forces ; & que le combat s'étant engagé, les Mongales (nom dérivé de celui de Moalls) furent vaincus, & que Czingis-Chan, avec les débris de son armée, s'enfuit dans son pays. Quelque temps après, il alla attaquer avec de nouvelles troupes les Huires ou Jugurs, qui étoient Chrétiens Neftoriens, & qu'il vainquit. C'eft d'eux que les Mongales ou Tatares ont pris les caracteres de leur écriture. Delà Czinghis-Chan marcha contre les Sarviurs, les Caranites ou Cara-Its, les Voirœts ou Uirœts & contre les Comans, & fubjugua leurs pays. Peu de temps après, il raffembla tous fes peuples pour aller attaquer de nouveau les Kitaiens, fur lefquels il remporta enfin la victoire : ces derniers ne portoient point de barbe ; leur figure reffembloit affez à celle des Mongales, mais ils n'avoient pas le vifage fi large ; ils avoient une langue qui leur étoit propre, & les ouvrages qui fortoient des mains de leurs artifans égaloient en perfection ceux des peuples les plus policés : leur pays abondoit en bleds, en vins, en or, en argent, en foieries, enfin en tout ce qui peut contribuer aux commodités de la vie. *Carpin* ajoute : » Les Kitaiens » ou Chinois font de petite ftature & parlent du » nez ; ils ont, comme tous les Orientaux, les yeux » petits ; ils font excellens ouvriers en toutes

» sortes de métiers, & leurs médecins fort experts
» en la connoissance des vertus & propriétés des
» simples ».

Ce rapport de *Carpin* n'est pas conforme à ce
que M. *de P.* dit de leurs ouvriers : les relations
du premier sont confirmées par le témoignage de
beaucoup d'Écrivains chinois & des Missionnaires qui ont voyagé dans le pays. Nous sommes
assurés, d'après les faits que ces Missionnaires ont
recueillis, que les Kitaiens ont été défaits par les
Tatares. Est-il raisonnable, après cela, d'être du
même sentiment que M. *de P.*, lorsqu'il dit que
les Tatares & les Kitaiens ont une origine commune? Je ne crois pas que l'on puisse ajouter plus
de foi à ce qu'il dit de leur inexpérience totale
dans toute espece d'ouvrages.

M. *de P.* prétend que les Scythes, aussi-bien
que les Chinois, avoient un dragon représenté
sur leurs drapeaux & sur leurs boucliers, d'où il
conclut qu'ils ne font qu'un même peuple. *Tacite*
cependant attribue aux Scythes un usage différent :
» Lorsque les anciens peuples de la Scandinavie
» & du Nord, dit-il, ou les Scythes, alloient à
» la guerre, ils peignoient leurs boucliers, leurs
» drapeaux, leurs visages & leurs mains de cou-
» leur noire, afin de faire plus de peur à l'ennemi.

Je m'appuierai encore, pour ce qui concerne

l'origine des Tatares, des Scythes & des Chinois, du paſſage d'un Auteur que M. *de P.* cite ſouvent en ſa faveur, le célebre M. *Fiſcher*, qui s'exprime cependant ainſi, dans ſon Traité de l'origine des Tatares, *p.* 46 : « Je vais démontrer » ici en peu de mots, 1°. que les anciens Tatares, » ſitués aux confins de la Chine, n'ont aucun rap- » port de ſang ni de langage avec ceux qui portent » aujourd'hui ce nom ; qu'au contraire, ils leur » ſont abſolument étrangers : 2°. que les nations » aſiatiques & européennes, que nous nommons » indiſtinctement Tatares, ſont originaires des » Turcs : 3°. qu'avant Czingis-Chan les anciens » Mogols étoient de la même origine, & par- » loient la même langue : 4°. que les Mongols, » qui deſcendent aujourd'hui d'un mélange de di- » verſes nations, principalement des Kalmaks (1), » adopterent leur langage ».

---

(1) On me permettra de me ſervir du nom *Kalmak* au lieu de celui de *Kalmuk* ; parce que ce mot vient originairement des Tatares Mahométans, qui, portant de grands turbans, ont donné, par dériſion, à leurs voiſins les *Elutes*, le nom de *Kalmaks* ou *Kalpaks*, à cauſe de leurs grands bonnets ; & qui, par la même raiſon, ont donné le nom de *Kara-Kalpaks* à leurs confreres, les *Mankattes*, qui portent de grands bonnets noirs : ils

Il n'est pas moins surprenant que M. *de P.* veuille que la Chymie soit restée dans la plus grande imperfection dans l'Empire de la Chine : ceux qui savent que le mot *Chymia* ou *Simia* est pris chez les Orientaux dans un double sens, s'appercevront bien que M. *de P.* s'appuyoit sur un principe erroné. Les Orientaux distinguent le terme de *Chymia* de celui de *Simia.* La Chymie, selon eux, ne s'exerce que sur les sucs & sur les essences des plantes, & c'est par extension qu'elle comprend la préparation des minéraux & des métaux ; ils se servent du nom particulier de *Simia*, lorsqu'ils parlent de la Chymie en général, & des effets merveilleux qu'elle produit. Ils réunissent toujours ces deux mots, lorsqu'ils veulent désigner toutes les opérations que l'on fait par le moyen du feu, tant sur les animaux & sur les plantes, que sur les minéraux & sur les métaux. Il est étonnant que M. *de P.* ait voulu être le premier à contester la connoissance des

---

Ils appellent les Persans *Kesil-Bashi*, ou *têtes rouges*, par rapport à leurs bonnets rouges ; & les Mongoles, *Kara-Kalmaks* ou *Kara-Kalpaks*, par rapport à leurs bonnets brun foncé : ainsi comme le mot *Kalmak* ou *Kalpak*, qui signifie un bonnet, est leur vrai nom, & non *Kalmouk*, je me servirai toujours de celui-là.

Q

élémens de la Chymie, à un peuple qui non seulement en distingue si bien les diverses parties,
mais duquel même nous avons reçu sans contredit les premieres notions de cette science.

M. *de P.* dit de plus que l'usage de l'or & de
l'argent est défendu aux Chinois, parce que dans
aucun pays on ne trouve autant de filous & de
fripons que chez eux. Mais d'où viennent ces barres
d'or & d'argent sur lesquelles on voit les mêmes
empreintes & les mêmes caracteres que sur l'encre
appellée de la Chine, si connue en Europe, &
que les marchands russes rapportent en échange
de leurs fourrures ; mais que, selon les ordon-
nances de Russie, ils sont obligés d'échanger chez
les Gouverneurs de leur nation, dans les villes
frontieres, contre de l'argent monnoyé en Russie ?
Il paroît que M. *de P.* avoit des notions confuses
sur cet objet, ou qu'il vouloit parler d'autre chose ;
c'est au moins ce que j'ai cru entrevoir. Il existe,
il est vrai, à la Chine une défense générale d'ex-
ploiter les mines, qui sont en grande quantité
dans le pays, sous prétexte d'empêcher la corrup-
tion de l'air ; mais le véritable motif de cette dé-
fense est de prévenir le luxe, & de tenir à bas
prix tous les objets de premiere nécessité. Cette
Loi sage en elle-même est fortifiée par une autre
considération, qui en empêche les inconvéniens.

Les Européens, par la nature de leur commerce, sont obligés de le faire avec des especes d'or & d'argent, qui suffisent à la circulation intérieure de l'Empire, sans faire mention d'une autre branche secrette de commerce qui subsiste entre les Japonois & les Chinois, & qui est la source d'un profit immense pour ces derniers.

Outre ces barres, qui sont particuliérement destinées au commerce, il y a encore la monnoie courante de l'Empire : les especes sont de différentes grandeurs ; on y voit d'un côté le nom de l'Empereur, & sur le revers, cette inscription : *Bau-Tschoun*, *Monnoie de l'Empire*, comme on peut le voir dans les figures que nous en donnons. Cette monnoie n'est cependant pas la seule qui ait cours dans l'Empire : la note & les figures que je joins ici, & que je dois à un de mes amis, serviront à faire connoître celle qui est encore en usage, & que l'on frappe à l'occasion des événemens particuliers.

« Une personne que vous connoissez très-bien, » dont j'ai promis par serment de taire le nom, » vint me voir peu de jours après votre départ, » & me montra, sous la foi du secret, des dessins » que *** avoit fait soigneusement copier sur des » médailles fort rares, jamais & nulle part con-» nues jusqu'ici, que ***, Jésuite Missionnaire à

» la Chine, fraîchement revenu de ce pays, s'eſt
» procuré. Acceptez-en la copie, que j'ai pris
» moi-même, avec tout le ſoin que j'ai pu, dans
» le cabinet de cette perſonne. Recevez un tréſor
» dont vous êtes ſeul poſſeſſeur dans la république
» des lettres, excepté ***, qui en fait un ſecret.
» A Péterſbourg, aux Ides de Juillet 1774 ».

LOECHNER (1).

Toutes ces figures repréſentent des emblêmes
& des hiéroglyphes qui ne ſont que les ſymboles
de leur religion, & les expreſſions de leurs ſciences & de leurs arts. L'animal auquel M. *de P.*
donne le nom de dragon, de lézard braſilien, &
que dans un autre endroit il croit être un crapaud
avec des aîles & une queue d'éléphant, n'eſt autre
choſe que le *Thermuthis* ou le Serpent ſacré des
anciens Égyptiens, comme on pourra s'en convaincre par l'inſpection des figures mêmes. On
pourra en trouver une explication plus détaillée
dans *Orus Apollo, De ſacris apud Ægyptios notis
ac cælaturis : Pariſiis,* 1548.

« Comment repréſentent-ils le monde ? Pour
» le peindre, ils tracent un ſerpent mordant ſa

***

(1) M. *Loechner*, Straſbourgeois de nation, eſt le même
qui remplit actuellement la fonction de Profeſſeur du noble
Corps des Cadets, à Saint-Péterſbourg.

» queue, & parfemé de diverfes écailles, qui
» font autant d'emblêmes myftérieux des étoiles
» qui ornent le Ciel & l'Univers. Cet animal eft
» lourd comme la terre, auffi léger & gliffant
» que l'eau; & comme, en changeant de peau,
» il quitte tous les ans fa vieilleffe, ainfi l'année
» expirante, produite par la révolution du mon-
» de, fe renouvelle & rajeunit en quelque forte.
» En rongeant fa queue, il défigne que les êtres
» qui font produits dans l'Univers par les foins de
» la Divinité, rentrent en quelque façon en elle,
» & fe réduifent à rien ».

Les exemples que M. *de P.* cite pour donner
une idée du goût des Chinois, à l'égard des arts
& des fciences, font défectueux. Parce qu'il voit
chez eux des figures à plufieurs vifages & avec
fept mains, il en conclut que ce font des igno-
rans, & qu'ils ne font point defcendus des Égyptiens. Il eût d'abord fallu, pour avancer une opinion auffi décifive, déterminer ce qu'on entend
par les vraies fciences; il eût fallu examiner enfuite comment ils combinent celles qui font utiles avec celles qui font agréables: il feroit difficile d'en trouver de la premiere claffe dans lefquelles ils n'excellent pas; leur caractere ne les
porte pas auffi vivement vers les fecondes, parce
que ce peuple, peu corrompu par le luxe, aime

mieux s'occuper d'objets qui, en procurant la véritable utilité de l'homme, amenent néceſſairement l'agréable à leur ſuite. Peut-on blâmer un tel peuple & de tels principes ?

Ces figures à pluſieurs viſages & à ſept mains, &c. paroiſſent ſingulieres à M. *de P.*; mais ſont-elles plus étonnantes que la ſtatue de Janus ? Ce ſont des allégories deſtinées, non à faire briller l'habileté de l'Artiſte, mais à donner aux ſens une idée des facultés de Dieu. Cette multiplicité de viſages & de mains eſt l'emblême de la préſence & de la toute-puiſſance de l'Etre-Suprême, & ſert à rappeller à la mémoire de l'homme les ſept vertus principales dont il doit s'occuper. M. *de P.* a tort, même en conſidérant ces ouvrages relativement au goût qui y préſida. Je poſſede une figure originale de leur fameux *Fudſii* ou *Confucius* ; tous ceux qui l'ont vue l'ont admirée, & je ne crois pas qu'un de nos Artiſtes ſoit capable de la mieux travailler. Ce ne ſont point les traits du viſage qu'il faut conſidérer ; car je rirois d'un artiſte qui donneroit à une figure chinoiſe le viſage d'un Européen ; leurs traits ſont fort différens des nôtres : je n'entends parler que de la perfection du travail. La figure de *Fudſii* que je poſſede, tient à la main le même globe qu'on voit dans celle de la figure repréſentée ſur l'autel du

tableau d'Herculanum. Il n'eft point de connoif-
feurs qui ne faffent cas des tableaux chinois repré-
fentant toutes fortes de payfages en terre graffe,
qui rempliffent feuls un des appartemens du nouveau Palais d'Oranienbaum, près de Saint-Péterfbourg.

M. *de P.* a certainement tort à l'égard de l'objet fur lequel il attaque M. *de Guignes*, à la p. 162
de fes Recherches : il prétend que, comme l'on
ne trouve chez les Chinois aucune trace des animaux ni des emblêmes qui étoient en vénération
chez les Égyptiens, l'on peut en conclure qu'il
n'y a aucune analogie entre ces deux peuples.
Cependant l'on trouve chez eux la vache, fymbole de la fertilité, & toutes les autres figures
emblématiques fous lefquelles les anciens habitans
de l'Égypte repréfentoient les différens attributs
de l'Etre-Suprême. Cela feul forme une préven-
tion très-forte contre ce que nous dit M. *de P.*
Ajoutons à cela la reffemblance qui fe trouve entre l'efpece de culte que les Chinois rendent à la
vache, avec celui que les Égyptiens rendoient à
tous les animaux qui pouvoient leur nuire ou leur
être utiles ; non qu'ils les adoraffent comme des
Dieux, ainfi qu'on l'a cru mal-à-propos, mais
par reconnoiffance pour les uns, & par crainte
du mal que les autres pouvoient leur caufer.

Q 4

Sans s'arrêter aux expreſſions de M. *de P.* ſur ce que les Miſſionnaires nous ont rapporté des écrits de *Fudſii* ou *Confucius* , on ne ſera pas fâché de ſavoir que ce Légiſlateur a prédit la venue d'un Sauveur : c'eſt ce que les Chinois repréſentent ſous l'emblême d'une figure qu'ils appellent *Burchan* , nom qu'ils donnent auſſi à Dieu. Ce Burchan a les jambes croiſées , tenant dans ſon ſein un pot du même métal que le reſte de la figure : ſuivant la prédiction que les Chinois diſent avoir été accomplie , Dieu l'a envoyé ſur la terre pour inſtruire les hommes ; après qúoi , il eſt remonté au Ciel. Le pot qu'il a dans ſon ſein ſignifie l'extrême pauvreté dans laquelle il a vécu ; il avoit promis l'abondance dans la vie future à ceux qui rempliroient les devoirs de l'humanité envers leurs ſemblables , & qui vivroient ſelon les principes de la morale. Ce qui regarde cette partie des dogmes religieux des Chinois ſur ce ſujet, eſt décrit dans un paſſage du *Sind-Hind* ou *Livre du ſiecle des ſiecles* , que je vais rapporter. C'eſt *Fudſii* qui parle : « Le Monde ayant été créé, les hommes » vécurent long-temps dans une grande ſainteté ; » ils avoient le don de prophétie , & poſſédoient » en outre des forces ſurnaturelles & miraculeuſes. » A cet age d'or ſuccéda une époque malheureuſe ; » la terre produiſit une plante douce comme le

» miel (appellée *fchime* dans leurs livres) ; un
» homme vorace vint qui en goûta, & qui, par
» fes éloges, fit naître l'envie aux autres hommes
» d'en manger. Dès-lors la fainteté difparut de
» deffus la face de la terre ; leurs forces furna-
» turelles & miraculeufes , la longueur de leur
» vie & leur grandeur diminuerent ; & le monde
» fut obligé de vivre long-temps dans les téne-
» bres, jufqu'à ce que le foleil & les aftres revin-
» rent répandre la lumiere fur la terre confternée.
» Pendant cet intervalle , l'âge des hommes , les
» forces du corps & les vertus diminuerent encore
» davantage ; enfin la vertu difparut entiérement ,
» & à fa place parurent l'adultere , le meurtre ,
» l'injuftice & tous les vices : & comme en même
» temps la terre ne produifoit plus rien pour leur
» nourriture , la néceffité fit inventer la charrue ;
» mais comme ni la vie ni les propriétés n'étoient
» point affurées , on choifit le plus fage pour
» maître & pour gouverner. Cet homme fit le
» partage de la terre & des biens : alors parurent
» plufieurs Burchans envoyés pour convertir le
» monde dépravé. *Enedkek* (1) fut un des plus

______

(1) On donne, fuivant le témoignage de M. *Bayer* , le
nom d'*Enedkek* aux lettres alphabétiques des Brachmanes ;
& les Kalmaks , ainfi que les Mongols , affurent que ce

» illuſtres. Cela dura juſqu'au temps où les mortels
» ne vécurent plus que cent années. Dans ce temps-
» là, vint le grand *Burchan*, fondateur de la reli-
» gion des Lamas, *Dshakdshimmuni* ; il établit
» ſes dogmes chez ſoixante & une nations, mais
» par malheur chacun les prit dans un ſens oppoſé:
» delà naquirent la diviſion & les différentes reli-
» gions qui ſont répandues dans le Monde ».

Quoi qu'en diſe M. *de P.*, ce paſſage reſſem-
ble fort à ce que l'Écriture nous rapporte.

1°. De l'innocence des premiers hommes.

2°. De leur péché & de leur chûte, pour avoir
mangé d'un fruit défendu.

3°. Du décroiſſement de leurs années de vie.

4°. De leur méchanceté.

5°. De l'origine des Souverains.

6°. De la confuſion des langues.

7°. De la miſſion des Docteurs & des Prophetes.

---

mot d'*Enedkek* ne ſignifie autre choſe que les Indes : c'eſt
delà que les Grecs du moyen âge ont appellé les Indes,
Ἰνδικία, ce qui ſe rapproche aſſez du mot d'*Enedkek*:
voyez *Bayer*, *Comment. Acad. Petrop.* tom. 4, p. 297.
Ceci ſe confirme par les figures mêmes, dont le viſage,
les yeux, les oreilles préſentent la forme que la nature a
donnée à ces organes chez les Indiens.

Je ne déciderai pas qui des deux a copié l'autre ; je m'en tiendrai là sur cette matiere.

M. *de P.*, à la p. 319 , veut priver les Chinois de la gloire d'avoir inventé la Porcelaine & l'Imprimerie : il s'autorise du rapport de M. Lange, Vice-Gouverneur d'Irkurzk & Conseiller d'État, qui avoit été envoyé à la Chine par la Cour de Russie. Mais M. Lange dit seulement que la plus belle porcelaine se fait aujourd'hui au Japon ; & la porcelaine japonoise que l'Empereur de la Chine envoya par Ismailov à Pierre Ier , ne prouve pas mieux que les Chinois n'en sont pas les inventeurs. Un moyen sûr de connoître quel est le peuple qui a inventé un art , est de savoir si la dénomination primitive de cet art est due à la langue de ce peuple , & je vais lever tout doute à cet égard. *Facfur* ou *fakfour* étoit le surnom ou le titre des Rois qui regnoient sur les contrées méridionales de la Chine , c'est-à-dire, des Rois naturels & originaires du pays , tels que ceux de la Dynastie de *Song* , & non des Princes étrangers qui s'emparoient du pays les armes à la main. C'est de ce nom que les Porcelaines de la Chine sont appellées *Facfuri* dans tout le levant , nom que les Russes ont altéré en celui de *Farfuri*. Il est donc naturel de penser que l'art de la Porcelaine fut inventé dans les provinces méridionales de la Chine.

Les Chinois ont un secret particulier pour y poser les couleurs : on voit beaucoup de porcelaine peinte en noir, soit avec de l'encre que l'on appelle de la Chine, ou du Cobalt.

On ignore en Europe l'art d'appliquer les demi-métaux en peinture ; & les épreuves qu'on en a faites n'ont pu réfister à l'action du feu : les Chinois poffedent cependant ce fecret, ce qui fait affez voir combien l'imputation de M. *de P.* est fauffe, lorfqu'il nie qu'ils euffent la connoiffance des principaux procédés de la Chymie.

Quant à l'art de l'Imprimerie, j'ai en ma poffeffion des tables d'impreffion fur lefquelles font gravés des difcours entiers, qui, par leur contenu, font certainement de la plus haute antiquité, & telles à-peu-près que les premieres épreuves qu'on fit en Europe, lorfque l'art de l'Imprimerie y prit naiffance : voyez fur ce fujet les Voyages de M. *Gmelin l'aîné* en Sibérie, tom. 1, p. 248.

Les Chinois exercent depuis les temps les plus reculés les arts & les fciences, & jamais ils n'ont employé le fecours des peuples qui les avoifinoient. M. *de P.* rapporte, à la page 23, tom. 2, qu'un fameux Conquérant, nommé *Koublai*, dont le vrai nom est *Houpilai*, & qu'on furnomma *Chit-Sou* lorfqu'il fut parvenu à l'Empire, fit conftruire le fameux canal de la Chine, & qu'il

fut le premier qui établit des écoles publiques pour
les sciences, les arts & la morale. On a deux chofes à alléguer contre cette affertion : la premiere,
que cet Empereur n'entreprit ce projet qu'en conféquence d'un Mémoire que les Lettrés lui préfenterent ; la feconde, que les Lettrés, afin d'engager l'Empereur à y confentir, lui repréfenterent
dans ce Mémoire, rapporté au long par le Pere
Gaubil (dans fon *Hiftoire de Gentchis-Can & de
toute la Dynaftie des Mongous*, p. 183, 184,
185), ce que les Hiftoires chinoifes difoient du
foin que *Yao*, *Chun*, *Yu*, & les plus illuftres
Empereurs des familles *Hia*, *Chang*, *Tcheou*,
avoient eu de faire fleurir les fciences ; ils y dé-
tailloient enfuite ce qu'avoient fait les Empereurs
des *Han* pour la recherche des Livres & le réta-
bliffement des fciences dans tout l'Empire. Ils
louent fur-tout l'Empereur *Taoouti* des *Ovey*, &
parlent du College où ce Prince entretenoit trois
mille Lettrés, qui travailloient fur toute forte de
matieres. Ils ne font qu'indiquer ce qui fe paffa
fous les *Tfins* ; & ils parlent du grand College
que fit bâtir l'Empereur *Vouti* ; ils font auffi mention des grandes chofes que l'Empereur *Venti* de
la Dynaftie des *Song* exécuta pour le progrès des
fciences ; ils s'étendent beaucoup fur ce que fit
l'Empereur *Tait-Song* de la grande Dynaftie des

Tang : « Ce Prince, difent-ils, fit bâtir un College
» magnifique, où il y avoit douze cents cham-
» bres pour la demeure des Lettrés. On y enfeignoit
» toute forte de fciences, & on y voyoit des jeu-
» nes gens de toutes les nations, & de la pre-
» miere qualité ; les Rois & les Princes étrangers
» envoyoient leurs enfans pour être élevés dans
» cette Académie, établie à *Sigan-Fou*. L'Empe-
» reur alloir lui-même quelquefois entendre les
» leçons publiques des Docteurs, interroger les
» écoliers, & récompenfer les maîtres & les difci-
» ples. *Coat-Song* imita fon pere *Tait-Song*, &
» fit bâtir des écoles impériales, &c. jufques dans
» les villages ». Les Lettrés finiffent par répréfen-
ter combien il feroit utile d'imiter ces exemples.

Le ftyle emblématique fous lequel eft voilée
la morale chinoife, offre de grandes difficultés
aux recherches des Savans : mais il n'en eft pas
moins conftant que les plus grandes vérités font
cachées fous ces emblêmes ; & que les Chinois
ont employé cette méthode de deffein prémé-
dité, afin de pouvoir s'occuper tranquillement
des arts & des fciences au fein de l'Empire, dont
les frontieres ne font bordées que par des peuples à-demi barbares. Auffi le jugement que des
gens de lettres ont porté fur ces derniers, a influé
fur ce qu'ils nous ont dit des Chinois.

Il n'a pas été difficile à un peuple vertueux &
inſtruit des véritables principes qui peuvent conduire l'homme au bonheur, d'éclairer un Conquérant, quoique Tatare, & de l'initier dans les myſ-
teres des anciens Égyptiens; c'eſt ce qui eſt aſſez
prouvé par les belles actions de l'Empereur actuellement regnant, & par ſes Édits, qui ſont des
exhortations vraiment paternelles. (1). Sa vie eſt
celle d'un Sage qui gouverne un peuple ſage.

Lorſque l'Empereur meurt, ſon corps eſt expoſé
en public, ainſi que le pratiquoient jadis les
Égyptiens : le peuple aſſemblé lui décerne ſon
ſuffrage pour l'immortalité, lorſqu'il a gouverné
l'Empire avec droiture, avec ſageſſe & avec l'affection qu'un pere doit avoir pour ſes enfans. S'il
n'a pas mérité cet honneur, il eſt enterré ſans
pompe dans un lieu écarté. Telle fut la conduite des
Chinois vaincus, à l'égard de leurs Conquérans. La
ſeule reſſource qui leur reſtât pour conſerver leurs
anciennes mœurs, leurs coutumes & leurs uſages,

---

(1) Nous en avons une traduction en ruſſe, que M.
Alexius Léontier, Interprête pour la langue chinoiſe, &
Secrétaire du Collège des affaires étrangeres à Saint Péterſbourg, nous en a donnée, dans cette ville, en 1772, in-8°,
contenant vingt-ſix Edits ou exhortations de l'Empereur
de la Chine à ſon peuple.

étoit d'instruire eux-mêmes leurs Empereurs.

L'Histoire de la Chine remarque expressément à l'occasion de l'incursion de Czingis-Chan, « qu'il » n'avoit fait que piller, tuer, brûler & détruire » les Royaumes, ainsi que les Mongous qui étoient » sous ses ordres; elle l'accuse de tous les crimes, » dont le plus grand étoit de détruire les familles » royales, & de couper la trame de la généra- » tion: les esprits & les hommes en crevent de » dépit & crient vengeance; car enfin on ne sau- » roit dire au juste en quoi consistoit sa religion. Il n'est gueres possible de faire un portrait plus effrayant de ce Conquérant, & l'on doit supposer que le peuple qui l'a fait, avoit des mœurs plus humaines, & qu'il connoissoit mieux les princi-pes de la morale. Czingis-Chan étant mort, son fils Ogotay prit possession du Trône: ce Prince, élevé sous les yeux de son pere, avoir hérité de son caractere despotique & sanguinaire; voyons s'il le conserva. L'Histoire de la Chine rapporte qu'encore au commencement de son regne, les Mongous n'avoient ni loix ni coutumes fixes pour le Gouvernement; les Officiers nommés pour gouverner les provinces faisoient mourir selon leur volonté, & enveloppoient dans le massacre des familles entieres; mais elle remarque aussi-tôt après qu'un Mandarin de la race royale des *Leao*,

appellé

appellé *Yelutchoutfay* , que Czingis-Chan avoit
déjà fait venir à fa Cour , & pour lequel il conçut
dès la premiere entrevue une grande eftime , fut
chargé par fon fils de dreffer des loix , & elle n'ou-
blie pas d'ajouter qu'Ogotay , après leur publication , les fit obferver févérement. Elle rapporte
de plus que ce même Mandarin difpofa Ogotay
à déterminer ce que chaque famille chinoife donneroit tous les ans en redevance au Souverain ,
tant en foie , & en argent qu'en grain. Dans un
autre endroit , cette Hiftoire dit qu'il s'inftruifoit
lui-même de tout ce qui étoit relatif au Gouvernement de fon Empire. Se trouvant un jour fans
provifions de ris & de foieries pour l'entretien de
fon armée , les Grands lui repréfenterent que le
pays conquis ne feroit d'aucune utilité , à moins
qu'on ne tuât tous les Habitans , & qu'en fe débar-
raffant de ces gens inutiles , on pourroit faire de
leur pays de vaftes pâturages , qui pourroient être
d'un grand fecours. Ogotay , dont l'inftruction
avoit déjà adouci le caractere , confulta fon
Mandarin fur cette propofition : celui-ci , après
lui avoir expliqué la vraie maniere de rendre un
pays utile & heureux , en fatisfaifant aux befoins
de l'Empereur , fans incommoder les peuples , lui
fit fentir ce que cette idée préfentoit d'horrible &
d'inhumain.

R

L'Histoire ajoute que l'Empereur admira son discours, & qu'il comprit qu'un Souverain devoit penser à autre chose qu'à se rendre fameux par les massacres ; qu'il falloit des Capitaines pour combattre, mais qu'on a besoin aussi de Magistrats pour gouverner, de Paysans pour labourer, de Marchands, de Mandarins pour avoir soin des revenus de l'Empereur, & même de Gens de lettres ; & qu'enfin tous les projets du Mandarin, pour la prospérité de l'Empire, furent mis en exécution.

On voit aussi dans un autre passage de l'Histoire chinoise, que l'Empereur *Mengko* persuada aux Mongous de s'adonner aux sciences ; qu'il fit des efforts incroyables pour en venir à bout, & qu'il y réussit tellement, que les Tatares ne cédèrent en rien aux Chinois.

M. *de P.* a cru devoir encore reprendre, p. 17, tom. 2, M. *de Guignes* & M. l'Abbé *Barthelemy*, sur trois autres objets : sur la chevelure des Chinois, pretendant que ceux-ci avoient été forcés par les Tatares, depuis l'année 1644, à se couper les cheveux ; sur leurs bonnets pointus, qu'il regarde comme une coëffure propre aux Tatares ; & sur leurs barques, qu'il assure être plus semblables aux canots des Esquimaux & des Hurons & aux gondoles de Venise, qu'aux bateaux qu'on

employoit fur le Nil. Les relations des Naviga=
teurs européens, qui font journellement le com=
merce de la Chine, ne méritent fans doute pas
moins d'attention & de foi que les conjectures
de M. *de P.* Nous favons par eux que tous les
Chinois portent une grande queue treffée fur le
fommet de la tête, & qu'ils n'ont que le devant
de la tête rafé ; au lieu que les Tatares « fe rafent
» un petit quarré fur le haut de la tête, & font
» defcendre leurs cheveux du haut jufques fur les
» tempes de part & d'autre. Ils fe rafent auffi les
» tempes & le col, puis le front jufqu'à la nuque,
» & laiffent une touffe de cheveux, qui leur def-
» cend jufques fur les fourcils ; au côté du derriere
» de la tête ils laiffent des cheveux, dont ils font
» des treffes, qu'ils laiffent pendre jufques fur les
» oreilles ». *Rubruquis*, Voyage en Tatarie, *ch. 8,
pag. 15.*

Quant au fecond point, les Chinois portent
un chapeau pointu, parfaitement reffemblant à
celui des anciens Égyptiens, ainfi que l'on peut
s'en convaincre par l'infpection des médailles que
nous avons fait graver ; tandis que les Tatares
n'ont, pour fe couvrir la tête, qu'une fimple
calotte d'étoffe, qu'ils appellent *Takjà* ou *Kabèdsh.*

Je ne releverai point ce que M. *de P.* dit fur la
reffemblance des canots des Hurons & des Efqui-

maux avec les bateaux à rames de la Méditerranée , parce que tout le monde fait combien la
différence en eft grande ; mais je ne puis donner
de meilleure preuve , pour faire voir que les barques des Chinois & celles des Égyptiens font conf-
truites fur un même modele , que de prier mes
lecteurs d'examiner celles des Égyptiens, qui font
repréfentées dans les Mémoires de l'Académie des
Infcriptions, & de les comparer avec celles dont
Marc Paul (dans fes Voyages, liv. 2 , ch. 59 ,
p. 114) nous donne la defcription, en difant «que
» les plus grands vaiffeaux de la ville de Singui
» font couverts d'un feul pont , & que chaque
» navire n'a qu'un mât pour mettre voile. Ils ne
» fe fervent point des cordes des Canabiens , fi ce
» n'eft pour le mât & les voiles ; mais ils font les
» manœuvres & les autres cordes de grands rofeaux
» dont on tire ordinairement les vaiffeaux fur le
» fleuve. Ils coupent ces rofeaux qui peuvent
» avoir quinze pas de long ; & ramaffant les dé-
» bris de ces rofeaux , ils les tordent & en font des
» cordes très-longues , dont quelques-unes font
» de trois cents pas de long ; & ces manœuvres
» font plus fortes que les cordes mêmes des Cana-
» biens ». Cette efpece de vaiffeaux n'eft pas la
feule dont fe fervent les Chinois. Le même Auteur , *liv. 3 , chap. 1 , pag. 123* , dit : « Les plus

» grands navires dont ils se servent sur mer, sont
» faits ordinairement de bois de sapin ; ils n'ont
» qu'un pont que nos matelots appellent couver-
» ture, sur lequel il y a environ quarante barra-
» ques pour les marchands. Chaque vaisseau a un
» gouvernail, quatre mâts & autant de voiles ; les
» planches en sont jointes avec des clous de fer,
» & les fentes en sont bien étoupées ; & parce que
» la poix ou goudron est rare dans leur pays, ils
» goudronnent leurs vaisseaux avec de l'huile d'un
» certain arbre mêlée avec de la chaux. Les grands
» vaisseaux peuvent porter deux cents hommes
» qui les conduisent en mer avec des rames : cha-
» que navire peut outre cela porter environ six
» mille caisses de poivre. Il y a de petites chalou-
» pes attachées à la queue de ces grands vaisseaux,
» qui servent à la pêche & à jetter les ancres ».
On voit par ce dernier passage, ainsi que par le
premier, qu'il ne se trouve aucune ressemblance
entre les barques des Chinois & les canots des
Esquimaux & des Hurons, & les gondoles de
Venise.

Mettons présentement en parallele la description que le même Auteur fait des vaisseaux des
Tatares. » Ils ont des vaisseaux, dit-il, mais qui
» ne sont pas trop sûrs, n'étant joints qu'avec des
» chevilles de bois & des cordes faites d'écorces de

» certains bois des Indes : ces écorces font prépa-
» rées à-peu-près comme le chanvre ; on en fait
» des filasses, & de cette filasse, des cordes très-
» fortes, liées & serrées avec du crin de cheval,
» & qui peuvent résister à l'impétuosité des eaux
» & de la tempête ; elles ont cela de propre, qu'el-
» les ne pourrissent & ne se gâtent pas dans l'eau.
» Ces vaisseaux n'ont qu'un mât, une voile, un
» timon, & ne se couvrent que d'une couverture ;
» ils ne font point enduits de poix, mais de la
» femence de poissons, & lorsqu'ils font le voyage,
» ils prennent plusieurs vaisseaux, car la mer est
» fort orageuse, & les vaisseaux ne font point
» garnis de fer ».

Les expressions dont M. *de P.* se sert, en parlant du livre classique des Chinois, appellé *Chou-
King*, dont M. *de Guignes* a fait imprimer la traduction, font mal fondées : le premier reproche
qu'il lui fait, est de ne donner aucune idée de
l'origine des Chinois ; comme s'il étoit raisonnable
de reprendre un Auteur qui auroit écrit l'Histoire
d'Allemagne, depuis Henri l'Oiseleur jusqu'à François Ier, fur ce qu'il n'auroit pas fait une longue
dissertation fur l'origine des Allemands. Le second
est de n'y avoir inféré que les principes les plus
communs de la morale. Sans doute que M. *de P.*
ne regarde pas les instructions d'un Empereur à

fon peuple, & les difcours fur la morale qu'il a tenus à fon armée, comme dignes d'être inférés dans l'Hiftoire? Mais n'eft-il pas plus intéreffant de lire une Hiftoire à laquelle on a adapté les principes d'une morale fage, que les hiftoriettes monacales & les détails faftidieux dans lefquels font entrés une grande partie des Hiftoriens allemands.

Je ne répondrai pas à ce que M. *de P.* dit des ouvriers chinois qui courent de maifon en maifon avec leurs outils pour demander de l'ouvrage; il eft en contradiction là-deffus avec ce qu'il a dit lui-même, aux pages 8 & 22 du tome 2 : car un peuple qui exerce un commerce confidérable & qui poffede une grande agriculture, n'eft pas réduit à la néceflité de courir de maifon en maifon pour trouver fa fubfiftance. Les Chinois ont des foires comme celles qui font en ufage dans tous les pays de l'Europe : les marchands des différentes parties de l'Empire s'y raffemblent pour faire les échanges qui forment la bafe de leur commerce intérieur & de celui qu'ils font avec les nations étrangeres. On lit fur leurs boutiques cette infcription remarquable, *Pou-Hou, c'eft ici qu'on ne trompe pas ;* car la mauvaife foi eft punie fur le champ de la corde, fans qu'aucune confidération, de quelque efpece qu'elle foit, puiffe fouftraire le coupable au châtiment. Cette rigueur eſt même exercée à l'égard des marchands étrangers qui ſe trouvent en faute , & ils ſont punis dans le lieu même du délit.

Quant à la boiſſon de l'immortalité , ſur laquelle M. *de P.* plaiſante , elle n'eſt autre choſe que l'exercice des vertus les plus ſublimes que preſcrit la loi naturelle.

La Métempſycoſe eſt un autre objet de l'animadverſion de cet Auteur : je ne dirai autre choſe à cet égard , ſinon que quelques Lettrés , avec leſquels j'ai eu une converſation ſur cet objet , n'ont pu s'empêcher de rire des préjugés qui ſont répandus dans la plupart de nos livres ſur cette partie de leurs dogmes.

J'ignore ce que M. *de P.* veut faire entendre lorſqu'il dit que les provinces méridionales de l'Empire ſont liées avec *Pe-Tſcheli* , par le grand canal ; ſans doute il regarde le nom de *Pe-Tſcheli* comme étant celui d'une province ; mais ce n'eſt nullement la ſignification de ce terme : on appelle *Tſcheli* le lieu qu'habite l'Empereur avec ſa Cour, ou un endroit dans lequel il y a un palais impérial. Ce terme ſignifie *la Cour ;* & le nom de *Pe-Tſcheli* eſt toujours donné à la ville où l'Empereur a jugé à propos de fixer ſa réſidence pendant les diverſes ſaiſons de l'année.

Telles font les erreurs principales que j'ai cru devoir relever dans le Livre des Recherches philofophiques fur les Égyptiens & les Chinois; mais comme il pourroit encore refter quelque doute fur la différence entre l'origine de ce dernier peuple & celle des Tatares & des Scythes, je terminerai ce chapitre par une Table polyglotte des Langues parlées par les peuples de la Scythie, du Tangut, de la Chine, par les Tatares, les Mongoles, les Mandzhures, les Kalmaks, les Lamutes : elle fera la preuve la plus convaincante de cette différence ; puifque, de tous les termes des Chinois, Scythes & Tatares, que j'y rapproche, il n'y en a pas deux entre lefquels on puiffe appercevoir quelqu'analogie.

TABLE POLYGLOTTE

DES LATINS,	DES SCYTHES.	DES TATARES.	DES TANGUTAINS.
Unum.	Yxi.	Ber.	Dshi , Dshig.
Duo.	Kaxi.	Ika.	Ni.
Tria.	Kolme.	Us.	Sſum.
Quatuor.	Neljæ.	Dort.	Schi.
Quinque.	Wys.	Besz.	Nga.
Sex.	Kûs.	Alta.	Tu , Dûg.
Septem.	Seitſemæn.	Jetty.	Düng , Dung.
Octo.	Kahdexan.	Segys.	Dshid , Dshat.
Novem.	Yh-Dexan.	Togus.	Gu.
Decem.	Kymmenen.	On.	Dshu , Dshu'hambà.
Undecim.	Yxi-Toiſta.	On-ber.	Dshu , Dshl.
Duodecim.	Kaxi-Kymmendæ.	Aggermi.	Niſchù , Niſchut'-hombà.
Triginta.	Kolmet-Kymmendæ.	Otus.	Sſum-ſchu , Sſum-ſchut'hambà.
Quadraginta.	Neljæ-Kymmendæ.	Kork.	Schi-ſchut'hambà.
Centum.	Sata.	Cius.	Dshadshe , Dſet'-hambà.
Mille.	Tuhat.	Myn.	Domdsho, Donzé.
Myrias.	Kymmenen-Tahata.	On-myn.	Ti , Ti-dsho.
Centum millia.	Sata-Tuhata.	Cius-myn.	Bom , Bum , Bumdsho.
Decies centena millia.	Jen.	On-cius-myn.	Saga , Schïva.
Deus.	Jumala.	Tara , Allah.	Sandshi.
Diabolus.	Parkele.	Szaytan.	Ndi , Da , Sereſnù.

DU LANGAGE,

DES CHINOIS.	DES KALMAKS.	DES MONGOLES.	DES MANDZHURES.	DES LAMUTES.
Ï, ïgo.	Negè.	Nege.	Emu.	Umin.
Elb, Lænd-go.	Chojyr.	Choür.	Dzuc.	Djor.
San, San-go.	Gurbà.	Gurba.	Ilan.	Elan.
Si, Si-go.	Dorbo.	Dürba.	Dujn.	Digin.
U, U-go.	Tabù.	Tabu.	Sundza.	Tonkan.
Lu, Liu, Liu-go.	Surejà.	Sureja.	Ningun.	Ninkan.
Zi, Zi-go.	Dolò.	Dolo.	Nadan.	Nadan.
Ba, Ba-go.	Naimà.	Naima.	Dzakun.	Djepkan.
Giû, Dſiû, Dſiû-go.	Jeſſù.	Juſſu.	Niun.	Niun.
Schi, Schi-go.	Arbà.	Arban.	Dzuan.	Men.
Schi-ï, Schi-ï-go.	Arbangnege.	Arban-nege.	Dzuan-ému.	Uman-diuluk.
Elb-Schi.	Chorìn.	Chori.	Orin.	Djor-mêr.
San-Schi.	Guçzin.	Guczi.	Guzin.	Elan-mêr.
Si-ſchi.	Düczin.	Düczi.	Déchi.	Digin-mêr.
Zæn, ï-zæn.	Dzo.	Dzo.	Tangu.	Nêma.
Ban, ï-van.	Mingan.	Minga.	Mingan.	Men-jemat.
Schi-van, ï-ï.	Tümèn.	Tume.	Tumen.	Tumen.
Be-van, ï-bai-van.	Bum.	Arban-Tume.	Dzuan-tumen.	Nêma-men-Jemat.
Schan-di.	Bum-ſaja.	Dzo-Tume.	Tangu-tumen.	Nêma-tumen.
Gui.	Burcan Saiaczi (Creator).	Burchan.	Dergi-di.	Sacki.
Tæn.	Czitkit.	Czitkyr.	Chutu.	Arinkoh.

Latins.	Scythes.	Tatares.	Tangutains.
Cœlum.	Taivas.	Kuk.	Lcha, Nôm-leha.
Nubes.	Pilvi.	Avada.	Pring.
Ventus.	Tûli.	Cil.	Lung.
Procella.	Tuuli-Saa.	Buran.	Lung-tschin.
Pluvia.	Sade.	Cylyn.	Dsherba, Zar.
Nix.	Lumi.	Kar.	Kha.
Grando.	Raked.	Bus.	Sferba.
Fulgur.	Leimahus.	Jafzin.	Nom-dfha, dæ.
Tonitru.	Ukkonen-Julina.	Kukukra.	Bru, Bruk-dà.
Sol.	Auringo.	Kujafz.	Nimakùng.
Luna.	Kuu.	Ay.	Gongkà, Dofchir.
Stella.	Tahti.	Jyldys.	Nomfchè.
Dies.	Pauva.	Kun.	Na, Nak.
Nox.	Yo.	Tyn.	Sching.
Annus.	Vuofi Ajaftaika.	Cit.	Lo.
Menfis.	Kuokaufi.	Ay.	Davhà.
Ignis.	Valkia, Tuli.	Ot.	Me.
Fumus.	Savu.	Tytyn.	Dua.
Pruna.	Hili, Tutinen-hili.	Ifyk-kos.	Mem-bar.
Aer.	Ilma.	Cit.	Dim.
Aqua.	Vefsi.	Su.	Tfchu.
Mare.	Meri.	Dengis.	Dfham-tzu.
Lacus, Fofsa.	Jarvi.	Kut.	Tzu, Dengà.
Infula.	Saari, Salo, Luoto.	. . . .	. . . . . .
Fons, Scatebra.	Lahe, Lahten, Silma.	Cziszma.	Tfchuni.
Puteus.	Kaivo.	Kuin.	Tom, Tom-tzu.
Terra.	Mâ.	Cer.	Sfa.
Mons.	Vuori.	Atag.	Eri.
Collis.	Mattas.	Kfi-ata.	Ritfchùng.
Vallis.	Laaxi.	Nau.	Buk.

Chinois.	Kalmaks.	Mongoles.	Mandzhures.	Lamutes.
Jun.	Tengrì.	Tengri , Tin-gri.	Abkà.	Nian.
Phun.	Ulün.	Ulo.	Tugl.	Togoczin.
Da-phun.	Salkìn.	Salki.	Edun.	Hoedun.
Yû.	Hey-borò.	Czùrga , Hey-boro.	Burga , Amba edùn.	Czoma-odin.
Süæ.	Churàh-borò.	Borò.	Archà.	Udman.
Bou-dſi.	Czaſùn.	Caſu.	Nimangi.	Imando.
Schandæn.	Mendür.	Mindür.	Bono.	Bot.
Lei.	Sdongjà , Ca-kilgan.	Galka , Kilina.	Talkian.	Talinuran.
Lei.	Tengri Dogar.	Tengri-Do-gorchù.	Andzan.	Agdi.
Schi-tu.	Naràn.	Nara.	Sezun.	Jutten.
Jue-læn.	Sarà.	Sara.	Bia.	Bêg.
Sin-ſin.	Odùn.	Odo , Odu.	Uſczcha.	Oſe , Oſekun.
Schi , Dſcheu.	Udür.	Udür.	Jnengi.	Inieng-.
Œ.	So.	Synu.	Dobori.	Dolbo.
Næn , Sui.	Cil.	Cil.	Anià.	Angamni.
Jue.	Sarà.	Sarà.	Bia.	Bèg.
Cho.	Gal.	Gal.	Tua.	Togo.
Jæn.	Utàn.	Uta.	Sczan'gian.	Sangnjà.
Tan.	Chalong-cok.	Chalong-cok.	. . . . . .	. . . . . .
Zi.	Sürüta-chaſar.	Sürüta chaſar.	Sukdun.	Turan.
Schui.	Uſùn.	Uſu.	Muku.	Mu.
Chai , Jan.	Dalay.	Dalay.	Méderi.	Tum.
Chu , Dſche.	Nor.	Nor.	Omo.	Tonker.
Dou , Schan.	Kura.	Kura.	Tun.	Bur.
Juan , cho-Schui.	Bulàk.	Bulak.	Sekien.	Niaûta.
Dſik.	Gudùk.	Choduk.	Chuſin.	. . . . . .
Dï , Tu.	Gazàr.	Gadzar.	Na boy chon.	Tor.
Schan.	Uulà.	Oola , Dübbè , Chadà.	Alin.	Urakizan.
Schan-phin.	Bagan-ûlà.	Gubè.	Chada.	Dor.
Schan-gu.	. . . . . .	. . . . . .	Alini.	. . . . . .

Latins.	Scythes.	Tatares.	Tangutains.	
Campus.	Peldo.	Bazu.	Tang.	Tcha
				tan
Desertum.	Korpi.	Kyr.	Tang.	E-di.
Via.	Tiê.	Cot.	Lom-lam.	Ay.
Sylva.	Matsa.	Urman.	Na, Nak.	Schu
Arbor.	Puu, Tammi.	Agas.	Sching.	Schu
Betula.	Koivu.	Kain.	Kain.	Chaa
Abies.	Mandy.	Narrad.	Salgyn.	Zjan.
Pinus.	Kuusi.	Czirfze.	. . . . , . .	Sun.
Larix.	. . . . . .	Tyt.	. . . . . .	Lo-c
Folium.	Lahti.	Japrak.	Lupt.	E, fc
Lignum.	Puu, Puita.	Otun.	Scherem-ju.	Tch
Lapis.	Kivi.	Tasz.	Do, Rto.	Schi
Arena.	Heka, Sanda.	Kum.	Sching-vha, Scha-ma-sin.	Scha
Argilla.	Savi.	Balczik.	Samàr, Bak.	Ni,
Aurum.	Kulda.	Altin.	Sfer, Sfer-nan.	Gin
Argentum.	Hopia.	Kumufz.	Ngul urungvü.	ïn
Æs.	Vaski.	Bakin.	Sang-mar.	Ch
Orichalcum	Valando Vaski.	Kola-bakir.	Sem-fser.	Bai
Stannum.	Tina.	Korgasz.	Schani, Schagàr.	Si,
Plumbum.	Plyiy.	Kara-korgafz.	Schanàk, Scharna.	Zia
Ferrum.	Rauta.	Fémir.	Dsha, Dshak.	Te
Frumentum.	Ruis.	Afz, Aryfz.	} Sfam-ba.	Mi
Triticum.	Vahna.	Buday.		Zi
Hordeum.	Ottra.	Arpa.		D.
Avena.	Kaura.	Sulù.		Li
Gramen.	Ruoho.	Ul'am, Pfan.	Dfang-ngombo.	Z
Farina.	Jauho.	Un.	Poona.	S

Chinois.	Kalmaks.	Mongoles.	Mandzhutes.	Lamutes.
Tschan-di, Ti-tandï.	Kodo.	Talakodo.	Nécin-na.	Avolan, An-munda.
E-dï.	Talàh.	Talàh.	Bichan, Tala.	. . .
Ay.	Chalgà, Zam.	Chalga, Sam.	Dzuchun.	Oth.
Schu-dfun.	Gol.	Gol.	Budzan.	Irat.
Schu, Mu.	Modò.	Modo.	Mou.	Mo.
Chua-pi-fchu.	Kufun.	Chuffu.	Ila-mou.	Czatban.
Zjan-fun.	Charagay.	Burgafu.	Sakezin.	. . . . .
Sun-fchu.	Szara, Chara-gay.	Naraffù.	Dzakdan.	Dzagda.
Lo-chan-fun.	Ulan-Chara-gay.	Szihiniffù.	Ifzi, Ifi.	Irat.
E, fchu-e.	Chantagazùn.	Napezi.	Abdacha.	Obdinda.
Tfchai-cho.	Tülian.	Urgüt.	Mou.	Mo.
Schi-fchi-tu.	Czulà.	Czolo.	Veche.	Djol.
Scha-dfch.	Elezün.	Ilifu.	Jongan.	Onüeng.
Ni, chgân-tu.	Balczig.	Czabor, Sze-var.	Lïfachan, Chandubog-chom.	Onüeng bulla.
Gin, Gin-dfi.	Alta.	Alta.	Ayzin.	Attan.
ïn, ïn-dfi.	Müngo.	Mungu.	Myngun.	Mongen.
Chun-tun.	Dzês.	Ulan-Galiœt.	Guian.	Czinit.
Bai-tun.	Szara-gooli.	Nogon-Goliœt.	Teyfzun.	Czuczerme.
Sï, Si-la.	Cagan-Gorgot-zin.	Cagan-togolga.	Tocholon.	Toddo.
Zian, Kian.	Chara-gorgot-zin.	Bugonay-tulga, Chara-togol-ga.	Tarczan.	Kongnorin-todze.
Te.	Temür.	Tümür.	Séle.	Sol.
Mi.	. . . . .	Tarò, Chara-Talcha.	Dzéku, Cinko-mudszinzi.	Dzekte.
Zïn-ko.	Cagan-toràn.	Cagan-talcha.	Mayfe.	. . . .
Da-mai.	Arbay.	Arbay.	Mudzi.	. . . .
Lep-dan-mai.	Alefu.	Alefu.	Arfà.	. . . .
Zou, Tfchao.	Objusjùn, Cho-ray-objusjùn.	Ubyffu, Nogo.	Orchò, Soczo orcho.	Orat, Czuk.
Gan-mian.	Gurit.	Talcha, Gurit.	Ufa.	Hultan.

Latins.	Scythes.	Tatares.	Tangutains.
Panis.	Leipa.	Ilm'ak.	Sche.
Radix.	Juri.	Tamar.	Dshud.
Cepa.	Sipuli.	Suchay.	Gog.
Allium.	Kynsi-lauka.	Sarmsak.	Dshok.
Cerevisia, Vinum.	Olta, Vyna.	Sirrä.	. . . . . .
Mel.	Hunna.	Bat.	Brandsi.
Oleum.	Olji.	Kindir-may.	Maku.
Butyrum.	Voi, Voita.	Sary-may.	Maku.
Lac.	Maito.	Syd.	Oma.
Ovum.	Muna.	Jimurtka.	Gong-nga.
Sal.	Suola.	Tus.	Tza.
Caro.	Liha.	It.	Schtscha.
Homo, Mas.	Ihminen.	Kszi.	Mi.
Vir.	Mies.	Ir.	Poi, Portschä.
Pater.	Isa, Tasi.	Ata.	Pa, Atschä.
Filius.	Poika.	Ulum.	Bu, Buzä.
Puer.	Poika.	Ul.	Butschüng.
Infans.	Lapsi.	Bala.	Butschung.
Fœmina.	Vaimo.	Ykiszi.	. . . . . .
Uxor.	Avio-vaimo.	Katin.	Natschä.
Mater.	Aiti.	Annam.	Ma, Amä.
Filia.	Tutar.	Kys.	Bu-mu.
Soror.	Vanhembi sisär.	Sinlem.	Aschi.
Puella.	Pyka, Pykainen.	Sinlem.	Butschüng.
Dominus, Herus.	Isanda.	Uasi.	Bombù.
Servus, Manci- pium.	Orja.	Kut.	. . . . . .
Ancilla.	Palka-pyka.	Katin-kut.	. . . . . .
Caput.	Paa.	Basz.	Jo.

Chinois.	Kalmaks.	Mongoles.	Mandzhures.	Lamutes.
Gu, Mian-fchï.	Boorfòk talcha.	Talcha.	Dzéku, Efen.	Takezta.
Gen, Schu-gen.	End-jusjùn.	Undüffü	Tuleche.	Kopkan.
Zun.	Songinà püas.	Sankina-man.	Elu.	Mangita.
Suan.	Dargil.	Sarenfak-go-got.	Suan da.	Gokohon.
. . . . .	Szarà.	Szarà.	Nure.	. . . .
Mi, Phun-mi.	Bat.	Bat.	Chibfu.	. . . .
Carent.	Beacün, Too-zun.	Modon-tos.	. . . . .	Okoni.
Nai-dfi-jeu.	Toozùn.	Taffu.	Suni-Nimengi.	Imfi.
Nai-dfi.	Usjù.	Sü, Su.	Sun.	Okin.
Dan, Gi-dan.	Undügà.	Undügu.	Umacha.	Umta.
Jàn.	Dabasün.	Dabaffu.	Crabfun.	Tak.
Schu, Shou.	Marckan, Mar-chay.	Miachà.	Jali.	Uldoe.
Schin.	Künkümin.	Kung.	Nialına.	Boy, Niare.
Chan.	Mokoterè.	Erè.	Eygen.	Aydi.
Phu, Phzin.	E cegè, Iga.	Iga, eczige, Abà.	Ama.	Aman.
Nan-dfi, Cha-ge.	Kübün.	Ko, Kong.	Chacha-dfiu.	Uttu.
Siau-dfi.	Kübün.	Ko.	Chacha-dziu.	Urka.
Siau-jel.	Kookon.	Kobun.	Adzige-dfiu fa-mo.	Kung-a.
. . . . .	Afziu.	Afziu.	Emilo.	Azi.
Zi.	Emè.	Eme.	Sargan.	Affeva.
Mu, Mu-zïn.	Ekè.	Ehe, Ice.	Emé.	Onin.
Nu-dfi.	Kookon.	Kug, Uking.	Sargan-dziu.	Kemalakona-düauttu.
Dfe-dfe.	Egeczi.	Igicze.	Eiun.	Ockim.
Ja-tu.	Koken okun.	Kokenckün.	Sargan-dziu.	Oniat.
Dfchu-fchin.	Noymene ka-tun.	Neyon, Noing.	Boychodzi, Louie.	Okdienatia.
Nu-zai.	Bot, Kitat, Barluk.	Bot, Kitat, Mochlau.	Achà.	Boot.
Ja-chuan.	Muchutog, Ki-tet, Muchulay.	Sanay barluk.	Néchu.	Boolo.
Tiu.	Tologoy.	Tologoy.	Udzi.	Doel.

S

Latins.	Scythes.	Tatares.	Tangutains.
Coma.	Hjuxat.	Czas.	Scha, Goscha.
Pilus in pecude.	Karvat.	Cun.	Bu-bal.
Frons.	Otza.	Manlay.	. . . . .
Oculus.	Silmat.	Kus.	Ni, Nik, Dshan.
Auris.	Kuorvat.	Kullak.	Nazu.
Nasus.	Nena.	Buron.	Na.
Os *pl.* ora.	Suu.	Avus.	Ka.
Labium.	Huulat.	Ir.	Nolon.
Lingua.	Kjeli.	Tet.	Dse.
Dulce.	Makia.	Tatsu.	Atem, Pusiatem.
Amarum.	Karvas, Haikia.	Aczu.	Kvaczermom.
Acidum.	Muikia.	Czuczumen.	Niuro.
Durum.	Kowa.	Katu, Bek.	Kaminku.
Molle.	Pehmia.	Jimfzak.	. . . . .
Glabrum, leve.	Paljas, Silia.	. . . . .	. . . . .
Asperum.	Karvainen, Karhia.	. . . . .	Zah.
Calidum.	Lammin, Lamboinen.	Cila.	Dang.
Frigidum.	Kylma.	Sucook.	Lang.
Humidum.	Marka.	Sucook.	Gambĕ.
Siccum, Aridum.	Kuiva.	Kurru.	Tarutim.
Grave.	Rafcas.	Aur.	Kuniaks.
Leve.	Keira, Kòikainen.	Jegil.	Tschembo.
Magnum.	Suuri.	Ulu, Sor.	Tschiung.
Parvum.	Peen, Vahainen.	Ksken'a.	Kufza.
Longum.	Pitka.	Uzun.	Onoko.
Breve.	Lyhy.	Kyska.	Sokot.
Rectum.	Oikia.	Tus.	Pere.
Curvum.	Vasra.	Kyngyr.	. . . . .
Quadratum.	Nelkolkanen.	. . . . .	. . . . .
Rotundum.	Ymbyrjainen.	. . . . .	Tonczam.

Chinois.	Kalmaks.	Mongoles.	Mandzhures.	Lamutes.
Pha, Tiû-pha.	Uzün.	Ufü, Nofu.	Funieche.	Niurit.
Mou.	Noozun.	Nofu.	Funieche.	Ingat.
	Onkot.	Unkot.	Onkot.	Onkot.
Jan, Jan-dfin.	Nüdün.	Nüdü.	Laza.	Ofal.
Jel-iel-do.	Czekün.	Czike.	Czan.	Korot.
Bi, Bi-dfi.	Chamar.	Chamar.	Oforo.	Ongat.
Niu, Dfui.	Amàn.	Ama.	Anga.	Amgni.
Tfchun.	Urul.	Urül.	Témen.	Omin, Homir.
Schefche-tu.	Kelè.	Kole, Küle.	Ilengu.	Elinge.
	Amdatay.	Amdatay, Amtugkan.	Canczuchun.	Dallan.
	Gafzun.	Gafzun, Kafzun.	Gofzehon.	Gottan.
	Turgin.	Gafzuchun.	Gufzuchun.	Dicuerfe.
	Ila, Ilia.	Ila, Ilia.		
Nuan, Vin.				
Lin, Lian.	Dulàn.	Dulang.	Butukan, Vénéechun.	Niamlan.
Schi, Tfchou.	Hiuütün.	Knytung.	Szachurun.	Inganan.
Gan, Gan-di.	Czuktjà.	Noitung.	Ufzchin, Derbechun.	Ulakcza.
	Chooray.	Choray.	Otchon.	Iloeng.
	Urkelan.			Urgelan, Urkelan.
Da, Da, Di.				Aiumhun.
Siau, Siau-di.	Ieko, Yho, Undur.	Jike.	Amba.	Oegdjan.
	Bagà.	Bidzechan, Baga.	Adzige.	Niukczukar.
				Gonnon.
	Ochor.	Ochor.		Rumkun.
		Nunit.		Gurit.
		Hamgeja.		Homgeja.
Gau, Gau-di.	Borenkug.	Borenkuy.		

Latins.	*Scythes.*	*Tatares.*	*Tangutains.*
Altum.	Korkia.	Uzun.	Telepko.
Profundum , Humile.	Syva.	Tabanak.	Sell.
Clarum , Serenum.	Kirkas.	Eakt.	Nanà.
Obfcurum.	Pimia.	Karanga.	. . . . .
Limpidum.	Selkja puhdas.	. . . . . .	. . . . . .
Turbidum.	Sekainen , Sövaiftu.	. . . . . .	. . . . . .
Funis.	Touvi.	Cib , Atkan.	Tappà.
Currus.	Vankurit, Rattaat.	Arbà.	Schidà.
Rota.	Ratas.	Kupeak.	Pan-lu.
Traha.	Reki.	Czanà.	Carent.
Saccus.	Sacki.	. . . . . .	. . . . . .
Habena.	Suitzet.	Cugan.	Schi.
Equus.	Hevoinen.	At.	Da , Tà.
Equus admiffarius.	Ori.	Ayger.	Ker.
Equus caftratus , Cantherius.	Runa.	Alafza.	Alafcha.
Equa.	Tamma mare.	Bija , Baytat.	Go-ma.
Pullus equinus.	Varfa.	Tay.	Di.
Taurus , Bos.	Harka , Nauta.	Uggus.	Lan , Lang-vu.
Vacca.	Lehma.	Sir.	Not.
Vitulus.	Vafika.	Bufau.	Bi , Nortfchùk.
Afinus.	Aafi.	. . . . . .	. . . . . .
Caucelus.	Kameli.	Tya.	Nga-mu.
Ovis.	Lammas.	Sarak.	Luk-lu.
Aries.	Jaara , Peffi.	Taka	Toifà.
Agnus.	Lammas-poika.	Baran.	Lugù.
Hircus.	Pukki , Kauris.	Iczhu.	. . . . . .
Capra.	Vuohi.	Kaza.	. . . . . .
Sus.	Sfika.	Dongus.	. . . . . .
Canis.	Koira.	It.	Tfchi.
Felis.	Kiffa.	Myez , Koczafz.	Ali.

Chinois.	Kalmaks.	Mongoles.	Mandzhures.	Lamutes.
Di-ai, Ai, Di.	Undür.	Undür.	Den.	Gudan.
Zin.	Bogono.	Naptar.	Fankala.	Nietkun.
An.	Jegàn, Sarot.	Sarot.	Genyn.	Aiumkun.
. . . . .	Charango.	Burunkui cha-nonchoy.	Buruchun.	Atarlan.
. . . . .	Ariòn.	Arion.	Arjon.	Urjon.
. . . . .	. . . . .	. . . . .	. . . . .	. . . . .
Schin-dſi.	Argamaldzi.	Deſſu.	Futa.	Uſſi.
Tſche-giau-tſche.	Tergen.	Tergè.	Sécen.	Tergèn.
Tſche-lun.	Tergen.	Arat.	Mucheren.	Tergèn.
To-tſchuan.	Czanà.	Ciargay, Czargà.	Hunczu, Chunczu.	Torki.
. . . . .	. . . . .	. . . . .	. . . . .	. . . . .
Pü-tu.	Chazàr.	Chacar.	Hadala, Chadala.	Kadàl.
Ma.	Erè, Kirſu.	Kirſù, Mori.	Morin.	Muron.
Jel-ma.	Acargà.	Acargà.	Adzirgàn.	Kurba.
Nu-ma.	Mori.	Mori.	Alaſzàn.	Ata.
Ke-ma.	Güu, Guu.	Guu, Kgu.	Gui-morin.	Nuami.
Jeiau-ma.	Unagàn.	Unaga.	Unachan.	Ankaɲ
Gun-nïu, Mon.	Càr.	Szar.	Muchaſzan.	Korba.
Nïu, Mu-nïu, Mon-nïu.	Eme-œkéruno.	Uker, Ukìr, Unè.	Echan, Unien.	Okjon.
Nïu-du-dſi.	Tugul.	Tokuczan.	Tukszan.	Ankan.
. . . . .	. . . . .	. . . . .	. , . . .	. . . . .
Lo-ta.	Temuan.	Tymè.	Temèn.	Tamygèn.
Jan.	Goy.	Choni.	Chonin.	Delakezan.
Schan-jan.	Gucà.	Chuca, Hacz.	Niman.	Chonìn.
Jan-gau.	Kurchà.	Choragàn, Churiga.	Chononi-d'eberen.	Kurikàn.
Gun-ſchanian.	Giama toko.	Giama-toko.	Buka-niman.	. . . . .
Mu-ſchan-jan.	Jamàn.	. . . . .	Cheche-niman.	. . . . .
Dſchu-chai.	Gagay.	. . . . .	Utigan.	. . . . .
Geu, Ziuan.	Nochoy.	Nochoy.	Indachun.	Ning.
Mau.	Miù.	Mü.	Keſzœ.	. . . . .

S 3

CHAPITRE XI.

Récapitulation de tout l'Ouvrage, & conclusion.

MALGRÉ la quantité d'écrits dans lesquels on a traité la question de la population de l'Amérique, elle étoit restée, pour ainsi dire, dans sa premiere obscurité ; ou du moins on n'avoit rien avancé jusqu'ici de positif sur l'origine des peuples de cette partie du Monde. S'il est dangereux de s'abandonner sur une mer inconnue sans boussole & sans guide, il ne l'est pas moins de vouloir lever le voile qui couvre l'Antiquité à nos yeux, & d'y rechercher l'origine des peuples, sans avoir de fil pour s'y conduire. Par l'une de ces méthodes, on s'expose à faire naufrage : par l'autre, après des perquisitions infinies, on n'a tout au plus que quelques probabilités à offrir. Pour éviter ces écueils, j'ai cherché dans cet Ouvrage, non à présenter simplement des probabilités, mais à donner des preuves qui portassent la démonstration avec elles, ou qui ajoutassent un plus grand degré de force à des faits & à des opinions qui n'étoient que vraisemblables.

Je crois avoir mis hors de doute la question

qui concerne l'antiquité de la population de l'Amérique.

On tenteroit en vain de lui fixer une époque plus récente, ou même de soutenir que ses peuples n'ont jamais eu aucune communication avec les autres peuples du Monde : on auroit à détruire d'abord les preuves démonstratives qui résultent de l'assemblage & de la comparaison de la grande quantité de coutumes, les unes singulieres & extravagantes, & les autres cruelles & révoltantes dont j'ai fait mention ; mais ce n'est pas là la question essentielle que j'avois à résoudre : il m'a coûté bien plus de peines, de recherches & de réflexions, pour découvrir à quels peuples de l'Ancien-Monde l'Amérique dut sa population ; c'est là le point principal, & que je crois avoir porté jusqu'à l'évidence. Ce sont d'une part les Chinois & les Africains, & de l'autre la tribu des Karaïtes qui ont disparu en Asie. J'ai retrouvé les traces de l'émigration des premiers en observant leurs usages communs, leurs mœurs particulieres, leurs coutumes & le cours de leur ancien commerce ; le témoignage de l'Histoire m'a servi relativement aux autres. Si j'avois eu quelques renseignemens sur les langues des Américains, si j'avois pu les comparer à celles d'autres peuples, ma démonstration eût été complette.

Les découvertes des Russes, en allant du Kamts-chatka en Amérique, ne laissent plus douter que la population de cette partie du Monde n'ait eu lieu par la voie de l'Asie. Ces découvertes répandent une lumiere nouvelle sur cette portion de la Géographie. Nous savons aujourd'hui la distance qu'il y a entre l'Asie & l'Amérique; nous savons aussi quelle elle peut avoir été dans des temps plus reculés. Ces faits m'ont en même temps mis à portée de décider plusieurs questions qui avoient été problématiques jusqu'ici. On se dispute depuis long-temps pour savoir si la terre s'augmente aux dépens de la mer, ou si celle-ci s'étend aux dépens des terres. L'exemple de la mer Glaciale nous sert non-seulement à résoudre cette question, mais encore à fixer le lieu qui fournit de bois l'Islande, le Groënland, & les autres pays que la nature a privés d'arbres. Des tremblemens de terre fréquens qui engloutissent des forêts entieres, occasionnés par des mines souterreines, semblent annoncer la destruction du pays qui en est le théâtre; mais ils pourvoient aux nécessités des contrées plus éloignées.

Toutes les preuves que je rapporte à l'appui de mon sentiment, sur la population de l'Amérique, auroient pu ne pas convaincre ceux qui, en réflé-

chiſſant ſur la phyſionomie & la couleur qui diſ-
tinguent les Américains de tous les autres peuples, s'imaginent qu'ils doivent former une claſſe
ſéparée & diſtincte dans l'eſpece humaine. Pour
détruire cette opinion, j'ai auſſi dû parler de la
différence de couleur qui caractériſe ces peuples,
& je l'ai établie comme l'effet d'une cauſe naturelle & phyſique; ce qui conduit à obſerver qu'il
faut examiner la nature avant que de prononcer
ſur un effet quelconque, pour ne pas courir le
riſque ſur-tout de l'attribuer à des cauſes qui lui
ſont entiérement étrangeres. Le corps humain
tranſpire; cette tranſpiration excitée par les différentes eſpeces d'alimens, eſt modifiée par la différente peſanteur de l'air; & chez certains peuples, par la coutume de ſe frotter le corps avec
des couleurs ou avec des onguens. C'eſt ainſi que
non ſeulement les veines, mais auſſi tout l'épi-
derme d'un homme qui aura eu un dégorge-
ment de bile, deviendront jaunes, parce que le
fluide qui coule avec le ſang, & qui eſt ordinairement de couleur blanche, & dont l'air & la
chaleur du ſoleil pompent une grande partie,
ayant contracté une teinte jaune, la communi-
que à toutes les parties ſous leſquelles il coule.
Ceux auxquels la différence des couleurs a fait
croire que le genre humain eſt diviſé en eſpeces

diſtinctes les unes des autres , auront ainſi pu s'appercevoir que cette différence n'eſt qu'un effet des loix de la nature , & une ſuite des diverſes coutumes adoptées chez les peuples qui habitent les quatre parties du Monde.

Après avoir fait connoître comment le Nouveau-Monde a été peuplé par les hommes , j'ai auſſi dû indiquer quelle a dû être l'origine des animaux qui y ſont répandus. Parmi toutes les opinions que l'on a élevées pour réſoudre cette queſtion , j'ai embraſſé celle qui m'a paru la plus conforme aux loix de la nature & de la raiſon ; cette opinion, qui conſiſte à croire que la main du Créateur a donné à chaque pays les animaux qui convenoient le mieux à ſon climat, à ſa poſition, à ſes circonſtances locales & phyſiques.

Après toutes ces recherches & toutes ces diſcuſſions, il ſemble qu'il ne doit plus reſter de doutes ſur la population de l'Amérique , & je crois avoir répondu d'avance aux objections que l'on pourroit faire ſur le témoignage des Hiſtoriens & des Géographes. Peut-être mon Ouvrage conduira-t-il un jour au développement d'un nouveau plan d'Hiſtoire ancienne , & ſervira-t-il à retrouver le fil des révolutions qui ont bouleverſé les anciens Empires !

F I N.

TRADUCTION DE L'EXTRAIT

DES DIALOGUES DE PLATON,

INTITULÉS

TIMÉE ET CRITIAS,

CONCERNANT L'ISLE ATLANTIDE.

Nous avons cru que nos Lecteurs verroient avec plaisir, à la suite de cet Ouvrage, le récit de Platon au sujet de l'Isle Atlantide : nous insérons donc ici l'extrait des Dialogues de Platon, connus sous le nom de *Timée* & du *Critias*. Ceux de nos Lecteurs qui se donneront la peine d'y jetter un coup d'œil, pour confronter ce que rapporte ce Philosophe sur la maniere de bâtir, les coutumes, l'arrangement intérieur & extérieur du pays, avec ce que nous en avons dit dans l'Ouvrage, s'assureront sans peine que nous n'avons rien hasardé qui puisse souffrir quelque contradiction.

DU TIMÉE.

ÉCOUTEZ, Socrate, un récit très-peu vraisemblable, & cependant très-vrai, comme Solon, le plus sage des sept Sages, disoit autrefois. Celui-ci étoit parent & intime ami de Dropidas, notre

bifaïeul , comme il l'affure lui-même dans plufieurs endroits de fon Poëme , & c'eft lui qui dit
à Critias, notre grand-pere , ainfi que ce vieillard
nous l'a rapporté , que les Athéniens avoient fait
de grandes & merveilleufes actions, qui par la
longueur du temps & la deftruction des hommes
font tombées dans l'oubli......

Je vous raconterai cette ancienne Hiftoire que
j'ai entendue moi-même, & qui ne vient pas d'un
jeune-homme. Critias, comme il le dit lui-même , étoit alors déjà âgé de près de quatre-vingt-
dix ans , pendant que je n'en avois que dix......

Il y a dans l'Égypte un Nome appellé Saïti-
que , fitué dans le Delta , à l'endroit où le Nil
commence à fe divifer. La plus grande ville de ce
Nome étoit nommée Saïs ; le Roi Amafis en
tiroit fon origine. La Divinité protectrice de cette
ville s'appelle Neïth en Égyptien , ce que les
Grecs ont rendu par Athené (Minerve). Par cette
raifon les peuples de cette ville aiment encore
beaucoup les Athéniens , & fe difent même en
être parens. Auffi Solon rapporte-t-il que dans
fon voyage il avoit été comblé d'honneur par fes
habitans. Il s'entretenoit fouvent avec eux fur des
événemens anciens , & il difcouroit fur-tout avec
les Prêtres , qui étoient les perfonnes les plus inf-
truites parmi eux. Il s'apperçut pour lors que ni

lui ni aucun autre Grec ne favoit, comme on a coutume de dire, rien du tout à cet égard. Un jour un des plus anciens Prêtres lui adreffa la parole, & lui dit : « O Solon, Solon ! vous autres Grecs, vous êtes toujours enfans ; il n'y a pas un Grec vieillard ;... car vous êtes tous des novices pour ce qui regarde l'Antiquité, & vous ignorez tout ce qui s'eft paffé anciennement, foit ici, foit chez vous..... Vous ne favez pas quelle étoit dans votre pays la plus belle & la meilleure génération d'hommes qui ait jamais exifté, & de laquelle il n'eft échappé qu'une foible femence dont vous êtes les defcendans.......Je veux, ô Solon, fans vous rien diffimuler, vous raconter tous ces événemens pour l'amour de vous, & fur-tout pour l'amour de cette Déeffe qui eut votre ville & la nôtre en partage, qui a nourri & inftruit l'une & l'autre, & même la vôtre pendant mille ans, en vous formant de la Terre & de Vulcain, ainfi que nous. Tout ce qui s'eft paffé dans notre Gouvernement, depuis huit mille ans, eft écrit dans nos Livres facrés ; mais je vous expoferai en abrégé ce qui eft arrivé à ces citoyens pendant neuf mille ans, ainfi que leurs loix & leurs actions les plus éclatantes......Nos écrits rapportent comment votre République a réfifté aux efforts d'une grande puiffance, qui, fortie de la mer Atlantique, avoit injuſtement envahi toute l'Europe & l'Aſie; car pour lors cette mer étoit guéable. Sur ſes bords étoit une Iſle, vis-à-vis de l'embouchure, que dans votre langue vous nommez Colonnes d'Hercule. Cette Iſle étoit plus étendue que la Lybie & l'Aſie enſemble. De-là les Voyageurs pouvoient paſſer à d'autres Iſles, deſquelles on pouvoit ſe rendre dans tout le Continent ſitué à l'oppoſite, & ſur les bords de la mer, qui proprement eſt appellée Pontus. Quant au côté qui eſt au-dedans de l'embouchure dont nous parlons, il y a un port dont l'entrée eſt fort étroite : là eſt la mer qui proprement eſt appellée Pelagus ; & la terre qui de tous côtés l'environne réellement, eſt juſtement appellée Continent.

Dans cette Iſle Atlantide, il y avoit des Rois dont la puiſſance étoit très-grande ; elle s'étendoit ſur cette Iſle, ainſi que ſur beaucoup d'autres Iſles & parties du Continent. Ils regnoient en outre, d'une part, ſur tous les pays du côté de la Lybie, juſqu'en Égypte, & de l'autre, ſavoir du côté de l'Europe juſqu'à Tyrrhenia. Ces forces réunies ont tenté de ſoumettre votre pays, le nôtre & toutes les provinces qui ſe trouvent en deçà de ladite embouchure. Alors, ô Solon ! la puiſſance de votre République acquit une réputation de force & de vertu supérieure à celle de tous les autres mortels ; car en surpassant toutes les autres en génie & dans l'art militaire, elle commandoit à une partie des Grecs ; tandis que, forcés de se retirer, les autres l'avoient abandonnée. Mais, quoique réduite à une pareille extrémité, elle triompha cependant de ses agresseurs, & en érigea des trophées. Elle garantit de la servitude ceux qui en étoient menacés ; & quant à nous autres, qui demeurons au-dedans des frontieres d'Hercule, elle nous rendit à tous le salut & la liberté. Mais lorsque dans les derniers temps il arriva des tremblemens de terre & des inondations, tous vos guerriers ont été engloutis dans la terre, dans le malheureux espace d'un seul jour & d'une seule nuit, & l'Isle Atlantide disparut ainsi dans la mer. Par cette raison aussi, la mer qui se trouve là n'est ni navigable ni reconnue par personne, puisqu'il s'y est formé peu-à-peu un limon provenant de cette Isle submergée.

DU CRITIAS.

Il faut avant tout nous rappeller qu'il y a neuf mille ans depuis le temps qu'il s'est élevé une guerre entre ceux qui demeuroient au-dessus & hors des Colonnes d'Hercule, & tous ceux qui habitent les pays en deçà. L'on dit que notre République avoit le commandement fur ces derniers, & qu'elle conduifoit toute la guerre. Les autres étoient gouvernés par les Rois de l'Ifle Atlantide, que nous avons déjà dit avoir été plus étendue que la Lybie & l'Afie, & que maintenant c'étoit un limon impraticable produit par les tremblemens de terre; de maniere que ceux qui voudroient le traverfer, en venant d'ici pour fe rendre dans la mer appellée Pelagus, en feroient empêchés par des obftacles invincibles...... Les Dieux avoient autrefois partagé la terre entr'eux; Vulcain & Minerve, étant de même nature, fortant d'un même pere, & ayant les mêmes inclinations pour les fciences & pour les arts, ont eu auffi la même portion en partage, favoir, cette contrée, qui, par fa nature, eft le fiege de la vertu & de la fageffe, & qui eft faite pour elles. Ayant donc rendu gens de bien les habitans qui y étoient nés, ils leur ont infpiré la forme de gouvernement de cette République. Les noms de ces hommes ont été confervés; mais la mémoire de leurs actions a péri par la deftruction de ceux à qui elle avoit été tranfmife, & par la longueur du temps..... Je vous dis ceci en obfervant que Solon a rapporté que les Prêtres, en lui racontant l'hiftoire de cette guerre, & en parlant de ceux qui en étoient les Chefs, leur donnoient les noms de Cecrops, d'Erechtée, d'Erechtée, d'Erichtonius, d'Erifichton, & de la plupart de ceux que l'Hiftoire rapporte avoir vécu avant Théfée. Les noms des femmes de ce temps étoient également les mêmes....

Maintenant je vais vous expofer quel a été au commencement l'état de ceux contre qui ils ont fait la guerre, fi la mémoire ne me trompe pas fur des faits que j'ai entendus dans ma grande jeuneffe, afin que vous, comme mes amis, le fachiez auffi. Mais avant que d'entrer en matiere, il faut en peu de mots vous donner un avertiffement, afin que, quand vous entendrez fouvent ces étrangers nommés par des noms grecs, vous n'en foyez point étonnés; car vous allez en favoir la raifon. Solon ayant voulu employer ce récit dans fon Poëme, & recherchant le fens littéral des noms, il a trouvé que ces premiers Égyptiens qui ont écrit cette Hiftoire, les avoient traduits dans leur langue : lui donc, en prenant à fon tour le fens litteral d'un chacun, les a tous traduits dans notre idiôme. Ces écrits étoient autrefois chez mon grand-pere; maintenant ils font chez moi, & je les ai lus dans mon enfance. Si donc vous entendez les mêmes noms comme les nôtres, n'en foyez pas furpris, car je viens de vous en dire la raifon.

Or, il faudroit faire un difcours bien long, s'il

T

falloit remonter jufqu'à l'origine, pour vous rapporter ce que j'ai déjà dit au fujet du partage que
les Dieux ont fait entr'eux de la terre, en donnant
aux uns de grands diftricts, à d'autres de moindres, & en inftituant leur culte. L'Ifle Atlantide
étant donc tombée en partage à Neptune, il y
établit les enfans qu'il avoit eus d'une femme
mortelle, & il les fixa dans un certain canton de
l'Ifle. Environ vers le milieu de l'Ifle, du côté de
la mer, il y avoit une plaine qui, à ce qu'on dit,
étoit le canton le plus beau & le plus fertile.
Proche de cette plaine, encore vers le milieu, &
à la diftance d'environ cinquante ftades, il y avoit
une petite montagne; elle étoit habitée par un de
ces hommes qui dès le commencement avoient été
formés de la terre. Evenor etoit fon nom : fa
femme s'appelloit Leucippe, & ils avoient une
fille unique qui s'appelloit Clito. Celle-ci étant
devenue nubile, fon pere & fa mere moururent.
Alors Neptune s'étant fenti de l'inclination pour
elle, il la prit pour femme. Il entoura la colline
qu'elle habitoit d'une bonne circonvallation, en
traçant autour d'elle différens foffés & élévations
de terre, grandes & moindres alternativement,
favoir, deux élévations de terre & trois foffés
d'eau, lefquels formoient des efpeces de cercles
dont cet endroit étoit le centre, afin de le rendre

inacceſſible aux hommes ; car il n'y avoit point encore de navires pour lors , & l'on ignoroit l'art de s'en ſervir ; & comme Dieu , il orna ſans peine la place enfermée dans cette enceinte ; il y fit jaillir de deſſous la terre deux ſources d'eau , dont l'une étoit chaude & l'autre froide : il y fit auſſi produire à la terre des fruits de différentes eſpeces & en grande quantité , & il y éleva cinq couples d'enfans mâles jumeaux qui étoient nés de lui. Alors il diviſa toute l'Iſle Atlantide en dix parties , & il donna à l'aîné de ſes enfans la demeure maternelle avec le canton d'alentour , lequel étoit le plus grand & le meilleur de tous. Il le nomma Roi des autres , & il appella ceux-ci Archontes. Il donna à un chacun l'empire ſur un grand diſtrict & ſur un grand nombre d'habitans. Il impoſa auſſi des noms à tous. A l'aîné , c'eſt-à-dire , au Chef , il donna un nom , duquel par la ſuite l'Iſle & la mer furent appellées Atlantiques ; car le nom de ce premier Roi étoit Atlas. A ſon frere jumeau il donna le nom d'Eumelus en grec ; mais dans la langue du pays , Gadirus. Ce frere eut en partage une des extrémités de l'Iſle , ſavoir , celle qui eſt ſituée vers les Colonnes d'Hercule , & dans la contrée qui , de nos jours , eſt appellée Gadirica , après le nom de ſon poſſeſſeur. Des ſeconds jumeaux qui naquirent , il appella le premier Am pheres, & l'autre Eudæmon. Des troisiemes, l'aîné fut appellé Mneseus, & l'autre eut le nom d'Autochthon. Le premier des quatriemes eut le nom d'Elasippus, & le second, celui de Mestor. Des cinquiemes, le premier fut nommé Azaës, & le second, Diaprepès.

Or, tous ces fils, ainsi que leurs descendans, ont demeuré pendant un grand nombre de générations dans ce pays, & ont regné sur beaucoup d'autres Isles situées le long de la mer, comme il a déjà été dit ; de maniere que leur puissance s'étendoit sur tous les pays situés entre l'Égypte & la Tyrrhenia. La famille d'Atlas s'acquit pendant long-temps une grande gloire. Le plus ancien régnoit, & transmettoit toujours le Royaume à l'aîné de la famille ; & de cette maniere, ils ont conservé la royauté pendant beaucoup de générations. Ils ont aussi amassé des richesses si grandes, que pas un Prince n'en eut de semblables avant eux, & que probablement aucun n'en aura de pareilles par la suite. Ils avoient à leur disposition toutes les choses nécessaires, qu'on a coutume de fabriquer dans les villes, ou que l'on fait venir des autres pays. Plusieurs choses leur arrivoient au commencement du dehors ; mais quant à celles qui sont nécessaires à la vie, l'Isle leur en offroit la plupart. D'abord, ils avoient

dans plusieurs endroits de l'Isle toutes les productions des mines, soit solides, soit fusibles, &
sur-tout l'orichalque, métal que l'on ne connoît
plus aujourd'hui que par le nom, mais qui chez
eux étoit très-connu, très-abondant, & ce qu'il y
avoit de plus précieux après l'or. Les forêts produisoient abondamment toute sorte de bois de
construction. La terre nourrissoit une très-grande
quantité d'animaux, tant domestiques que sauvages : il y avoit même un grand nombre d'Élé-
phans ; car tous les animaux, tant ceux qui vivent
dans les marais, les lacs & les rivieres, que ceux
qui habitent les montagnes & les plaines, y trouvoient une ample nourriture, même l'animal le
plus grand & le plus vorace. Elle rapportoit
en outre, & nourrissoit très bien tout ce que la
terre par-tout ailleurs produit aujourd'hui d'odori-
férant, soit racines, herbes, bois, liqueurs, sucs,
fleurs ou fruits. Il y avoit également ce fruit doux
qu'on fait sécher, & qui nous sert d'aliment, de
même que celui que nous mangeons avec le pain,
& que nous comprenons sous le nom général de
légumes, ainsi que ceux que les arbres nous
offrent pour nourriture, pour breuvage ou pour
oindre ; les noix de toute espece qui, pour être
bonnes & agréables, sont difficiles à garder ; les
fruits qui servent à exciter l'appétit ou à récréer

T 3

agréablement les malades ; toutes ces chofes fe trouvoient alors dans cette Ifle fainte, belle, merveilleufe & extrêmement abondante.

Or, les habitans de cet endroit fe fervoient de ces productions pour conftruire des temples, des maifons royales, des ports, des chantiers & d'autres établiffemens dans l'ordre fuivant. Ils avoient d'abord un pont fur les canaux remplis d'eau de la mer, qui environnoient l'ancienne Capitale, pour pouvoir fe rendre delà dans les bâtimens royaux. Dès le commencement ils avoient conftruit la réfidence royale dans cette ancienne demeure de la Divinité & de leurs ancêtres. Mais dans la fuite fe fuccédant les uns aux autres, chacun ajoutoit un nouvel embelliffement à ceux qu'il avoit trouvés ; de maniere que ce bâtiment devint un prodige de grandeur & de beauté ; car ils avoient creufé un foffé depuis la mer jufqu'à l'enceinte extérieure de la ville, lequel avoit trois plethres en largeur, cent pieds de profondeur, & cinquante ftades de longueur...... Au milieu du Château étoit un Temple confacré à Clito & à Neptune, inacceffible au vulgaire, revêtu d'une couverture d'or, & fitué au même endroit acceffible autrefois, où les dix Chefs de la famille royale avoient reçu le jour. Là ils s'affembloient auffi tous les ans pour offrir chacun des facrifices.

Ce Temple de Neptune avoit un stade en longueur, & trois plethres en largeur ; son élévation étoit proportionnée à cette étendue, mais sa figure étoit d'un goût étranger. Toutes les parties extérieures du Temple étoient argentées excepté les sommets ; ceux-ci étoient couverts d'or. Pour ce qui regarde l'intérieur, les voûtes en étoient d'ivoire ciselé, & couvertes d'or, d'argent & d'orichalque ; le reste, savoir, les parois, les colonnes & le pavé étoient revêtus d'orichalque. Ils y avoient aussi placé des statues d'or. Ils y avoient représenté la Divinité se tenant debout sur un char attelé de six chevaux aîlés, & d'une hauteur si grande, que la figure touchoit à la voûte de l'édifice. A l'entour du Dieu il y avoit cent Néréïdes assises sur des dauphins ; car alors on croyoit que c'étoit là leur nombre. Il y avoit en outre plusieurs autres images consacrées par des particuliers. A l'entour de l'édifice au dehors, on avoit placé les images des femmes & de tous les Rois descendus des dix Chefs, toutes fabriquées d'or, ainsi que beaucoup d'autres présens considérables, tant des Rois que des particuliers, soit de la ville même, soit d'ailleurs. Il y avoit aussi là un autel d'une grandeur & d'une structure proportionnées au reste. Les bâtimens royaux étoient également conformes à la grandeur de l'Empire, & répondoient à la magnificence du Temple. Ils avoient auffi des fources abondantes d'eau chaude & d'eau froide qui ne tariffoient jamais, & qui fervoient également à l'agrément & à la fanté. Aux environs de ces fources, on avoit conftruit des bâtimens & des allées d'arbres pour l'ornement des bains, & on y avoit établi des réfervoirs pour des bains en plein air, & d'autres fous des toits pour l'hiver. Les bains des Rois étoient féparés de ceux des particuliers; les femmes en avoient auffi de particuliers pour elles, de même que les chevaux & d'autres animaux, chacun comme l'ordre l'exigeoit. Pour l'écoulement des eaux, on avoit pratiqué un canal qui conduifoit dans le bois confacré à Neptune, qui étoit rempli d'arbres de toute efpece. L'excellence du terrein les avoit rendus fi beaux & fi grands, qu'ils offroient quelque chofe de divin. Delà cette eau paffoit au moyen des aqueducs & des ponts dans les enceintes extérieures, où il y avoit beaucoup de gymnafes pour les hommes & pour les chevaux alternativement, dans les Ifles formées par les foffés. Au refte, & dans le centre de la plus grande de ces Ifles, ils avoient conftruit un Hippodrome de la largeur d'un ftade, & de la longueur de tout le cercle pour des combats de cavalerie; & des deux côtés ils avoient bâti des logemens pour les Gardes du

Roi ; mais les plus affidés de ceux-ci étoient logés dans la plus petite enceinte , & proche du château dont la garde leur étoit confiée.....

Nous venons de rapporter de mémoire à-peu-près tout ce qui avoit été dit anciennement concernant la ville & l'ancienne demeure ; maintenant nous allons tâcher de donner également une idée du reste du pays & de son arrangement. On rapporte qu'au commencement tout le pays avoit été très-élevé & escarpé du côté de la mer ; mais qu'autour de la ville il y avoit eu une petite plaine , laquelle étoit environnée de montagnes qui formoient une pente douce jusqu'à la mer. Toute la longueur , d'une extrémité à l'autre , étoit de 3000 stades ; mais en mesurant du milieu , depuis la mer jusqu'en haut , il y avoit deux mille stades. Tout le territoire de l'Isle s'étendoit vers le sud ; & du côté du nord , il étoit bordé par des montagnes : l'on ajoute que ces montagnes surpassoient toutes celles d'aujourd'hui en quantité , en grandeur & en beauté. Elles étoient couvertes de nombre de villages & d'habitations très-riches ; elles abondoient en rivieres , en lacs , en prairies , qui fournissoient une ample nourriture aux animaux domestiques & sauvages. Il y avoit des forêts qui produisoient abondamment toutes les especes de bois propres pour toutes sortes d'ouvrages. De cette maniere

la furface du pays avoit été formée par la nature,
& difpofée par beaucoup de Rois pendant une longue fuite de temps. La figure étoit un quarré régu-
lier, mais oblong. Ce qui y manquoit étoit caufé
par les détours du canal qui y avoit été conftruit,
& dont la profondeur, la largeur & la longueur
étoient telles, qu'on ne pouvoit croire qu'il ait été
fait de mains d'hommes....

Pour ce qui regarde les dignités principales,
voici l'ordre qui y avoit été établi au commencement. Tous les dix Chefs regnoient chacun dans
fon diftrict & dans fa ville, fur fes fujets & felon
fes loix, puniffant même de mort celui qui voloit.
Cette communion d'Empire entr'eux étoit établie
en conféquence d'un ordre précis de Neptune que
la Loi leur impofoit. Cette Loi avoit été gravée
par les premiers fur une colonne d'airain, placée
dans le Temple de Neptune, qui étoit au centre
de l'Ifle. Là ils s'affembloient alternativement tous
les cinq ou fix ans, ayant les mêmes égards pour
le nombre pair & impair. Affemblés, ils délibé-
roient des affaires publiques ; ils s'informoient fi
quelqu'un avoit tranfgreffé la Loi, & ils jugeoient
en conféquence. Avant que de prononcer, ils
fe donnoient mutuellement la foi de la maniere
fuivante : ils lâchoient d'abord des taureaux en liberté dans le Temple de Neptune, & n'y reftant

qu'eux dix, ils prioient le Dieu d'agréer la victime qu'ils alloient prendre, sans employer le fer; & alors ils s'emparoient de la victime avec des bâtons & des cordeaux. Quand ils avoient pris un taureau, ils le conduisoient à la pointe de la colonne, & là ils l'immoloient selon qu'il étoit écrit. Or, il y avoit sur cette colonne, outre la Loi susdite, un serment, avec des imprécations contre ceux qui désobéiroient. Après avoir donc immolé, selon leur Loi, & sanctifié les membres du taureau, ils remplissoient un vase du sang du taureau, en versoient une goutte sur chacun d'eux, & après avoir jetté tout le reste au feu, ils nettoyoient la colonne par-tout; ensuite ils puisoient du sang du vase avec des fioles d'or, le jettoient dans le feu, & juroient qu'ils jugeroient, selon la Loi écrite sur la colonne, qu'ils puniroient celui qui le premier la transgresseroit; qu'eux-mêmes n'enfreindroient aucune des Loix écrites volontairement; qu'ils n'ordonneroient rien qui fût contraire à la Loi de leur pere, ni n'obéiroient à quelqu'un qui leur commanderoit de les transgresser. Chacun ayant ainsi fait des imprécations sur lui-même & sur sa famille, buvoit de la fiole, & l'ayant déposée dans le Temple du Dieu, il s'en alloit ensuite pour prendre le repas & vaquer à ses affaires....

Telle est la puissance qui étoit alors en ces lieux,

& que Dieu , dans un certain ordre par lui établi , a ramenée ici de la maniere suivante , à ce que l'on dit. Pendant beaucoup de générations & pendant tout le temps que la nature divine étoit efficace en eux , ils obéirent aux Loix , & ils s'attacherent sagement à ce qui leur étoit inné de divin ; car ils n'avoient que des pensées vraies & élevées , & ils se préparoient avec modestie & avec prudence à tous les événemens de la fortune. En méprisant ainsi tout , excepté la vertu , ils regardoient les choses présentes comme frivoles. Loin de s'enfler par la possession de l'or , de l'argent & des autres choses précieuses , ils les regardoient plutôt comme un pesant fardeau. Ils ne s'enivroient point de l'abondance de ces délices , & ce breuvage ne les rendit ni furieux ni insolens : mais sobres & prudens , ils remarquoient que toutes ces choses augmentoient chez eux par leur amitié commune & par leur vertu ; & qu'au contraire en les recherchant avec trop d'empressement & trop de passion , & en leur attribuant un trop grand prix , elles diminuoient & se flétrissoient d'elles-mêmes ; que les admirateurs de ces choses périssables périssoient avec elles , tandis que par la même raison ils eurent en abondance tout ce dont nous venons de parler , tant que la nature divine agissoit en eux. Mais la partie divine ayant été opprimée en eux par les paſſions, elle y devint foible & languiſſante. Les hommes prévalurent, & ne pouvant plus ſupporter leur état préſent, ils ſuccomberent honteuſement. Ceux qui voyoient juſte obſervoient alors qu'ils avoient perdu le plus précieux de leurs avantages ; tandis que ceux qui ne connoiſſoient pas la vie qui conduit à la véritable félicité, les eſtimoient plus parfaits & plus heureux, à meſure qu'ils accumuloient des richeſſes injuſtes, & qu'ils augmentoient en pouvoir. Mais Jupiter, le Dieu des Dieux, vengeur & gardien des Loix par leſquelles il regne ſur les hommes, & qui voit tout ce qui ſe paſſe, obſerva la dépravation de ces hommes autrefois ſi illuſtres ; & voulant faire vengeance, afin de les faire rentrer en eux-mêmes & les rendre plus modeſtes, convoqua tous les Dieux dans leur plus magnifique demeure, de laquelle, comme établie dans le milieu de l'Univers, il contemple toutes les générations, & les ayant aſſemblées....

La fin de ce fragment eſt perdue.

E S S A I

SUR les rapports des mots entre les Langues du Nouveau-Monde & celles de l'Ancien, *par l'Auteur du Monde Primitif.*

ENTRE les problêmes de toute espece auxquels a donné lieu la découverte de l'Amérique, celui qui regarde la nature & l'origine des Langues qui sont en usage dans ce vaste hémisphere, n'est pas un des moins intéressans. Il tient d'un côté aux grandes questions relatives à l'origine des Américains, & aux liaisons qu'ils peuvent avoir eues avec les Peuples de notre hémisphere. Il se lie naturellement d'un autre côté avec les questions qu'on ne cesse de discuter sur nos propres Langues, & qui ont pour objet l'origine de ces Langues, les rapports qu'elles peuvent avoir avec la Primitive, les changemens qu'elles ne cessent de subir, les causes des différences prodigieuses qu'on apperçoit entr'elles.

Cependant, on n'a rien dit jusqu'ici de satisfaisant sur l'origine des Langues de l'Amérique, ou plutôt on semble s'être accordé à les envisager comme des idiômes informes, indignes d'attention, qui ne peuvent avoir aucun rapport avec les Langues anciennes ou modernes de l'Europe, de l'Asie ou de l'Afrique, qui furent les enfans du hasard, ou du sol bourbeux & sauvage dans lequel végetent les Peuplades qui les parlent. Et si quelque faiseur de système croyoit appercevoir des rapports entre quelqu'une de ces Langues & nos Langues mortes, il étoit regardé comme un visionnaire qui ne méritoit aucune créance.

Ceux qui jugeoient ainsi des Langues de l'Amérique sembloient avoir tout pour eux. En effet, de quelque maniere qu'on comparât ces Langues, soit entr'elles, soit avec les nôtres, on n'appercevoit nul rapport, nulle ressemblance. Dans le nord de l'Amérique, chaque Nation a sa Langue: les Illinois, les Hurons, les Iroquois, les Esquimaux, les Acadiens, les Virginiens, les Habitans des Apalaches, les Caraïbes, &c. parlent autant de Langues différentes. Dans l'Empire du Mexique, on en compte autant que de Provinces. Si les Habitans du Pérou en avoient une entendue de tous, c'étoit l'effet du bon esprit de leurs premiers Incas, qui n'avoient voulu, disoit-on, qu'une Langue dans leurs Etats; cependant chaque canton avoit sa Langue particuliere. Le Chili, le Bréſil , la Guiane ont chacun la leur : il en exiſte une multitude dans cette vaſte étendue de terres qu'arroſe le fleuve des Amazones ; & entre celles-ci ſe diſtingue la Langue des Moxes. Enfin les Habitans des Iſles ſemées dans l'immenſe mer du Sud , ont chacun une Langue qui leur paroît propre ; & ſouvent on en parle pluſieurs dans une même Iſle , dès qu'elle eſt un peu étendue. Ainſi le nombre des Langues en uſage dans l'Améri-que ne paroît le céder en rien à celui des Lan-gues de notre hémiſphere.

On n'a d'ailleurs ſur celles-ci , généralement parlant, que des vocabulaires informes ; & qui , lors même qu'ils ſeroient auſſi complets qu'ils le ſont peu , ne nous donneroient que l'état actuel de ces Langues , & nous laiſſeroient dans une igno-rance entiere ſur leur état primitif , & ſur les changemens ſucceſſifs qu'elles ont néceſſaire-ment éprouvés , changemens dont la connoiſ-ſance ſeroit cependant ſi utile pour remonter à leur origine.

Quelles conſéquences pouvoit-on tirer de con-noiſſances auſſi foibles ? Aucune ſans doute , ni pour ni contre. De l'état actuel des Langues de l'Amérique , on ne pouvoit conclure qu'elles avoient toujours été dans le même état : on n'en

pouvoit

pouvoit donc rien conclure fur la maniere dont cet immenfe Continent s'étoit peuplé.

Il eft certain que ces Langues ont éprouvé & éprouvent des changemens continuels, & qu'elles en éprouveront d'auffi grands, jufqu'à ce qu'elles s'éteignent entiérement avec les Peuplades qui les parlent, & dont le nombre diminue fans ceffe de la maniere la plus frappante, foit par le peu d'efpace qui leur refte depuis l'arrivée des Européens, qui les refferrent & les inveftiffent de toutes parts ; foit à caufe des eaux-de-vie qu'on leur fournit en abondance, qui abregent les jours des générations actuelles, & réduifent au plus petit nombre poffible celles qui arrivent.

Mais quel que foit l'état actuel de ces Langues, on y apperçoit cependant de très-grands rapports avec celles de notre hémifphere ; & on doit être affuré qu'à mefure qu'on raffemblera avec plus de foin des vocabulaires exacts de toutes ces Langues, ces rapports fe multiplieront, & s'étendront au point de conduire à des réfultats furs & d'une utilité finguliere, pour déterminer l'origine de ces Nations, dans ce temps fur-tout où l'on a tant de preuves d'une communication ancienne & facile entre l'Amérique & les autres Parties du Monde.

En attendant, nous réunirons ici, à la follicitation de notre digne ami M. SCHERRER, nom

V

bre de rapports que nous avons cru appercevoir entre les mots de plusieurs langues d'Amérique & de notre hémisphere. Ce foible essai encouragera peut-être les Savans & les Voyageurs à donner plus d'attention à ces Langues, à en rassembler les mots avec plus de soin, ou à nous faire parvenir de plus grands secours sur ces objets.

I.

Langue des Esquimaux & des Groënlandois.

La Langue des Esquimaux, Peuple le plus septentrional de l'Amérique, est exactement la même que celle des Groënlandois, Peuple le plus septentrional de l'Europe. C'est une vérité si reconnue, que l'Auteur des *Recherches Philosophiques sur l'Amérique* n'a point fait difficulté d'en convenir. « Les Esquimaux, dit-il, (tom. I. 253.) » ne different en rien des Groënlandois. Ils cons- » tituent un même Peuple, une même race d'hom- » mes, dont l'IDIOME, les mœurs, l'instinct & » la figure sont parfaitement semblables.

Les Esquimaux se donnent, comme les Groënlandois, les noms d'*Innuit* & de *Karalit*. Le premier de ces mots signifie *homme*.

La Langue Groënlandoise ne commence jamais de mots par les lettres B, C, D, F, G, L, R

& Z, de la plupart desquelles même elle est privée. Ainsi elle a fait disparoître ces lettres des mots à la tête desquels elles se trouvoient, ou elle les a changées en d'autres. C'est une observation indispensable, sans laquelle on ne sauroit parvenir à trouver le rapport du Groënlandois avec les autres Langues.

En voici quelques-uns qui paroîtront sans doute dignes de quelqu'attention. Les mots Groënlandois qui en font la base, sont tirés, à l'exception du seul que nous citons sous la lettre R, du Dictionnaire Groënlandois, Danois & Latin, de Paul Egede, imprimé à Copenhague en 1750.

Ata-tak, pere. Dans nombre d'autres Langues, même de l'Amérique Sept. *Atta*, pere.

Abba, pere, dans l'ancien Groënlandois, mot Oriental.

Alluk-pok, il leche, il lape. Primitif, *Lac*, *Lech*.

Ama-mak, mamelle.

Iglo, maison. Pr. *Cel*, demeure, case : on aura dit *Icelo*, *Iclo*. Hongrois, *Kal-iba*, maison, cabane.

Imek, eau, mer. Oriental, *Im*, mer, vaste.

Imer-pok, boire; *Imuk*, lait.

Ingn-ek, feu, & nombre de dérivés. Latin, *Ignis*. Orient. *In*, soleil, feu.

Inne, lieu; *Innello*, intestins. Latin & Grec, *In*, dans.

Innak-pok, il chante. Gr. *Hymne*, chant.

Ipek, ordure, saleté.

Ipek-pok, être souillé, taché, sale. En Valdois, *Pacot*, boue, ordure.

Isor-pok, il est obscur. Orient. *Ser*, obscurité. Franç. *Soir*.

Innuk, homme. Groënland. *Innusutok*, jeune.

Innuvok, il vit, du Prim. *Gin*, homme.

Kallek, portion supérieure ; *Kelluvok*, élevé. Prim. *Cel*, élevé. Hongr. *Kel*.

Killak, ciel, du même *Cel*, élevé, ou de *Kœl*, creux.

Kall-ek, tonnerre. Orient. *Koll*. *Kaller-pok*, tonner.

Kalla-pok, bouillir, fermenter, être fervent. Prim. *Kal*, chaleur.

Kale, parle. Orient. *Cal*, parler. Lat. & Gr. *Calo*, appeller.

Kablo, sourcil, de *Cap*, sommet, sur, ce qui couvre.

Kepik, couverture, habillement, du même.

Kammik, bottes ; *Kammook*, voyage. Prim. *Cam*, d'où *Chemin*.

Kangak, tête. *Kango*, mont ; *Kang-attarpok*, monter, s'élever. Prim. *Can*, d'où le Lat. *Scando*.

Kill-ek, ulcere, pus. Hongr. *Kelis*. Island. *Kyle*.

Ki-ek, chaleur. Gr. *Kaiô*, chauffer, brûler.

Kip-ut, faux ; *Kipa-ko*, morceau ; *Kip-uvok*, il a été coupé. Prim. *Kop*, couper.

Kimmag, chien. Gr. &c. *Kyn*.

Kona, femme. Gr. & Nord, *Gyn*, *Kun*.

Konge, Roi. Dans le Nord, *King*. Danois, *Kongen*.

Kar-iſak, cerveau. Prim. *Kar*.

Kolleck, lampe. Norwegien, *Kolle*.

Kulleg, dos. Gr. *Kol*, qui ſuit, qui eſt derriere.

Kutte, gouttes.

Kut-kiug, petit. Hongr. *Kūtſ-ig* & *Kitſi*.

Maki-pok, il leve, il éleve. Pr. *Mag*. grand.

Manato-pok, il mange. Lat. *Mando*. Franç. Manger.

Mam-mat, nourriture. Hongr. *Madar*. Primit. *Ma*, *Mad*.

Maitſek, Lat. *Madidus*, mouillé ; Hongr. *Nedves*.

Niſe, poiſſon. Norweg. *Niſa*.

Nuteiſiah, neuf. Or. *Nu*, *Now*.

Nuia, nuée.

Nouk, fin, extrémité ; *Naua-pok*, dans Anderſon, finir, terminer. Or. *Nau*, fin, repos.

Nut-ak, nouveau, neuf. Prim. *Nov*. *No*.

Nuta-vok, il eſt nouveau.

Nuna, terre, ſol, mot commun aux Groënlandois avec les Caraïbes & les Galibis, chez qui il signifie *Terre* & *Lune*. Il a beaucoup de rapport à l'Orient. *Nuh*, habitation, demeure.

Ok-ak, langue, parole. Hongr. *Ige*, parole, mot, diction.

Ok-allupok, parler. *Ok-allutuak*, histoire.

Ok-allubik, temple, lieu consacré à la parole.

Orn-ga, aîle, 2°. aisselle.

Orn-ikpok, il vole, s'envoler. Gr. *Ornis*, oiseau.

Oma, lui; mot commun aux Langues du Nord & d'Orient.

Pannig, fille. Or. *Bane*.

Pek-ipok, courbé. Nord, *Bog*.

Penna-mich, lame d'épée, pointe. Prim. *Penn*, pointe.

Pig-ak, veille; *Pig-arpok*, il veille. Prim. *Vig*.

Pikka, là-dessus; *Pikkunga*, sur. Prim. *Pic*, *Pec*, pointe, sommet. *Pinga*, qui est sur; *Pinga-saut*, trois, le nombre supérieur, pluriel.

Pinnersok, beau; *Pinnereau*, il plaît; *Pinner-saut*, ornement. Prim. *Wen*, beau.

Pillaut, petite faux; *Pillek*, scie. Prim. *Fal.*

Pissuc, agilité; *Pissukpok*, il va. Algonquin, *Pitchi-bac*, courir.

Piss-kek, ancien, pour *Vit-kek*. Lat. *Vetus.*

Puill-arsok, fontaine. Angl. *Well*, puits.

Pupik, lepre. Héb. BEQ.

Pook, sac, poche.

Rypar, perdrix. En Island. *Ryper*. Dan. *Rype*.

Sekkia, Lat. *Socrus*, belle-mere.

Sor-ojupok, il est barbouillé, crasseux. Lat. *sordeo*.

Sort-lak, racine. Héb. shʀsh, *sorsh*.

Silla, air, monde, ciel; Gr. *Selas*, lumiere. Orient. *Hell*.

Sik-akpok, il est sec. Lat. *Siccus*. Fr. *Sec*.

Sekkiner-pôk, le soleil brille, luit. Dan. *Skinner*. Anglois, *Shine*.

Tarr-ak, ombres, ténebres; *Tarsoak*, grandes ténebres. Angl. *Dark-ness*.

Toko, mort. Dan. *Doer*, mourir.

R est changé ici en K, ce qui est commun en Groënlandois.

Uge, semaine. Angl. *Week*.

Uipok, il leve les yeux. Pr. *Up*, élévation, sur.

Un-nuk, soir, peut être de la même famille que *Nux*, nuit.

Upernak, printemps, de la même famille que *Ver* des Lat. printemps.

Ullè, flots de la mer. Fr. *Houle*.

Ullok, jour, année; *Ullor-iak*, étoile.

. Ces mots paroissent tenir à l'Orient. *Hell*, lumiere, splendeur.

Ursok, cuit; d'où *O-pok*, brûler. Or. *Ur*, feu. Lat. *Uro*, *Ustus*.

V 4

La Langue Groënlandoise d'ailleurs fait ufage d'affixes, à la maniere des Langues Orientales, Hongroife & Américaines-Septentrionales ; mais elle les place, à la maniere des Orientales, à la fin des mots. Ainfi on y dit, *Nuna-ga*, ma terre ; *Nunet*, ta terre ; *Nunà*, fa terre (de lui pour qui on agit) ; *Nunane*, fa terre (de lui qui agit) ; *Nunangoak*, une petite terre ; *Nunarfoak*, une grande terre.

Les verbes fe défignent, comme dans les Langues Orientales, par la troifieme perfonne du préfent, qui eft en même temps un prétérit ; & elle marche par conféquent la premiere, de même que dans ces Langues : *Ermikpok*, il fe lave, *Ermik-potit*, tu te laves, *Ermikponga*, je me lave.

Ajoutons que les rapports que nous avons cités ici de la Langue Groënlandoife avec la Hongroife, font d'autant plus remarquables, que cette derniere Langue eft la même que celle des Vogules, Habitans de la Tartarie, comme M. *Scherrer* l'a fait voir ci-deffus, & la même que celle des Lapons, les plus près voifins des Groënlandois, comme l'a reconnu le P. *Hell*, dans fon voyage en Laponie.

I I.

Langues du Canada.

Les Nations Sauvages du Canada parlent diverses Langues qui paroissent être des dialectes de celle des Algonquins. Voici les principales, selon le P. *Lafiteau.*

La Langue des Hurons, qu'on peint noble & majestueuse, mais d'une prononciation rude & gutturale.

Celle des Agnies. Elle est plus douce & moins gutturale.

Celle des Onontagues. Elle approche le plus de celle des Hurons.

Celle des Onnoiouts. Elle paroît s'être formée de l'Agnies. Ce Peuple affecte de la délicatesse dans sa prononciation. Il change R en L, comme les Chinois la Langue Zend. &c.; & il ne fait pas sentir les finales.

Celle des Tsonnontouan. Elle est très-rude : les Iroquois s'en moquent ; cependant, selon le Pere *Carheil*, elle est la plus énergique & la plus abondante.

Celle des Iroquois, moins réguliere que celle des Hurons.

Voilà donc six Dictionnaires qu'il faudroit avoir

pour analyſer ces Langues , & arriver à une ſource commune qui pût nous conduire à des objets de comparaiſon aſſurés entre ces Langues & les nôtres. Or , je ne connois à cet égard que le *Vocabulaire de la Langue Huronne* du P. *Sagard Theodat* , imprimé à Paris en 1632 , & *celui de la Langue Algonquine* du Baron de *la Hontan* , qu'il a accompagné de quelques mots Hurons.

Ce dernier Voyageur dit que toutes les Langues du Canada » ne différent pas tant de l'Al-
» gonquine que l'Italien de l'Eſpagnol, ce qui fait
» que tous les Guerriers & les Anciens de tant de
» Peuples différens ſe piquent de la parler avec
» toute ſorte de délicateſſe. Elle eſt tellement né-
» ceſſaire pour voyager en ce pays-là, qu'en quel-
» que lieu où l'on puiſſe aller , on eſt aſſuré de ſe
» faire entendre à toutes ſortes de Sauvages, ſoit
» à l'Acadie , à la Baie d'Hudſon , dans les Lacs ,
» & même chez les Iroquois.

La Hontan aſſure que les Hurons & même les Iroquois n'ont point de lettres labiales , c'eſt-à-dire point de *b* , *f* , *m* , *p* ; que pour prononcer *bon* , ils diſent *Ouon : Rils* pour *Fils : Coanſieur* pour *Monſieur* ; & qu'aucune Nation du Canada en-deçà du Miſſiſſipi n'a la lettre F.

Le P. *Lafiteau* voulant donner quelque idée de ces Langues Canadiennes , aſſuroit (Mœurs des

Améric. tom. IV, 194.) » qu'elles n'ont propre-
» ment que des verbes ; que tout se conjugue , &
» que rien ne se décline ; que chez ces Peuples
» tout est verbe ; qu'il n'y a point de substantif,
» d'adjectif & d'article ». Le P. *Lafiteau* croyoit
dire quelque chose , & il ne peignoit qu'une chi-
mere.

Si les Onnoiouts changent R en L , les Iroquois
au contraire changent L en R , & P & F en K. Ils
disent *Rux* au lieu de *Lux ; Rousikouer* au lieu
de *Lucifer.* Ils prononcent *ou* au lieu de *b* & de
m. Comme les Celtes , ils font précéder *R* de *C*
ou de *G ;* & tandis que les Hurons disent *Areskoui*
(Dieu, 2°. Soleil) , les Iroquois disent *Agriskoué.*

T est pour eux une espece d'article , comme
dans la plupart de nos anciennes Langues. Ainsi
Tarr'ha signifie *il y a là une forêt.*

Leurs verbes se terminent à l'infinitif en *in ,*
ein , terminaison commune aux verbes Grecs,
Teutons , Celtes , &c., ce qui est déjà un rapport
singulier.

En voici un autre aussi frappant. *N* est le pro-
nom de la premiere personne , *K* celui de la
seconde, *Ou* celui de la troisieme.

Ni-sakia , j'aime.

Ki-sakia , tu aimes.

Ou-sakia , il aime.

Min eſt , comme en Grec *Men* , la marque finale de la premiere perſonne du pluriel. *Ni-ſakia-min* , nous aimons.

Ils ont , comme les Péruviens , deux premieres perſonnes plurielles , celle que nous venons de voir , & une autre formée de celle-là & de la terminaiſon de la ſeconde perſonne plurielle.

Ki ſakia-min-aoua , nous & vous aimons.

Or , dans les Langues Orientales , *n* déſigne la premiere perſonne , *k* la ſeconde , *hou* la troiſieme.

Les Langues Latine & Grecque emploient également *n* pour déſigner la premiere perſonne , du moins au pluriel , & *ou* , *hou* pour la troiſieme.

Entrant dans le détail de leurs mots , pluſieurs paroiſſent avoir un grand rapport avec nos anciennes Langues.

Gar & *Har* eſt un mot primitif qui ſignifie *ſur* , *au-deſſus* , & qui déſigne l'élévation. Ils en ont fait *Gar-akoua* & *Ikare* , qui ſignifient tous deux le Soleil , *Iskare* , la Lune ; *Haron-hiaye* , le Ciel.

Garr & *Harr* , une forêt. En Héb. ıYR , *i-kar*.

Aouen , eau. *Eauoy* , nager , aller à l'eau. *Au* , *Av* , eau , eau , dans toutes nos Langues.

Aihtaa , pere ; l'*Aita* d'un grand nombre d'anciens Peuples ; l'*Atta* d'Homere & du Groënland.

Achia , enfans. Primit. *Ach* , tribu , famille.

Ain, voir. En Orient. *Ain*, *Œn*, œil, 2° soleil.

Carhata, village. En Prim. *Kar*, ville ; *Kair*, *Karth.*

Scon, cabane, mot Orient., d'où le Grec *Skené*, tente, cabane, qui a formé notre mot *scene.*

Our-henha, jour. En Or. *Ovr*, Or.

Tanonte, donne. Dans nos anciennes Langues, *Da*, *Ta*, *Don.*

Gagnenou, chien. C'est l'Onomotapée dont les Latins firent *Canis*, chien.

Houoyse, aimer, a beaucoup de rapport avec le Primit. *Aoue*, chérir, en Latin, *Aveo.*

Youry, il est cuit. En Primit. *Ovr*, feu, d'où le Lat. *Uro*, brûler, chauffer.

Tous ces mots sont tirés de *Lafiteau.* En voici du Vocabulaire de *la Hontan.*

Hemisca, aller par eau, *Pimisca*, naviger, se lient avec nos Primit. *Im* & *Isc*, eau.

Abou, suc ; de *Av*, *Ab*, eau, liqueur.

Scoute, feu. Prim. ASh *Esch*, feu.

Magat, fortement, beaucoup. Pr. & Groënl. *Mag.* tout ce qui est grand, étendu.

Okima, chef. Prim. *Og*, grand, supérieur.

Mackate, noir, ce qui se lie avec le Celte *Macha*, meurtrir, le Fr. *Machuré*, &c.

Kiss, gelée, mot Celte. Dans l'Edda, *Ghez* signifie *gelée.*

Ouagan, efclave. *Gan* eft une terminaifon Algon-quine commune aux fubftantifs. Refte *oua* pour le radical, qui correfpond au Celte *Was*, *Gouas*, efclave, domeftique.

Piouel, poil des animaux.

Talamia, faluer. En Orient. *Talam & Salam*.

Oudenane, village. Prim. *Den*, habitation, ville.

Arimat, de grand prix, important. Prim. *Rym*, élevé, grand.

Nip, dormir. En Angl. *Nap*. En Celte, *Lap*, d'où *Sleep* dans le Nord.

Malatat, mal; *Malatiffi*, mauvais.

Tit, dire. Prim. *Di*, jour, dire.

Ouack-aygan, un fort; *Ouack-aik*, faire un fort. Remettez *ou* en *b*, & vous avez *Bak* des Egyp-tiens, *Pag* des Celtes, *Pacha* des Péruviens, dé-fignant une habitation, un canton, une contrée.

Yao, corps, fubftance. *Iao*, Hébr. Chin. Egypt. l'*Etre*.

Ouats-Gaamink-Dach-Irini, les Anglois; mot-à-mot, les hommes d'au-delà la grande mer. *Ouats*, au-delà, en Angl. *Weath*. *Dach*, derriere, en Angl. Dan, &c. *Back*, dos, derriere: ici *d* pour *b* à la grecque, & fur-tout chez un Peuple qui n'a point de *b*. *Irini*, homme; en Péruvien, *Ruma*; en Egypt. *Run*; en Ceyland. *Pi-rimijaa*.

Ockola, robe. Hébr. GLM, *Glo-me*, manteau. Angl. *Cloke.*

Outon, langue. Dans le Nord, *Tong*, *Zung*, langue.

Sakia, aimer. Angl. *Sake*, amour, égard, confidération.

Poutaome, faire chaudiere, mot qui tient au Prim. *Pot*, *Pout*, &c.

Alank, étoile. En Prim. *Hal*, *Hel*, briller.

Vendao, lumiere. Prim. *Ven.* En Pehlvi, *Venadan.*

I I I.

Langue des Caraïbes & des Galibis.

Les Caraïbes étoient les Habitans des Ifles qui font entre l'Amérique Septentrionale & l'Amérique Méridionale, lorfque les Européens en firent la découverte. Leur Langue a un fi grand rapport avec celle des Galibis, Peuples de la Terre-Ferme du côté de Cayenne, qu'on voit manifeftement qu'ils eurent une origine commune, lors même que ces Peuples n'en conviendroient pas; car les Caraïbes difoient, felon quelques Auteurs, qu'ils étoient fortis du pays des Galibis, & qu'ayant fait la conquête des Ifles, ils en avoient exterminé les Habitans mâles, & avoient époufé leurs filles & leurs femmes. C'eſt ainſi qu'ils rendent raiſon d'une multitude de mots dont le ſexe féminin ſe ſert ſeul chez eux, comme étant les reſtes de leur Langue maternelle, tranſmiſe avec ſoin à leurs filles par les deſcendans de la Nation exterminée. Mais dans l'Hiſtoire des Antilles par Rochefort, tom. 2, on dit poſitivement que les Caraïbes ſont originaires de l'Amérique Septentrionale, de la contrée qu'on appelle aujourd'hui la Floride; qu'ils demeurerent long-temps dans le voiſinage des Apalachites, où quelques-uns de leurs deſcendans s'appellent encore Caraïbes; & qu'ils partirent de chez les Apalachites pour la conquête des Iſles.

Les rapports de la Langue des Caraïbes avec celle des Galibis ſont d'autant plus intéreſſans, qu'ils ne s'étendent pas à tous les mots qui compoſent ces Langues, qu'ils n'en embraſſent pas même la moitié; en ſorte qu'ils ſont une preuve ſans réplique des altérations prodigieuſes qu'ont éprouvé les Langues de l'Amérique; & qu'à cet égard on doit ſe contenter de quelques rapports, étant peut-être impoſſible de reſtituer ces Langues dans leur état primitif. Ils ſont tirés du Vocabulaire Caraïbe de Rochefort, dans ſon Hiſtoire des Antilles in-4°. 1658, & du Dictionnaire Galibi in-8°., imprimé à Paris depuis quelques années.   On

On peut donc rapporter les mots de ces Peuples à quatre claffes différentes : 1°. mots communs aux Caraïbes & aux Galibis ; 2°. mots particuliers à chacun ; 3°. mots qu'ils peuvent avoir pris des autres Nations Américaines ; 4°. mots qu'ils ont empruntés des Européens. La maniere dont ils ont altéré ces derniers, & les différences qu'on remarque entre les mots qui leur font communs, donnent une idée des changemens qu'ils peuvent avoir faits à leurs mots primitifs, & de leur maniere de prononcer.

Exemples des mots Galibis empruntés d'Europe.

Rakabouchou, Arquebufe.

Kaloon, Canon.

Canabire, Navire.

Pisket, Poiffon.

Couloubera, Couleuvre.

Carattoni, Rat.

Pipa, Futaille, Tonneau, Pipe.

Paca, Vache.

Kaniche, Canne à fucre.

Choukre, fucre.

Mouche, Beaucoup. C'eft l'Efpagnol *Mucho,* Beaucoup.

Baina, Peigne. *Bouiroucou,* Porc.

Barou, Balle de fufil. *Chamboura,* Tambour.

X

Exemples des mots communs aux Galibis
& aux Caraïbes.

GALIBI.	CARAÏBE.	FRANÇOIS.
Ouato.	Onattou.	*Feu.*
Veyou.	Huyeyou.	*Soleil.*
Nouna.	Nonum.	*Lune.*
Bebeito & Pe-peite.	Bebeité.	*Vent.*
Oukili.	Ouekelli.	*Homme.*
Ouheli.	Ouelli.	*Femme.*
Touna.	Tona.	*Eau.*
Tobou.	Tebou.	*Pierre.*
Ourepa.	Oullaba.	*Arc.*
Iromou.	Liromouli.	*Eté.*
Bulana.	Balanna.	*Mer.*
Penna , Pena.	Bena.	*Porte.*
Eitoto.	Etoutou.	*Ennemi.*
Iroupa.	Iroponti.	*Bon.*

Rapports des mots Caraïbes avec les Langues
de notre hémisphere.

Na marque la premiere perfonne, comme chez les Algonquins; ainfi d'*Ayoubaka*, marcher, ils font *Nayoubaka-yem*, je marche.

Authe, poisson ; mot Arabe.

Baloue, la grand-terre. Prim. *Bal*, grand.

Balana & *Balaoua*, la grand-eau, la mer.

Baba, pere ; 2°. oncle paternel.

Bouleoua, roseau à faire des fleches. En Malais, *Boulou*. A l'Isle de Madagascar, *Voulou*.

Mouchi-peeli, très-grand. En Prim. *Mag*; & *Bal*, *Bel* signifient *grand*.

Monchinagouti, long ; du même *Mag*, *Mog*, grand.

Huera, *Nehuera*, nudité. Héb. ץVR, *Wur*, *Hur*, &c.

Mona, la lune, dans la langue des femmes. Prim. *Mon*, *Men*.

Couliela, canot. Prim. *Coel*, creux.

Na-poulou-kayem, je nage. Algonq. *Tapoue*, nager. Orient. *Poul*, lac, marais. Angl. *Pool*.

Chemun, le bon esprit. En Japonois, *Cami-na*, Dieu. Or. *Sam.* ciel, élevé.

Kemerei, brouillard. Or. *Camar*, obscur, noir. CMR, *Camar*, noircir.

Canaoua, grand vaisseau. Prim. *Can*, ce qui contient.

Icheiri, Dieu. En Algonq. *Ikare*, le soleil, de *Gar*, sur, ou de cHRS, *Kars*, le soleil.

Chiririti, rond. Ce mot paroît tenir à la famille Prim. *Ghyr*, rond.

Akoucha, aiguilles.
Hague, fourmi.
Akourou, fcorpion.
Akoulerou, gros chardon.

} tiennent au Pr. AK, pointe, piquant, aigu.

Ouattou, feu, tient à l'Or. ASh , *Afch*, prononcé *Att*, feu.

Toubana , maifon. Or. *Bana*. Ils difent auffi *Banna*.

Tona, eau , riviere. Celt. *Don , Tun*.

Akou, œil. Prim. *Ok , Auk*.

Phoubae, foufle. Grec , *Phusê* , foufle.

Bouto , *Poito* , jeune. Prim. *Bov*.

Iché, vouloir. Algonq. *Duifch*. Nord, *Wish* , defir , defirer.

Bebeité, vent. Ce mot paroît tenir à *Vad* , en Zend, Vent, prononcé *Veid* , *Beit*.

Ouarou , le fec , la terre. Or. *AR* , la terre, le fec, d'où *Aride*.

Ou paroît un article ou une voyelle ajoutée à la tête des mots chez les Caraïbes & chez les Algonquins.

Acou-rabamé , *Oui-rabama* , quatre. Or. RBy, *Rabo*. En Maflorete, *Rabang* , quatre.

Affimbei , chaud. Or. ASh , *Aff* , feu.

Auto , cafe, hute. Celt. *Hut , Hot*.

Apoto , grand, gros, enflé. Prim. *Pot* , grand.

Abou-boutou , pied. Prim. *Pou* , pied.

Abihera, fanglier. Or. *Bher*, d'où Lat. *Aper*.

Coci, aller vîte ; *Cochi*, vîte, promptement. Or. cHUSh, *Kus*, *Kosh*, courir, fe hâter, marcher nuit & jour. Abenaq. *Kif-ous*, le foleil.

Balipé, vigoureufement, fortement. Prim. *Bal, Val*, force.

Bambou, rofeau. de même en Indien,

Cambounné, boucaner, rôtir la viande ; *Cambo*, boucan. En Orient. cHMM, *C-hamm*, brûler, chauffer.

Chicatai, *Chiqueté*, couper. Pr. *Chic*, morceau.

Ené, voilà ; *Enourou*, œil. Lat. *En*, voilà. Or. *Ain*, œil, voir.

Eperi, fruit. Or. PRI, *Peri*, fruit.

Icourita, midi, tient à *Icare*, foleil.

Immer, mere. Or. *Emma*.

Ipoliri, riviere, fleuve, tient à *Poul*, lac, eau.

Karionarou, liane dont les feuilles donnent en teinture un très-beau cramoifi. Prim. *Kar*, rouge.

Manati, mamelle. Prim. *Ma*.

Malia & *Maria*, couteau. Prim. *Mal*.

Niffan, aller, partir. Or. NSy, *Naffo*. Maffo-rete, *Nifan*, aller, partir.

Nuce, haut. Or. NSE, *Nafé*, élever.

Oboui, je fuis venu ; *Moboui*, tu es venu ; *No-boui*, venu. *Sete-boui*, *Sene-boui*, venir. Orient. *Bo*, venir.

X 3

Ocuna & *Ieconari*, genou. Prim. *Gen*, *Cen*.

Opi, baigner, laver. Prim. *Ap*, eau.

Oua, non. Grec, *Ou*; en terminaison, *pa*, & répond à notre négation initiale *in*. *Ice*, vouloir; *Ice-pa*, ne vouloir pas.

Oualimé, guerre. En Algonquin, *Nant-Ouali*. Prim. *Bal*.

Ouimbo, ventre, entrailles. Orient. *Ob*.

Ouipi, haut; *Ouipoui*, montagne. En Caraïbe, *Ouebo*. Prim. *Hup*.

Ouin, *Aunique*, *Ahuinique*, *Tewyn*, un, un seul.

Pitani, jeune enfant. Prim. *Pet*, petit.

Plia, fleche.

Pouronné, fille. Prim. *Por*. En Zend, *Aperenaeoko*, fille, jeune fille.

Aouembo, fin, fini. Zend, *Apemo*, qui, prononcé *Avemo*, *Aouemo*, approche fort de *Aouembo*.

Ajoutons que l'orthographe du même mot change beaucoup dans toutes ces Langues, suivant les personnes qui nous les transmettent. Ainsi dans le même Dictionnaire Galibi, on voit sept manieres différentes d'écrire le mot qui répond à pesant, épais, massif : *Amotchimbé*, *Maucimbé*, *Maucipé*, *Mochimbé*, *Mosimbé*, *Mossimbé*, *Naucipé*; en sorte qu'on le prendroit pour sept mots différents.

On y voit:

Acoropo, *Acolopo*, *Coropo*, *Colopo* pour *demain*.

Coyare, *Coignaro*, hier.

Noene, *Nonna*, *Nouna*, lune & terre.

Oly, *Ouali*, *Ouary*, fille, femme.

Payra, *Pira*, *Oule-mary*, bois qui fert à écrire, &c.

I V.

Langue des Abenaquis.

Les Abenaquis, anciennement Canibas, font une Nation du Canada unie aux Souriquois ou Micmas, habitans de l'Acadie, & aux Etechemens, leurs voifins. Ces trois Nations parlent à-peu-près la même Langue, & on l'appelle Langue Abenaquife. Je ne connois aucun Ouvrage & aucun Vocabulaire imprimé fur cette Langue; mais quelques mots que j'en poffede font voir qu'elle a un très-grand rapport avec la Langue des Sauvages de la Virginie & avec nos anciennes Langues. On affure d'ailleurs qu'elle n'eft qu'un dialecte de la Langue Algonquine & de l'Outaouaife, & qu'elle eft riche & énergique.

Ne marque la premiere perfonne, *Ke* la feconde, *Ou* la troifieme, de même que chez les Algonquins & ceux de Virginie.

Nis fignifie deux , de même qu'en Virginie &
en Thibetan.

Yeou , quatre. Et en Virg. *Yeou.*

Nizinske , vingt. En Virg. *Nifnikha.*

Nanninske , cinquante , en Virg. *Nanannatahs-hinchag.*

Mereouangan , cœur , & *Raoue* , cœur. C'eſt
l'Or.RYE *Rhoé* , affection de cœur , amitié , cœur.

On voit ici la terminaiſon *gan* commune à ces
divers Peuples du nord de l'Amérique.

Effe , dans les compoſés , *bois à brûler.* C'eſt
l'Or. YTZ , *hets* , *heſſ* , bois.

Me , de , comme l'Héb. *Mi* , *Mim.*

V.

Langue des Virginiens.

Cette Langue eſt à-peu-près inconnue : il n'en
exiſte qu'une Grammaire , imprimée en 1666 à
Londres , ſi rare , que je n'ai pu encore la découvrir nulle part. On n'en a aucun Dictionnaire.
Reland en donna feulement quelques mots dans
ſa Differt. ſur les Langues de l'Amérique. Mais
on peut y fuppléer par la Traduction de la Bible
que firent dans cette Langue les Miſſionnaires
Anglois dans le ſiecle dernier , & dont je dois un
exemplaire à la générofité de M. *Ifelin* , Secrétaire perpétuel de la Ville & République de Baſle.

En en parcourant quelques chapitres, j'y ai reconnu divers mots communs, soit aux Algonquins & aux Abenaquis, soit à nos anciennes Langues.

Ne marque la premiere personne, *ke* la seconde, *how* la troisieme.

Ohke, la terre. En Algonq. *Ahke*. En Pehlvi, *Akhe*, le monde, la terre.

Noosh, mon pere. En Algonq. *Noush*.

Matchee, mauvais, méchant. En Algonq. *Matchi*. Abenaq. *Matsighek*. En Héb. ᴍsʜcʜᴛʜ, *Mashketh*, méchant, ruine, mal.

Nippekontu, eau. En Algonq. *Nip*. eau. En Grec, *Nipô*, laver.

Neqoutta, six. En Algonq. *Nekoutans*.

Par ces rapports & par d'autres entre ces deux Langues, il paroît que la Langue mere du Canada s'est étendue jusques aux côtes de l'Océan.

On y apperçoit aussi divers rapports avec nos anciennes Langues, sur-tout celui qui est fourni par les mots qui marquent les trois personnes, & qui se joignent à la tête de chaque mot; en sorte que *Noush* signifie mon pere, & *Koush* ton pere. Cet accord entre ces diverses Langues de l'Amérique Septentrionale & les Langues Orientales, & qui tient au génie même de ces Langues, ne sauroit être l'effet du hasard, sur-tout étant accompagné d'un si grand nombre d'autres rapports.

On retrouve dans la Langue de Virginie les terminaisons des mots Hébreux au pluriel, en *im* pour les noms masculins, & en *oth* pour les noms féminins.

Outh, pere, est l'Esclavon *Otse* ; l'Or. *Otta*, *Atta*, pere; Tangut, *Atscha*; Czeremisses, *Atja*.

How, lui ; *Howan*, qui. Prim. *Hov*, lui.

Kenos, parle. En Tangut & Mongale, *Kel*, parler. Héb. QOL, voix.

Nuk-kuhk-ouwaongash, mes commandemens. *Nu*, mes, avec la reduplication de la consonne suivante *nuk*. *Waongash*, terminaison plurielle. *Kuhk*, commandement. En Héb. CHUQ, *Cuq*, statut, décret, commandement.

Nou-situmm-ouongash, mes jugemens. En Or. SUD, *Sud*, conseil, avis, seigneurie.

Neomunau, il prit. Dans le Nord & en Or. *Nem*, *Nam*, prendre.

Ponumun, placer. En Lat. *Pono* ; mais ce mot pourroit être de l'invention des Traducteurs ; ils en ont employé d'Anglois, lorsqu'ils n'en ont point trouvé de correspondans dans le Virginien, en leur donnant un air national : tels

Horseoh, chevaux ; *Heardsut*, troupeaux ; *Assesoh*, ânes ; *Uf-floksut*, brebis.

Wunn, voir. Or. *Œn*, prononcé *Wæn*, voir.

Wunnegan, bon. Prim. *Ven*, *Ouen*, beau, bon.

Wut-chippa-nowonganit, tribu. Héb. *Schebet*, tribu, fceptre, &c.

Waant-ammonk, fageffe, *Waantam*, fage. Or. BUN, prononcé *Wun*, *Wan*, intelligent, prudent, fage.

D'ailleurs les mots de cette Langue fe diftinguent prefque toujours par une longueur extraordinaire, due à leurs longues terminaifons de trois ou quatre fyllabes, telle que *Gannumnonash*; à leurs longues initiales, & à la compofition même de ces mots.

V I.

Langue de Penfylvanie.

Dans le Journal des Savans in-4°. 1710, p. 49 & fuiv., on trouve quelques mots de la Langue de Penfylvanie, voifine de celle de Virginie. On voit par-là que ces deux Langues ont un très-grand rapport entr'elles & avec les nôtres.

Matta dans les deux Langues fignifie *fans*, *non*.

Winnit, bon; & en Virginien, *Wunne-gan*.

Anna, mere. *Pone*, pain. En Orient. *Pan*, *Pain*, fruit.

Hatta, avoir. *Paya*, venir.

Metfe, manger. Celt. *Mad*, *Mets*, Mets.

V I I.

Langue Mexicaine.

Je ne connois de cette Langue que quelques mots que *Jean de Laet* dit avoir tirés d'un Vocabulaire que les Efpagnols avoient publié à Mexico, dans cette Langue, & qui font rapportés en partie par Reland, dans la Diſſertation dont j'ai déjà parlé, & dans le 48ᵉ vol. de l'Hiſt. des Voyages in-12. Malgré cette difette de mots, on ne laiſſe pas que d'appercevoir divers rapports de cette Langue avec d'autres.

La premiere perfonne y eſt également défignée par *Ne*, comme dans toutes celles que nous venons de parcourir, & *lui* par *yeu* ; la feconde perfonne par *Te*, *k* étant devenu ici *t* par un changement très-commun. Mais ce en quoi la Langue Mexicaine fe diſtingue ici de toutes les autres, c'eſt par l'addition *Huatl* qu'elle a faite à chacun de ces mots, difant

Ne-hualt, Moi ; *Te-hualt*, toi ; *Yeu-hualt*, lui, il. Quant à la valeur de l'addition, c'eſt ce que je ne faurois déterminer avec fi peu d'élémens. Ce doit être un mot expreſſif, & qui défigne quelque idée relative à une exiſtence élevée.

Tli, *Tl*, abréviation de *Tel*, eſt une terminaiſon très-fréquente dans cette Langue : elle paroît répondre à notre terminaiſon *ter* des Latins, & *tre* en François.

Tahtli, pere. Prim. *Tat.*

Nantli, mere, Prim. *Na-na.*

Teuch-poch, fille. En Or. *Tuch*, *Doch*, *&c.* fille.

Teutcatli, nom du temple de *Vitzliputzli ;* mot à mot, dit-on, maiſon de Dieu ; mais *Catli*, ſignifie *maiſon* en Mexicain. *Teut* eſt donc Dieu ; & c'eſt ainſi un mot Prim.

Ca-tli, maiſon. Prim. & Or. *Ca*, *Caſ*, maiſon.

Vitzli-putzli, Dieu ſouverain du Mexique. C'eſt un mot manifeſtement compoſé. *Id* ſignifie le temps ; *Put*, *Pod*, la puiſſance. Il peut tenir à ces racines, & déſigneroit *le Dieu des temps.*

Lan, pays, région, lieu. En Celt. *Land*, pays ; *La*, lieu, qui, en ſe naſalant, fait *Lan.*

A-tl, eau ; *A*, *Av*, eau, en Prim.

Ilhuicatl, le ciel. Ce mot paroît compoſé de *Catl*, maiſon, & de *Ilhui*, qui ſignifiera lumiere, aſtres. En Prim. *Hell*, *Ill*, briller, éclat, ſplendeur, ſoleil, &c.

Tepet, montagne. Prim. *Top*, *Tup*, ſommet, élévation, toupet.

Ameyatli, fontaine. Prim. *Mey*, eaux.

Tecolli, charbon. Prim. *Col*, charbon. *Te* ſeroit un préfixe, une eſpece d'article.

Zahza-catla, lac. Prim. *Ze*, *Za*, mouvement, agitation des eaux. *Ze*, *See*, mer, lac.

V I I I.

Langue du Pérou.

Dans un Mémoire de M. *Pelloutier*, fur le rapport des Américains avec les Celtes (Mém. de Berlin, 1749), on voit que le Docteur *Heinius* trouvoit une *grande conformité* entre la langue Hébraïque & celle des Habitans du Pérou, qu'il croyoit defcendus des Carthaginois. Il eft fâcheux que ce Savant n'ait point fpécifié la nature de ces rapports : nous en aurions profité avec empreffement, & nos Lecteurs y auroient fûrement gagné. A ce défaut, voici quelques comparaifons qui nous ont frappés.

M. de la Condamine, dans fon Mémoire fur les anciens monumens du Pérou, au temps des Incas (Mém. de Berl. 1746), rapporte ces fix mots péruviens, qui fe trouvent tous liés avec des mots orientaux.

Inca, fils du foleil ; *Inti*, foleil. En Oriental, *In*, foleil.

Inca-Pirca, Palais des Incas. En Or. *Bir*, palais ; d'où *Bir-Int*, palais du foleil, ou labyrinthe.

Ichu, jonc délié, dont les Péruviens font la

brique en le pêtrissant avec de la terre grasse.
En Or. AcHU, jonc.

Tica, brique faite avec l'*ichu*; & *Ticani*, faire
la brique. En Or. DUK, pêtrir, filer, broyer.

Hoco, 1°. une niche, 2°. une fenêtre. Prim. *Og*,
Oc, œil.

C'est une chose digne de remarque que ce
savant Académicien n'ait rapporté que six mots,
& qu'ils offrent tous de pareils rapports.

Pacha, le monde, la terre. Prim. *Pag*, canton,
terre; de-là *Pacha-Camac*, Dieu, *mot à mot*,
Ame du monde.

Cama, ame, en Péruvien, a beaucoup de
rapport au Galibi, *Acapo*, ame.

Hanan, supérieur, de *An*, *On*, élevé. On a
répété le mot radical; *Han-an*.

Hanan-Pacha, ciel; mot à mot, monde supérieur.

Runa, homme. En Egypt. *Rum*, homme.

Saca-runna, hommes féroces. *Saca*, signifie
donc *féroce*.

Maju, fleuve. Prim. *Mai*, eau.

Mama, mere.

Apu, chef, seigneur. En Or. *Ab.* Galibi, *You-
po-po*, chef, tête. Brésil, *Apô*, chef suprême.

Churi, fils. Prim. & Gr. *Kor*, fils.

Huayna, jeune. Celt. *Yuen*.

Mantara, coup. Celte, *Matar*, ce avec quoi on frappe, on perce; dard, javelot, trait.

Quipos, nœuds de cordelettes, qui tenoient lieu d'écriture. En Chinois, *Coué*: c'est la premiere syllabe de *Qui-pos*. *Coué* signifie en Or. élément; *Po*, bouche, parole.

I X.

Langues des Isles de la mer du Sud.

Les Langues de la mer du Sud n'étoient connues que par quelques chétifs Vocabulaires qu'avoit recueilli le célebre *le Maire*, dans le premier voyage qu'on eût fait dans ces contrées, lorsque la découverte de l'Isle *Taïti* ou d'*Otahitée*, faite en trois mois de distance, par M. de Bougainville & par MM. Banks, Solander & le Capitaine Cook, leur fournit les moyens d'enrichir la république des lettres d'un grand nombre de mots en usage dans ces diverses Isles. Chacun s'empressa d'examiner ces nouveaux mots, pour découvrir par leur moyen si les Habitans de ces Isles éloignées de tout Continent, avoient été les créateurs de leur propre Langue, ou si on les devoit considérer eux-mêmes comme des Colonies venues d'ailleurs avec une Langue déjà connue.

M. Banks me mit lui-même à cet égard à une
épreuve

épreuve unique. A peine étoit-il arrivé en Angleterre avec les richesses qu'il avoit apportées de ces Isles, qu'instruit de mes recherches sur les Langues, il me fit envoyer soixante-deux mots de Taïti ou d'Otahitée numérotés & sans leur explication, afin que j'en découvrisse la valeur.

En lui témoignant ma reconnoissance de son attention, je répondis que je ne m'étois jamais donné pour une personne qui devinoit les Langues, mais seulement qui les comparoit ; que dans cette comparaison j'étois toujours dirigé par le son du mot & par sa valeur, & qu'ici je n'avois qu'un point de comparaison ; que cependant pour ne pas laisser sans réponse l'espece d'énigme qu'il proposoit, & pour lui donner une idée de ma maniere d'opérer, j'avois essayé de comparer tels & tels de ces mots inconnus que j'indiquois avec tels & tels mots Orientaux & Primitifs qui m'étoient déjà connus, & entre lesquels j'appercevois des rapports de son & de famille ; en sorte que si ces mots inconnus avoient un rapport de sens avec ces mots connus, ils devoient offrir en Taïtien telles & telles idées, sans que je puisse déterminer néanmoins leur objet particulier ; que c'étoit ainsi qu'une personne qui ne sauroit pas l'Anglois pourroit rapporter à une seule famille, & à l'idée générale de *pointe* & de *piquant* une trentaine de

mots anglois que je citois , sans se tromper , &
sans pouvoir cependant déterminer la valeur propre de chacun. M. Banks parut satisfait de cette
essai , & eut la complaisance de me faire écrire
que j'avois passé son attente.

Par l'examen des Langues du Sud, dont M. de
Bougainville , MM. Banks & Solander , le Capitaine Cook , dans ces derniers temps , & le Maire ,
il y a près d'un siecle & demi, nous ont donné des
Vocabulaires , on voit qu'elles tiennent étroite-
ment à la Langue Malaye , la plus méridionale
de l'Asie , & à celles qu'on parle dans les Isles du
midi de l'Asie & de l'Afrique ; en sorte que toute
la portion méridionale de notre globe paroît unie
par une Langue commune à-peu-près à toutes les
Peuplades qu'on y a rencontrées. Mais comme la
Langue Malaye a les plus grands rapports avec
les autres Langues de l'Asie , sur-tout avec la
Langue Arabe , qui en a elle-même de très-grands
avec la Celtique , on ne sera pas étonné de voir
que les Langues de la mer du Sud ont de si
grands rapports avec toutes nos anciennes Langues.

Les Taïtiens sont riches en voyelles & en diphthongues : ils le sont moins en consonnes. Ils ont
les voyelles *a ,* *he* ou *é* long & aspiré l'*êta* des
Grecs , *e* , *i* , *o* bref & *o* long , *u* & *ou* , ce qui
forme l'octave des sept voyelles.

Ils ont les diphthongues *ai* , *aou* , *ei* , *eou* ; & pour confonnes *l* , *m* , *n* , *p* , *r* , *t* , *v* , c'eft-à-dire, deux linguales *l* , *r* , deux labiales *m* , *p* , auxquelles on peut joindre *v* , une nafale *n* & une dentale *t*. Ils ne connoiffent donc que quatre touches fixes de l'inftrument vocal ; & de la plupart ils n'en tirent que l'intonation forte. Ils font donc obligés de remplacer toutes nos autres lettres par ce petit nombre ; auffi le Taïtien *Aotourou* changeoit en *Poutaveri* le nom de *Bougainville* , changeant *b* en *p* , *g* en *t* & *l* en *r*.

On voit par la comparaifon de leur Langue avec le Vocabulaire que le Maire attribuoit aux Ifles de Salomon, que ce font ces mêmes Ifles qu'on n'avoit jamais pu retrouver.

Les nombres fe défignent dans toutes ces contrées par des noms qui prouvent une origine commune.

NOMBRES.

François.	Taïti.	Isles de Salomon.	Sud.	Malais.	Javan.	Isle du Prince.	Madagascar.	Nouvelle Guinée.
Un.	Atai.	Taci.	⟍ Tika, Lahie.	S-atou.		Hegie.		Tika.
Deux.	Aroua.	Loua.	Rua.	Dua.	Lorou.	Dua.	Rua.	Roa.

On voit ici L, R & D substitués sans cesse l'un à l'autre.

François.	Taïti.	Isles de Salomon.	Sud.	Malais.	Javan.	Isle du Prince.	Madagascar.	Nouvelle Guinée.
Trois.	Atorou.	Tolou.	Torou.	*Tiga.*	Tullu.	Tollu.	Tellou.	Tola.
Quatre.	Aheha.	Fa.	Haa.	Am-pat.	Pappat.	Opat.	Effats.	Fatta.
Cinq.	Erima.	Lima.	Reina.	Lima.	Limo.	Limah.	Limi.	Lima.

Rim & Lim signifient également main & cinq, ce qui est très-bien vu.

François.	Taïti.	Isles de Salomon.	Sud.	Malais.	Javan.	Isle du Prince.	Madagascar.	Nouvelle Guinée.
Six.	Aouno.	Houw.	Wheney.	Annam.	Nunnam.	Gunnap.	Ene, Enny.	Wamma.
Sept.	Ahitou.	Fitou.	Hetu.	Tudju.	Petu.	Tudju.	Titou.	Fita.
Huit.	Awarou.	Walou.	Waru.	*Delapan.*	Wolo.	*Delapan.*	Wallon.	Wala.
Neuf.	Ahiwa.	Ywou.	Iva.	*Sambilan.*	Songo.	*Salapan.*	Sivi.	Siwa.
Dix.	Aourou.	Ongefoula.	Ahouroa.	Sapoulou.	Sapoulou.	Sapoulou.	Poulo.	Sanga-foula.

Tandis que ce dernier se prononce Sanga-poulo dans l'Isle de Moyse.

Les noms qui forment la colonne intitulée *Taïti* font de M. de Bougainville. La colonne fuivante eft de le Maire, & la troifieme des Voyageurs Anglois, de même que les quatre autres ; mais le mot *Poulo*, dix, qui termine l'avant-derniere, eft tiré de Reland. Les nombres de la Nouvelle-Guinée font de le Maire.

On voit une différence conftante entre M. de Bougainville & les Anglois. Les noms du premier commencent tous par une voyelle, qui manque chez les autres.

Parties du corps.

Ea, racine, & sûrement *tête*. Nouvelle-Guinée, *Tete*.

Mata, les yeux ; mot Malayen & de l'Ifle des Cocos. Dans l'Ifle de Moyfe, *Mattan-ga*. En Jav. *Moto*. Ifle de Savu, *Matta*. Avec la terminaifon négative *po*, *Mata-po*, louche, borgne.

Taria, les oreilles. Nouv. Guin. *Talingan*. Malais, *Talinga*.

Eou, les mamelles. Mal. *Sous*. Cocos, *Chou*. Javan. *Sou-fou*.

Etapoue, *Tapoa*, pieds. Prim. *Pou*.

Obou, les inteftins. Angl. *Oboo*, le ventre. Prim. *Ob*.

Y 3

Voici quelques rapports entre les Langues de la mer du Sud & le Malayen, apperçus par les Angl.

Maa, manger. Mal. *Maca*. Javan. *Mangan*.

Matte, tuer. Mal. *Matte*. Javan. *Matte*.

Euwa, pluie. Mal. *Udian*. Jav. *Udan*.

Mannu, un oiseau. Jav. *Mannu*.

Eyca, un poisson. Mal. *Ican*. Jav. *Iwa*. Isle de Savu, *Ica*.

Etannou, enterrer. Mal. *Tannam*. Jav. *Tandour*.

Enammou, mosquite. Mal. *Gnammuck*.

Taro, racine de coco. Mal. *Tallas*. Jav. *Tallas*.

Uta, intérieur des terres. Mal. *Utan*.

Ils ont aussi apperçu ces rapports entre l'Isle du Prince, le Malais & le Javanois.

Nez, *Erung*. Mal. *Edung*. Jav. *Erung*. Madag. *Ourou*.

Ventre, *Beatung*. Jav. *Wuttong*.

Clou, *Cucu*. Mal. *Cucu*. Jav. *Cucu*.

Main, *Langan*. Mal. *Tangan*. Jav. *Tangan*. Madag. *Tang*.

Mais revenons aux mots de Taïti: nous en allons parcourir quelques-uns dans l'ordre alphabétique, suivant l'ortographe françoise.

Aibou, venez ; c'est le Galibi & l'Or. *Bo*, *Ba*.

Aouira, éclair. *Eouramai*, lumiere. *Ouera*,

chaud ;.*Oura*, rouge, tiennent tous au Prim. OR, OUR, lumiere, feu, chaleur.

Eai, le feu. Or. *Esh.* Nouv. Guin. *Eef.*

Ea-toua, supérieur, les génies, la divinité : c'est le *Latou* des Isles de Salomon & Cocos & de la Nouvelle Guinée. Malay. *Ra-tou*, chef.

Emao, mordre ; 2°. requien. *Maa*, manger. *Maeo*, démanger. Tout ceci tient au Prim. *Ma*, mâchoire, manger, &c.

Epouta, blessure ; *Pout*, blesser. Prim. *Put*, couper.

Era, le soleil ; *Erai*, le ciel ; *Eri*, roi ; *Eric*, royal. Prim. *Re*, soleil, roi, lumineux.

Epouma, sifler ; *Epouponi*, soufler le feu ; *Pouponi*, à la voile ; onomotapées, comme le *Bucca* des Latins & le *Phusao* des Grecs.

Evai, l'eau ; *Evaie*, humide : mot de toute Langue.

Evaine, femme. Malay. *Beine*, femme ; & Celt. *Ban.*

Evero, lance. Prim. *Ber.* Lat. *Veru.*

Evuvo, flûte. Orient. *Abub*, flûte, d'où le Lat. *Ambubaiæ.*

Mai, de plus ; *Mala*, plus ; *Malou*, grand, considérable. Prim. *Ma*, *Mal*, &c. dont la famille est immense.

Malama, lune, flambeau de la nuit. En Mal. *Malam*, nuit ; & Jav. soir.

Manoa, bonjour. Pr. Arab. Lat. &c. *Man*, bon.

Mataï, vent. Prim. *Mat*, *Bat*, &c.

Aouerai, occident. Mal. *Baret*.

Mate, tuer. Mal. *Matte*, Jav. *Patte*; mot oriental, d'où *Echec-mat*.

Ouanao, accoucher. Or. *Ban*, *Ben*, enfans, &c.

Poto, petit. Or. *Pet*.

Tara-tane, femme mariée. Mal. *Tara*, affocié, uni, & *Tan*, poffeffion, terre.

Tero, noir, paroît tenir à la même racine que le Latin *Ater*.

Toura, dehors. Mal. *Loura*.

Tou-panoa, ouvrir la porte, la fenêtre; *Pa-pani*, fermer, boucher. Mal. *Pent.* porte.

Le Maire dit que dans les Ifles de Salomon *Eca* fignifioit un rofeau de pêcheur. Ce mot appartient à *Eyca*, poiffon, en Taïtien, Mal. &c.; & que *Hakoubea* fignifioit un clou. Ce feroit le *Cou-cou* des Malayens, Ifle du Prince, &c.

En Taït. *Ouatou*, pierre, eft le *Fattou* de l'Ifle des Cocos, *Batou* des Malayens, *Vatou* de Madag., & peut-être le *Tabou* des Galibis, qui tous fignifient *pierre*.

Nouvelle Zélande.

Les Voyageurs Anglois qui avoient avec eux un Taïtien, débarquerent dans cette contrée à plus

de 300 lieues à l'occident de Taïti, en se rapprochant de l'Asie. Leur Indien ne fut pas peu étonné
de voir qu'il s'entendoit avec les naturels du pays.
On peut voir dans leur relation nombre de mots
qui font exactement les mêmes ; ce qui fournit
une nouvelle preuve du rapport de ces Langues
méridionales.

Il résulteroit de toutes ces observations que
l'Amérique Septentrionale a été peuplée par le
Nord de l'Asie ; & les Isles de l'Amérique Méri-
dionale, par l'Asie Méridionale, de même que le
Pérou : tandis que le Brésil & le Chili, dont les
Langues ont un caractere absolument différent des
Langues de l'Amérique Septentrionale, auront pu
se peupler par l'Afrique Occidentale.

REMARQUES

GÉOGRAPHIQUES

ET CRITIQUES

SUR la véritable longitude du Kamtschatka, & sur la Carte qui contient la route de Jakuzk au Port d'Ochozk.

LE célebre Voyageur *Bering*, dont nous avons fait mention dans cet Ouvrage, p. 161 &c., crut, d'après les observations qu'il avoit faites dans son premier voyage, que la distance de l'embouchure de la riviere de *Kamtschatka*, jusqu'au 67 ^{d} 18$'$, étoit de 11 ^{d} 10$'$ de latitude, & de 30 ^{d} de longitude vers l'est. Ce calcul a servi jusqu'à présent de base à tous les Géographes, parce que les découvertes faites depuis ce temps-là sont restées dans l'obscurité, peut-être pour ne pas se démentir en rétractant les éloges donnés trop légérement à *Bering*.

Cependant M. *Engel*, ancien Bailli d'Echalens, dans le pays de Vaud, & M. *Robert de Vaugondy*, Géographe du Roi, en comparant tout ce qui a transpiré des découvertes des Russes, ont commencé à mettre en doute les calculs du Voyageur Ruffe.

C'eft pour diffiper entiérement les ténebres dans lefquelles on avoit été plongé à cet égard, que nous avons fait graver, & que nous mettons fous les yeux de nos Lecteurs une carte que nous avons été affez heureux de nous procurer en original. Elle repréfente la route de *Jakuzk* au *Port d'Ochozk* dans le *Kamtfchatka*.

Elle a été dreffée par un Anglois, nommé M. *Williams Walton*, qui a été employé dans ces découvertes, & qui l'envoya le 15 Février 1743 à M. *Fifcher*, Profeffeur d'Hiftoire & Membre de l'Académie Impériale de Saint-Péterfbourg. Nous y joignons la rédaction qu'il en fit à fon retour, & qui mérite de même que fa carte autant de confiance que d'attention.

D'après cette carte, on verra combien furent juftes les obfervations de M. *Engel* dans fes recherches fur la pofition de l'Afie & de l'Amérique, & combien il avoit raifon de fe défier avec M. *Gmelin* de l'exactitude du Capitaine *Bering*, que des brouillards épais & prefque perpétuels avoient empêché de reconnoître les côtes ; combien il étoit fondé à demander d'après quelle obfervation *Bering* avoit fixé à 30 ᵈ la différence entre le *Kamtfchatka*

& le 67 ^{d} 18 $'$ de latitude où il étoit arrivé ; combien de jours il avoit mis à cette route ; quels font les rumbs qu'il avoit fuivis ; quel détail il donnoit. de fa navigation qu'on pût pointer : en forte que tout ce qu'on pouvoit conjecturer, c'eft qu'il avoit couru vers le nord-nord-eft.

En mefurant fur les cartes la longueur des côtes, je trouve que cette route devroit avoir 2500 verftes; mais fi on la réduit d'un huitieme, on trouvera 2200 verftes : la diftance entre *Kamtfchatka* & ce point d'arrivée étant déterminée par un grand cercle, donneroit 2080 verftes ou 400 lieues marines, en fuppofant 30 ^{d} de longitude ; & 1742 verftes, ou 335 lieues, en fuppofant 19 ^{d} pour la différence en longitude. Or, en partant de la différence de 5 ^{d} qui fe trouve dans la diftance de 13 ^{d} entre *Jakuʒk* & *Ochoʒk* fur les cartes ruffes, & la diftance de 8 ^{d} de longitude entre ces deux mêmes lieux, d'après notre carte authentique de *Williams Walton*, je réduirois cette différence de 30 ^{d} en longitude entre *Kamtfchatka* & 67 ^{d} 18 $'$, à près de 22 ^{d} pour le plus grand écart oriental que puiffe avoir le Cap *Serʒe-Kamen*.

Tout le monde verra que nous ne cherchons point à rétrécir à plaifir l'Afie en longitude, puifque nous confervons à la traverfée de la mer

d'*Ochozk* à *Bolchaja-Reka* 150 milles d'Allemagne,
qui donnent par le calcul 14^d 24$'$ de longitude.

Ainsi en supposant.

Jakuzk à 127^d 27$'$ de Paris,
Si on y ajoute   8^d pour *Ochozk*,

       135^d 27$'$
         14^d 24$'$ pour *Bolschaja-Reka*.

       149^d 51$'$
         1^d 16$'$ pour *Avatscha*.

       150^d 7$'$
         22^d pour *Serze-Kamen*.

       172^d 7$'$, on aura 192^d 7$'$ du
méridien de l'Isle-de-fer.

Que seroit-ce donc si on réduisoit la traversée
de la mer d'*Ochozk* à raison de 13 à 8 ? On auroit
encore 9^d à retrancher. Mais réduisons-la d'un
huitieme ; ce seroit 1^d 45$'$ à retrancher sur 192^d
7$'$; ce qui donneroit 190^d 22$'$, au lieu de 205^d
que les cartes donnent au *Serze-Kamen*, différence
de 14^d 38$'$.

Rien donc ne démontre mieux la défectuosité
du calcul du Capitaine *Bering* que ce résultat tiré
d'une carte postérieure plus authentique & plus
exacte ; celle de *Williams Walton*, Anglois, levée
en faisant la route de *Jakuzk* jusqu'au port d'*Ochozk*,

en fuivant les rivieres de *Lena*, d'*Aldan*, de *Maja*, de *Judoma* & *Orak*, jufqu'à la mer *Penfchine*, que je préfente ici comme un nouveau préfent à mes Lecteurs curieux. Ceux qui auroient quelque doute fur fon authenticité, pourront jetter les yeux fur les deux originaux que je laifferai entre les mains de mon Libraire, afin que les Curieux puiffent fe convaincre par eux-mêmes. C'eft dans la même vue que nous avons confervé jufqu'aux noms ruffes, tels qu'ils fe trouvent fur la carte originale.

Fautes à corriger.

PAge 20, ligne 4, près de Zarizin ou d'Aftracan, *lifez* près de Zarizin & d'Aftracan.

Pag. 23, lig. dern. confulter, *lifez* examiner.

Pag. 33, l. 4, comme qu'il en foit, *lifez*, quoi qu'il en foit.

Pag. 51, lig. 20, n'eut, *lifez* n'aie.

Pag. 54, lig. 15, les femmes les font, *lifez* fe les font.

Pag. 58, lig. 23, de plus, *lifez* le plus.

Pag. 82, lig. 11, Kramus, *lifez* Krumus.

Pag. 104, lig. 5, Sibérie, *lifez* Sibirie.

Pag. 117, lig. 6, Bratyki, *lifez* Bratzki.
Même lig. Sibérie, *lifez* Sibirie.

Pag. 123, lig. 2, Kuczium, *lifez* Kutfchum.

Pag. 178, lig. 22, Dukola, *lifez* Jukola.

Pag. 179, lig. 16, Vialka, *lifez* Viatka.

Pag. 182, lig. 9, avoient confulté, *lifez* avoient pu con-fulter.

Pag. 53, ligne derniere, & premiere de la page 54, à Samarou-Jam, *lifez* Samarov-Jam.

Pag. 72, lig. 17, Kras naja, *lif.* Krafnaja en un feul mot.

TABLE

DES CHAPITRES.

Fin de la Table.

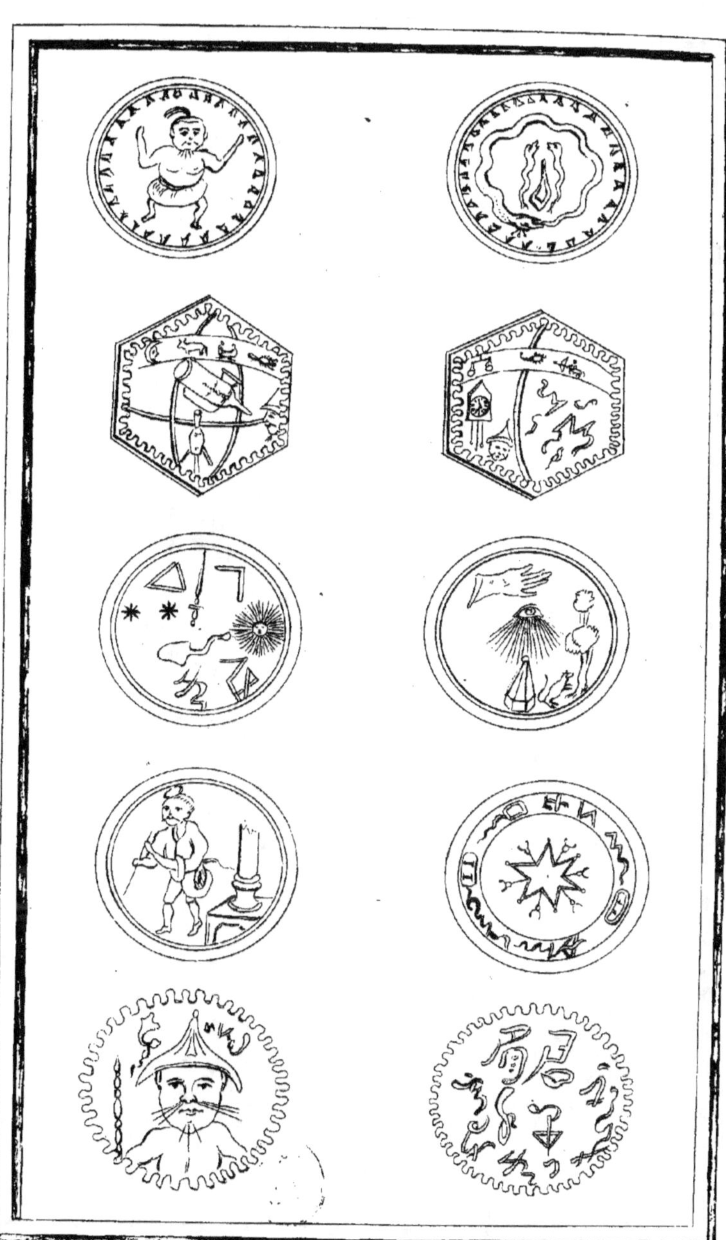

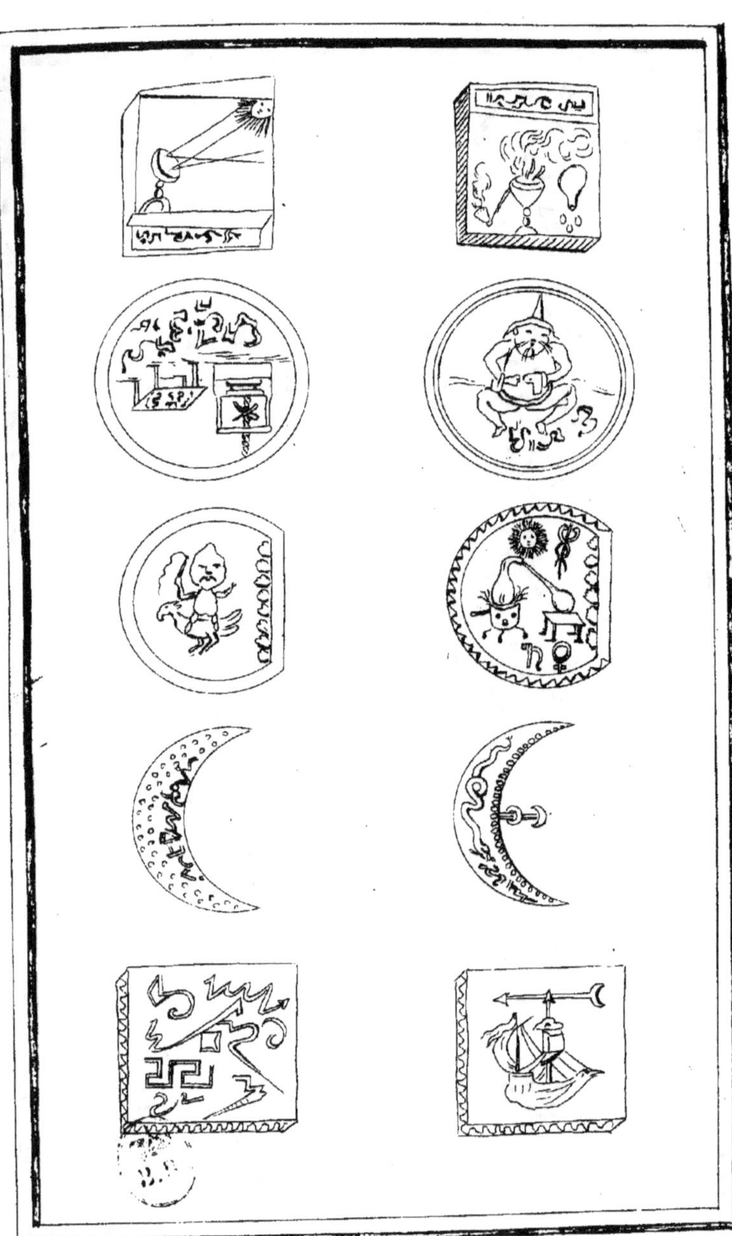